Langenscheidt

Englisch
in 30 Tagen

von Stuart Amor

Langenscheidt

Berlin · München · Wien · Zürich · New York

Impressum

Herausgegeben von der Langenscheidt-Redaktion
Stoffverteilungsplan sowie Konzeption von Figuren
  und Handlung der Geschichte: Chris Bye
Fachlektorat: Gaby Bauer-Negenborn
Zeichnungen: Artur Ruducha
Bildnachweis:
Coverfoto: Fotolia (Landschaft); Alamy Images (Person)
S. 15: Indigo Images
S. 55: Indigo Images
S.107: Photodisc/Getty Images/Flash Press Media
S.159: Indigo Images

www.langenscheidt.de

© 2010 by Langenscheidt KG, Berlin und München
Satz: Publisher, Warschau
Druck: Mercedes-Druck, Berlin
Bindung: Stein + Lehmann, Berlin

Printed in Germany

ISBN 978-3-468-28021-4

Einführung

Herzlich willkommen zu Ihrem neuen Sprachkurs „Englisch in 30 Tagen". Wir freuen uns, dass Sie mit uns Englisch lernen möchten.

Für wen ist dieser Sprachkurs geeignet?

Sie sind Anfänger und möchten sich möglichst schnell und effektiv Grundkenntnisse der englischen Sprache aneignen? Oder Sie haben früher bereits Englisch gelernt und möchten nun Ihre verschütteten Sprachkenntnisse wieder auffrischen? Oder Sie haben keine Zeit, einen Englisch-Kurs zu besuchen? Dann sind Sie genau richtig bei „Englisch in 30 Tagen", denn dieser Sprachkurs ist speziell für das Selbststudium für Anfänger und Wiedereinsteiger entwickelt worden. Wir möchten Sie beim Selbstlernen auf bestmöglichem Wege unterstützen, daher finden Sie in diesem Kurs besonders viele leicht verständliche Erklärungen, Lerntipps sowie zahlreiche Übungen mit Lösungen. Wenn Sie diesen Sprachkurs erfolgreich durchgearbeitet haben, sind Sie in der Lage, sich zu allgemeinen Themen und in einfachen, alltäglichen und routinemäßigen Situationen auf Englisch zu verständigen. Das entspricht dem Niveau A2 des europäischen Referenzrahmens.

Wie ist der Sprachkurs aufgebaut?

Der Sprachkurs besteht aus 30 aufeinander aufbauenden Lektionen, die sich vier großen thematischen Bereichen mit je sechs bis acht Lektionen zuordnen lassen. Im ersten Bereich „Basics" lernen Sie, grundlegende Situationen auf Englisch zu meistern, z. B. Begrüßungen. Weitere thematische Bereiche sind Alltag, Reise und Beruf.

Durch die 30 Lektionen führt Sie eine unterhaltsame Fortsetzungsgeschichte. Paula, eine junge Frau aus Stuttgart, geht beruflich für einige Zeit nach London. Sie arbeitet in der englischen Niederlassung ihrer Firma, lernt die Stadt kennen und freundet sich mit einem ihrer Kollegen und dessen Familie an. Sie unternimmt zusammen mit Philip eine Dienstreise in die USA und organisiert für ihren neuen Arbeitgeber eine internationale Konferenz in Brighton. Schließlich erhält sie die Chance, ihren Aufenthalt in London noch etwas zu verlängern. Wie wird sie sich entscheiden?

Der Sprachkurs startet mit dem Kapitel Tipps zum Englischlernen. Ein kleines Quiz erlaubt Ihnen herauszufinden, welcher Lerntyp Sie sind. Dann verraten wir Ihnen nützliche Tipps, um das Hören, Lesen, Sprechen und Schreiben in der Fremdsprache zu erleichtern.

Sollten Sie lieber gleich loslegen wollen, überspringen Sie das erste Kapitel einfach und starten direkt mit Lektion 2.

Übung macht bekanntlich den Meister, daher möchten wir Sie anregen, in regelmäßigen Abständen bereits Gelerntes zu wiederholen. Am Ende jedes thematischen Bereiches finden Sie deshalb jeweils eine Wiederholungslektion und einen kurzen Zwischentest. Hier können Sie selbst testen, inwieweit Sie den Stoff schon beherrschen oder herausfinden, wo noch etwas Übungsbedarf besteht. Im letzten thematischen Bereich („Beruf") gibt es anstelle des Zwischentests einen Abschlusstest, der den Stoff des gesamten Kurses testet.

Um Sie beim Selbstlernen nicht alleine zu lassen, stellen wir Ihnen am Ende des Buches einen umfangreichen Anhang zur Verfügung. Sie finden dort eine systematische Kurzgrammatik zum Nachschlagen, praktische Verbtabellen, Lösungen zu allen Übungen und Tests, Transkriptionen der Hörtexte sowie ein alphabetisches Wörterverzeichnis aller im Kurs vorkommenden Wörter mit Angabe der Lautschrift.

Wie ist eine Lektion aufgebaut?

Zu Beginn jeder Lektion stellen wir Ihnen die Lernziele vor, damit Sie wissen, was Sie erwartet. Dann folgt ein Dialog, der Sie mit dem neuen Wortschatz und der neuen Grammatik vertraut macht. Lesen Sie zuerst den Dialog und hören Sie sich dabei die Vertonung auf der CD an. Versuchen Sie, im ersten Schritt die Gesamtbedeutung des Dialogs zu erschließen, ohne sich an jedem (noch) unbekannten Wort aufzuhalten. Wenn Sie die anschließenden Fragen zum Dialog beantworten, werden Sie sehen, dass Sie schon eine ganze Menge verstanden haben. Im Lernwortschatz finden Sie sodann die wichtigsten neuen Vokabeln der Lektion übersichtlich in alphabetischer Reihenfolge dargestellt. Die Vokabeln des Lernwortschatzes sollten Sie sich gut einprägen, denn sie werden in den folgenden Lektionen als bekannt vorausgesetzt. Eine vollständige Liste aller im Kurs verwendeten Vokabeln finden Sie im Anhang im alphabetischen Wörterverzeichnis, das Ihnen auch eine Lautschrift bietet, wenn Sie einmal die Aussprache eines Wortes nachschlagen möchten.

In der Rubrik Grammatik & Redemittel werden die neuen Grammatikthemen in leicht verständlicher Weise erklärt. Von dort aus führen Verweise zur systematischen Kurzgrammatik im Anhang, wo Sie das jeweilige Grammatikthema bei Bedarf noch vertiefen können. Falls Sie einen grammatischen Fachbegriff nachschlagen möchten, finden Sie auf S. 216 eine nützliche Terminologie-Übersicht mit praktischen Beispielen.

Nun sind Sie an der Reihe: In der Rubrik Übungen trainieren Sie das bisher Gelernte in vielfältiger Weise. An den Symbolen können Sie leicht erkennen, welchen Schwerpunkt eine Übung verfolgt: Hören, Sprechen, Lesen oder Schreiben.

Auf der letzten Seite einer Lektion haben wir für Sie in der Rubrik Kulturtipp interessante und wissenswerte Informationen über Land & Leute zusammengestellt. Die Rubrik Was können Sie schon? am Schluss jeder Lektion erlaubt Ihnen, Ihren Lernerfolg selbst einzuschätzen. Anhand der Smileys können Sie hier notieren, was Ihnen schon leichtfällt, was einigermaßen klappt und was Sie noch weiter üben möchten. Die Verweise geben Ihnen die jeweils passenden Übungen an.

Welche Symbole werden verwendet?

 Dieser Text bzw. diese Übung befindet sich auf der CD. Die erste Zahl gibt die Nummer der CD an, die zweite Zahl die Tracknummer, hier also CD 1, 1/2 Tracknummer 2. Die Dialoge von Lektion 2 bis 13 haben wir für Sie in zwei Sprechgeschwindigkeiten aufgenommen. Einmal in „normal schneller" Alltagssprache und einmal etwas langsamer.

 Übung mit Schwerpunkt Sprechen

→ Verweis zur Kurzgrammatik | Übung | Lektion

 Übung mit Schwerpunkt Hören

 Übung mit Schwerpunkt Lesen

 wichtiger Grammatikhinweis

 Übung mit Schwerpunkt Schreiben

i Kulturtipp

Viel Spaß und Erfolg beim Englischlernen wünschen Ihnen der Autor und Ihre Langenscheidt-Redaktion.

Inhaltsverzeichnis

▪▪ Basics – Los geht's mit Englisch!

Kommunikation: jemanden begrüßen | nach dem Befinden
fragen und darauf antworten | jemanden vorstellen
Grammatik: Bestimmter und unbestimmter Artikel | die
Personalpronomen und das Verb *be* | Kurzformen | die Ver-
neinung des Verbs *be*
Kulturtipp: Englische Anrede

Kommunikation: jemandem etwas anbieten | von der
eigenen Arbeit berichten | über regelmäßige Handlungen
reden
Grammatik: die Possessivpronomen | der Plural von
Substantiven | die einfache Gegenwart | die Häufig-
keitsadverbien | die Zahlen von 1–12
Kulturtipp: Berufsleben

Kommunikation: Fragen stellen und beantworten | Gefühle
äußern | über sich selbst sprechen
Grammatik: Kurzantworten mit *be, can, have* | die Vernei-
nung mit dem Hilfsverb *do* | Fragen und Kurzantworten mit
dem Hilfsverb *do* | der *s*-Genitiv | die Zahlen von 13–100
Kulturtipp: B&B / Britische Badezimmer

Kommunikation: bei Verständnisproblemen nachfragen |
„falsche Freunde" erkennen | über landeskundliche Unter-
schiede sprechen
Grammatik: die Wiedergabe von es gibt (*there is/there are*) |
die Uhrzeit | „Falsche Freunde" | die Ordnungszahlen von 1–10 |
Kulturtipp: Englische Pubs

Inhaltsverzeichnis

▪▪ Alltag – Englisch für jeden Tag

Inhaltsverzeichnis

▟ Reise – Englisch für unterwegs

Inhaltsverzeichnis

Inhaltsverzeichnis

▪▪ Beruf – Englisch für den Beruf

Inhaltsverzeichnis

▪▪ Anhang

Vokale

[æ]	zwischen **a** und **ä**	**a**nd
[ʌ]	ähnlich wie ein kurzes **a**	b**u**s
[e]	wie **e** in *Bett*	b**e**st
[ə]	wie **e** in *singe*	**a**bout
[ɪ]	wie **i** in *in*	f**i**t
[i]	kürzer und offener als **i**	man**y**
[ɔ]	wie **o** in *flott*	c**o**ffee
[ʊ]	wie **u** in *Mutter*	g**oo**d
[ɑː]	wie **ah** in *Sahne*	l**a**st
[iː]	wie **ie** in *nie*	t**ea**
[ɔː]	wie **o** in *Dorn*	f**ou**r
[ɜː]	wie **öh** in *Föhn*	f**ir**st
[uː]	wie **uh** in *Schuh*	t**oo**

Konsonanten

[p]	wie **p** in *putzen*	**p**lease
[b]	wie **b** in *bunt*	**b**ut
[f]	wie **f** in *Fuchs*	**f**ive
[v]	wie **v** in *Virus*	ha**v**e
[w]	wie **u** mit gestülpten Lippen	**w**hat
[t]	wie **t** in *toll*	**t**wo
[d]	wie **d** in *dort*	**d**o
[s]	wie **ss** in *Fass*	**s**ay
[z]	wie **s** in *Rose*	**z**ero
[θ]	wie ein gelispeltes **s** in *Riss*	**th**ink
[ð]	wie ein gelispeltes **s** in *singen*	**th**is
[ʃ]	wie **sh** in *Show*	**sh**op
[ʒ]	wie **g** in *Regie*	televi**si**on
[tʃ]	wie **tsch** in *klatschen*	**ch**at
[dʒ]	wie **dsch** in *Dschungel*	**G**erman
[l]	wie **l** in *laufen*	**l**ove
[g]	wie **g** in *gern*	**g**o
[k]	wie **k** in *kochen*	**c**an
[ŋ]	wie **ng** in *Menge*	wro**ng**

Aussprache, Betonung und Schreibweise

Diphtonge		
[aɪ]	wie **ei** in *Brei*	n**i**ce
[eɪ]	nicht **ei**, sondern **e** und **i**	m**a**ke
[ɔɪ]	wie **äu** in *täuschen*	b**oy**
[aʊ]	wie **au** in *Frau*	h**ow**
[əʊ]	keine Entsprechung im Deutschen	n**o**
[eə]	wie **ai** in *fair*	th**ere**
[ɪə]	wie **ie** in *hier*	h**ere**
[ʊə]	keine Entsprechung im Deutschen	s**ure**

■ Betonung

Im Englischen wird häufig die erste Silbe betont. Die Hauptbetonung wird durch ['] und die Nebenbetonung durch [ˌ] gekennzeichnet.

■ Schreibweise

In der Regel werden englische Wörter kleingeschrieben. Jedoch werden alle Eigennamen, das Personalpronomen, die Wochentage, die Monatsnamen sowie der Satzanfang großgeschrieben.

Alphabet und Abkürzungen

Alphabet

A	[eɪ]	**F**	[ef]	**K**	[keɪ]	**P**	[piː]	**U**	[juː]
B	[biː]	**G**	[dʒiː]	**L**	[el]	**Q**	[kjuː]	**V**	[viː]
C	[siː]	**H**	[eɪtʃ]	**M**	[em]	**R**	[ɑː]	**W**	['dʌbljuː]
D	[diː]	**I**	[aɪ]	**N**	[en]	**S**	[es]	**X**	[eks]
E	[iː]	**J**	[dʒeɪ]	**O**	[əʊ]	**T**	[tiː]	**Y**	[vaɪ]
								Z	[zed]

Abkürzungen

Pl Plural
Sg Singular

:: Welcher Lerntyp sind Sie?

Nicht jeder Mensch lernt gleich. Finden Sie anhand der vorgegebenen Aussagen heraus, zu welchem Lerntyp Sie sich hingezogen fühlen und gestalten Sie Ihr Lernverhalten entsprechend. Beachten Sie jedoch, dass man nicht immer seinen Neigungen folgen muss, sondern auch gern mal die Lernmethoden eines anderen, zunächst vielleicht weniger sympathischen Typs übernehmen sollte.

Hörtyp
☐ Sie können Vorträgen gut folgen und merken sich den Inhalt.
☐ Sie hören gern Hörbücher oder lassen sich Dinge erklären.
☐ Sie hören sich schnell in eine gesprochene Fremdsprache ein.
☐ Sie haben im Deutschen wenig Probleme, verschiedene Dialekte zu verstehen.

Lese- und Sehtyp
☐ Sie lesen gern und nehmen den Inhalt über die Augen auf.
☐ Sie wissen, auf welcher Seite eine Vokabel steht und was vor ihr und nach ihr folgt.
☐ Sie prägen sich neue Wörter über visuelle Eselsbrücken ein.
☐ Sie lesen sich Grammatikregeln mehrmals durch.

Schreibtyp
☐ Sie markieren sich Stichwörter und schreiben sie heraus.
☐ Sie machen gern schriftliche Übungen.
☐ Sie möchten schnell E-Mails in der neuen Sprache schreiben können.
☐ Sie mögen Vokabellisten und Mindmaps (Gedankenkarten).

Handlungs- und Sprechtyp
☐ Sie möchten eine neue Sprache aktiv anwenden.
☐ Sie möchten gern Muttersprachler kennenlernen.
☐ Sie sprechen gern und kümmern sich zunächst nicht um die richtige Grammatik.
☐ Sie probieren neue Wörter und Sätze gern in Rollenspielen aus.

:: Tipps zum Wortschatzlernen

Sind Sie schon mal in einer Wohnung gewesen, in der an fast jedem Gegenstand ein kleines Zettelchen mit einem fremdsprachigen Begriff klebte? Hier versucht jemand sicherlich mit Erfolg, sich die Dinge des täglichen Gebrauchs in einer anderen Sprache einzuprägen. Die Technik hat Methode. Sie werden fortwährend an den fremden Begriff erinnert, indem Sie das Objekt anschauen oder in die Hand nehmen und das dazugehörige Wort im Kopf formulieren oder laut aussprechen. Es wird nicht lange dauern und Sie wissen, dass der Toilettenspülkasten toilet tank, das Nudelholz rolling pin oder der Schraubenschlüssel wrench heißt.

Ist Ihnen diese Art des Vokabellernens ein wenig zu mühsam, können Sie auch auf das Lernen mit Vokabelheften, Karteikarten, Mindmaps oder Wortschatzbüchern zurückgreifen oder neue Medien wie Computer, Nintendo und das Internet zu Hilfe nehmen.

Beim Vokabellernen empfiehlt sich z. B. ein aus vier oder fünf Fächern bestehender Karteikasten. Schreiben Sie auf die Vorderseite der Karteikärtchen den deutschen Begriff, Ausdruck oder Satz und auf die Rückseite die entsprechende Übersetzung, wobei es immer ratsam ist, Verben und Adjektive im Zusammenhang mit häufig verwendeten Präpositionen zu lernen. Sprechen Sie sich die Wörter und Sätze laut vor! Auch Substantive sollten mit einem Beispielsatz verbunden werden, da sie sich so besser merken lassen. Noch nicht gelernte Begriffe bleiben im vorderen Fach; Wackelkandidaten in den mittleren. Erreicht ein Kärtchen das letzte Fach, sollte es sicher im Gedächtnis verankert sein.

:: Tipps zum Lesen

Eine wichtige Aufgabe beim Erlernen einer neuen Sprache ist das Lesen. Besonders am Anfang sollte es bewusst durchgeführt und vor allem regelmäßig geübt werden. Sie haben drei Möglichkeiten, die Sie abwechselnd anwenden sollten.

Stellen Sie sich drei Autos vor: einen schnellen Sportwagen, einen großen Mittelklassewagen und ein kleines Stadtauto. Am Anfang Ihrer Lernkarriere können Sie sich erst einen Kleinwagen leisten: Sie lesen einzelne Begriffe langsam und sprechen sie wiederholt laut aus. Schauen Sie im Wörterverzeichnis oder in einem Wörterbuch nach, wenn Ihnen die Aussprache nicht geläufig ist – keine Angst vor der Lautschrift; die paar Sonderzeichen haben Sie schnell drauf –, oder lassen Sie sich die Begriffe in einem Wörterbuch mit Sprachausgabe vorsprechen. Warten Sie nicht zu lange mit dem Umsteigen auf den Mittelklassewagen und fangen Sie an, ganze Sätze, erst langsam, dann etwas schneller zu lesen, wobei es nicht schaden kann, schon gleich zu Beginn auf den landestypischen Sprachrhythmus zu achten. Fühlen Sie sich dann schon wohler auf den fremdländischen Straßen, lesen Sie größere Abschnitte am Stück und wagen – wenn Sie so wollen – als letztes den Schritt in den Sportwagen. Doch bedenken Sie: Es gibt keinen Grund, so schnell zu fahren wie die Einheimischen. Genießen Sie die Sprachlandschaft bei mittlerem Lesetempo und halten Sie bei einzelnen Begriffen inne – es besteht sonst die Gefahr, dass Ihnen die Schönheit der individuellen Wörter entgeht – und lesen Sie zügig, um auch mal ein gutes Stück voranzukommen.

Tipps zum Sprechen

In engem Zusammenhang mit dem Lesen steht das Sprechen. Es ist der schwierigste Teil beim Erlernen einer fremden Sprache, da in der Regel kein Einheimischer in der Nähe weilt, der mitfühlend die eigenen Fehler verbessert. Aber vielleicht ist ein Mitlerner in der Nähe, der sich glücklich schätzen würde, jemanden zum Wortaustausch zu haben. Treffen Sie sich zu Hause oder in einem Café und versuchen sie, etwas Small Talk in ihrer „neuen" Sprache zu betreiben. Nur Mut! Oder lesen Sie sich die Dialoge des Lehrbuchs gegenseitig laut vor und lernen Sie sie eventuell sogar auswendig.

Sollte sich allerdings niemand finden, der die Dialoge mit Ihnen rollenverteilt einstudiert, tun Sie es selbst. Übernehmen Sie eine Rolle, überlegen Sie, was man in der jeweiligen Situation außerdem sagen könnte, führen Sie Unterhaltungen mit imaginären Partnern, doch achten Sie darauf, dass Ihnen dabei niemand zuhört oder zusieht. Man könnte Sie für „sonderbar" halten.

Warum versuchen Sie es nicht einmal mit Liedtexten oder Spielfilmen? Kaufen Sie sich Ihren englischen Lieblingsfilm auf DVD, schauen Sie ihn auf Englisch und klicken Sie vor allem die englischen Untertitel an. Wenn Sie nun gelegentlich anhalten und einzelne Sätze oder Passagen herausschreiben und lernen, können Sie diese als Ansatzpunkt für ein kleines Rollenspiel nehmen. Versetzen Sie sich in die jeweilige Situation und „unterhalten" Sie sich mit den Schauspielern. Diese Art der Kommunikation können Sie auch mit sich selbst betreiben, beim Joggen oder unter der Dusche.

:: Tipps zum Hören

Wesentlich einfacher als das Sprechen ist das Hören. Hier bieten die modernen Medien mittlerweile eine unglaubliche Fülle von Möglichkeiten, von denen man vor einigen Jahren kaum zu träumen wagte.

Wer zu Hause eine Flatrate fürs Internet besitzt, der sollte gelegentlich einen ausländischen Sender anklicken und online Radio hören. Sie glauben kaum, wie wundervoll belebend es sein kann, abends um neun dem Frühstücksradio aus Neuseeland zu lauschen. Auch wenn Sie zunächst wegen der Schnelligkeit des Gesprochenen nicht viel verstehen, akzeptieren Sie es. Wichtig ist zunächst nur, dass Sie der Sprache, die Sie erlernen wollen, lauschen und dass Sie ihren Klang hören. Sie werden unweigerlich – und das kann ja auch nicht schaden – in Urlaubsstimmung geraten.

Hören und Verstehen ist wie Jogging. Wer sich als Anfänger einen Marathon zumutet, wird bald keuchend am Straßenrand stehen. Geben Sie sich Zeit und haben Sie Geduld: Steter Wortschwall trainiert das Hirn. Will heißen: Je mehr Sie sich der gesprochenen Sprache aussetzen, je mehr Sie mal konzentriert, mal beiläufig zuhören, desto schneller wird sich Ihr Hörverständnis verbessern. Sie bekommen ein Gefühl für Wörter und Sprachmelodie. Wenn Sie Hörbücher lieben oder gern DVDs schauen, halten Sie die Scheibe gelegentlich an und hören Sie einzelne Passagen gezielt mehrere Male hintereinander. Sie werden sehen: Schon beim dritten Mal verstehen Sie erheblich mehr. Und wenn Sie dazu noch den Text zu Hilfe nehmen – falls er Ihnen vorliegt – werden Sie einen wahren Verständnisschub erfahren.

:: **Tipps zum Schreiben**

Basics

Das Schreiben ist eine einfache, aber sehr effektive Lernübung. Schon das bloße Abschreiben von Vokabeln oder Dialogen verbessert Ihr Sprachverständnis nicht unwesentlich und hilft Ihnen, sich die jeweiligen Wörter oder Passagen einzuprägen.

Sie können zunächst die Übungen oder auch die Dialoge im Lehrbuch abschreiben. Diese kann man dann durchaus variieren oder ganz neu gestalten. Kleine Szenen in verschiedenen Situationen auf Papier zu bringen, ist eine hervorragende Übung nicht nur für angehende Dramatiker. Es sollte nur jemand gefunden werden, der das Geschriebene durchliest und auf eventuelle Fehler hinweist.

Natürlich soll dies einem elektronischen Gedankenaustausch nicht im Wege stehen. Versuchen Sie einen E-Mail-Partner zu finden und schreiben Sie sich regelmäßig kleine Botschaften. Das können ganz banale Alltagsdinge sein. Sie werden sehen, dass das gar nicht so einfach ist. Schon allein einen Einkaufszettel für Tochter oder Ehemann in der neuen Sprache zu verfassen, erfordert mitunter ein reges imaginäres Blättern im Wörterbuch. Machen Sie es sich zur Regel, kleine Mitteilungen an Familienmitglieder, Freunde oder Bekannte auf Englisch zu schreiben oder schalten Sie die automatische Spracherkennung ihres Handys um und überraschen Sie Ihre Freunde mit „ausländischen" SMS. Wer weiß, ob der eine oder andere nicht ebenso „ausländisch" zurückschreibt.

In dieser Lektion lernen Sie:

- jemanden zu begrüßen
- nach dem Befinden zu fragen und darauf zu antworten
- jemanden vorzustellen

Welcome to England!

1/2
1/3

Philip	Good morning, John. How are you today?
John	Fine, thanks. Everything's OK.
Philip	This is Paula Schneider. She's from Germany.
Paula	Good morning.
John	Hello, Paula. Nice to have you with us. Where are you from in Germany?
Paula	I'm from Stuttgart – in the south of Germany.
John	Oh, yes. I know Munich, but I don't know Stuttgart.
Philip	Paula can talk to the boss . And I can show Paula the offices.
John	Hi, Hazel. Paula, this is Hazel.
Hazel	Hello, Paula. Nice to meet you.
Paula	Nice to meet you, too.
John	And this is Joyce Marlow, our Head of Marketing.
Paula	Hello, Mrs Marlow.
Joyce	You can just call me Joyce, Paula.
John	Mr Butler's got a problem with his new computer, Hazel. You're the expert.
Hazel	OK, I can help him.
Philip	Come and meet Mr Butler. And then we can go round the offices.
Paula	OK, that's a good idea.
Philip	Oh, here's Mr Butler now. Good morning, Mr Butler. This is Paula Schneider from Germany.
Mr Butler	Nice to meet you, Paula. Welcome to England!

Basics

:: Fragen zum Dialog

Streichen Sie, was nicht zutrifft.
1. Paula is from *England | Germany*.
2. Paula is from *Stuttgart | Munich*.
3. Joyce Marlow *is | isn't* the boss.
4. Mr Butler *is | isn't* the Head of Marketing.

Willkommen in England!

Philip	Guten morgen, John. Wie geht's dir heute?
John	Gut, danke. Alles ist in Ordnung.
Philip	Das ist Paula Schneider. Sie ist aus Deutschland.
Paula	Guten Morgen.
John	Hallo, Paula. Schön, Sie bei uns zu haben. Woher kommen Sie aus Deutschland?
Paula	Ich bin aus Stuttgart – im Süden von Deutschland.
John	Ah, ja. Ich kenne München, aber Stuttgart kenne ich nicht.
Philip	Paula kann mit dem Chef sprechen. Und ich kann Paula die Büros zeigen.
John	Hallo, Hazel. Paula, dies ist Hazel.
Hazel	Hallo, Paula. Schön, Sie kennenzulernen.
Paula	Schön, Sie auch kennenzulernen.
John	Und das ist Joyce Marlow, unsere Marketingleiterin.
Paula	Hallo, Frau Marlow.
Joyce	Sie können mich einfach Joyce nennen, Paula.
John	Herr Butler hat ein Problem mit seinem neuen Computer, Hazel. Sie sind die Expertin.
Hazel	In Ordnung, ich kann ihm helfen.
Philip	Kommen Sie und lernen Sie Herrn Butler kennen. Und dann können wir einen Rundgang durch die Büros machen.
Paula	In Ordnung, das ist eine gute Idee.
Philip	Ah, hier ist Herr Butler jetzt. Guten Morgen, Herr Butler. Dies ist Paula Schneider aus Deutschland.
Mr Butler	Schön, Sie kennenzulernen, Paula. Willkommen in England!

:: Lernwortschatz

a/an	ein(e)	me	mich
and	und	meet	(sich) treffen
be	sein	morning	Morgen
but	aber	new	neu
call	(an)rufen; hier: nennen	nice	hübsch, schön
		now	nun, jetzt
can	können	of	von
come	kommen	office	Büro
don't (know)	nicht (wissen)	our	unser
everything	alles	round	herum
fine	fein, prima	show	zeigen
from	aus, von	south	Süden
go	gehen	talk	sprechen
good	gut	thanks	danke
has (got)	er/sie hat	that	dies, das
have (got)	haben	the	der/die/das
head	hier: Leiter(in)	then	dann
help	helfen	this	dies, das
here	hier	to	hier: in
hi!/hello!	hallo!	today	heute
him	ihn, ihm	too	auch
how are you?	wie geht's?	us	uns
idea	Idee	welcome	willkommen
in	in	where	wo
just	hier: einfach	with	mit
know	kennen, wissen	yes	ja

▌ Grammatik und Redemittel

■ Bestimmter und unbestimmter Artikel → § 1.1, § 1.2

Im Englischen gibt es den bestimmten Artikel **the** *der/die/das,* der immer
unverändert bleibt, und den unbestimmten Artikel **a** *ein(e),* der vor den
Vokalen **a**, **e**, **i**, **o** zu **an** erweitert wird.

a computer *ein Computer*	**an** expert *ein Experte/eine Expertin*
a problem *ein Problem*	**an** office *ein Büro*

Beginnt ein Wort mit dem Vokal **u**, wird der Artikel in der Regel nicht erweitert,
weil in der Aussprache der Konsonant **j** zu hören ist: **a unit** *eine Lektion.*

■ Die Personalpronomen und das Verb *be* → § 5.1, § 10.1

Die Formen des Verbs **be** *sein* und der Personalpronomen *ich, du, er/sie/es, wir,
ihr, sie* die Höflichkeitsform *Sie* lauten:

I am	*ich bin*	**we are**	*wir sind*
you are	*du bist/Sie sind (Sg)*	**you are**	*ihr seid/Sie sind (Pl)*
he/she/it is	*er/sie/es ist*	**they are**	*sie sind*

Das Personalpronomen **I** *ich* wird immer großgeschrieben. In der Tabelle sehen
Sie, dass **you** sowohl für *du* und *ihr* als auch für die höfliche Anrede *Sie* steht.

■ Kurzformen

Sie haben im Dialog sicher die vielen Apostrophe bemerkt. Im gesprochenen
Englisch werden viele Wörter verkürzt. Das gilt für die Verbformen von **be**, die
Verneinung **not** und **has/have**. Beachten Sie, dass **'s** sowohl für **is** als auch für
has stehen kann.

am → **'m**   are → **'re**   is → **'s**   not → **n't**   has → **'s**   have → **'ve**

■ Die Verneinung des Verbs *be* → § 9.2

Das Verb **be** können Sie auf zwei Arten verneinen (Ausnahme: 1. Person!). Auch
bei der Verneinung verwenden Sie in der Regel die Kurzformen:

I'm not	–	**we're** not	we **aren't**
you're not	you **aren't**	**you're** not	you **aren't**
he's/she's/it's not	he/she/it **isn't**	**they're** not	they **aren't**

:: Übungen

1 Setzen Sie die richtigen Pronomen ein.

| I | you | he | she | it | we | they |

1. How are _you_? _I_ 'm OK, thanks.
2. Look, that's Paula. _She_'s from Stuttgart.
3. This is Mr Butler's computer. _It_'s new.
4. Mr Butler is the boss. _He_ can help.
5. Where are Paula and the boss? _They_'re in his office.
6. How are you and Joyce? _We_ 're OK.

2 In der Kantine: Hören Sie die CD und reagieren Sie entsprechend den deutschen Vorgaben.

1/4

| Welcome to England! | I know Stuttgart. It's nice. | Nice to meet you. |
| Where are you from? | Nice to have you with us. | Fine, thanks. |

3 Lesen Sie die E-Mail und ersetzen Sie die Langformen durch Kurzformen.

Hi, John. How are you? …

A:

cc:

Hi, Kevin,
We are OK. I am fine, and Hazel is OK, too. She is here! Jenny is not here, but she is fine. Hazel has got a computer, too. It is new. Computers! They are a problem, and I am not an expert. Oh, you are a computer expert – you can help! …

A:

cc:

Hi, Kevin,
We _'re_ (1.) OK. I _'m_ (2.) fine, and Hazel _'s_ (3.) OK, too. She _'s_ (4.) here! Jenny _isn't_ (5.) not here, but she _'s_ (6.) fine. Hazel _'s_ (7.) got a computer, too. It _'s_ (8.) new. Computers! They _'re_ (9.) a problem, and I _'m_ (10.) not an expert. Oh, you _'re_ (11.) a computer expert – you can help! …

Basics

Kulturtipp **i**

:: Englische Anrede und Höflichkeit

Engländer in Deutschland haben immer ein Problem: Soll ich *Sie* oder *du* sagen? Manchmal kann man auf *ihr* ausweichen. Im englischen Sprachraum gibt es diese Probleme nicht: **you** bedeutet *du/ihr* und *Sie*. Trotzdem gibt es Unterschiede. In einem Büro benutzt man (fast) immer den Vornamen, aber es gibt Ausnahmen. Joyce Marlow bietet Paula sofort den Vornamen an. Aber Herr Butler, als Abteilungsleiter, möchte formeller angeredet werden.

Im englischen Sprachraum ist Höflichkeit ausgesprochen wichtig. Achten Sie darauf, bei einer Bitte, einem Wunsch oder einer Aufforderung stets das Wörtchen **please** *bitte* zu ergänzen. Und bedanken Sie sich ruhig mehrfach, wenn Ihnen jemand einen Gefallen getan hat. Sie kennen bereits **thanks** *danke*. Sie können auch **thank you** *ich danke dir/euch/Ihnen* oder **thank you very much** *vielen Dank* sagen. Sie werden in England außerdem feststellen, dass sich Ihr Gesprächspartner häufig mit **Sorry!** *Entschuldigung!* oder **I'm sorry!** *Es tut mir leid!* bei Ihnen entschuldigt, obwohl es dafür gar keinen Grund zu geben scheint. Auch das ist ein Ausdruck der englischen Höflichkeit, die Sie ruhig übernehmen dürfen!

:: Was können Sie schon?

jemanden vorstellen				→ Ü1
jemanden höflich begrüßen				→ Ü2
auf Begrüßungen reagieren				→ Ü2
jemanden nach dem Befinden fragen				→ Ü1
sagen, wie es Ihnen geht				→ Ü3

In Ihrer ersten Lektion haben Sie schon eine ganze Menge gelernt, finden Sie nicht? Und keine Angst: Sie müssen nicht alles auf einmal lernen! Sie werden in den kommenden Lektionen noch genügend Gelegenheiten bekommen, das erworbene Wissen zu erweitern, zu vertiefen und auch zu wiederholen. Nur die Übung macht bekanntlich den Meister. Also: Bleiben Sie dran!

3 Kennenlernen und Small Talk

▪▪ In dieser Lektion lernen Sie:

- ▪ jemandem etwas anzubieten
- ▪ von Ihrer Arbeit zu berichten
- ▪ über regelmäßige
  Handlungen zu reden

A typical day

1/5
1/6

Philip	Coffee, Paula?
Paula	Yes, please.
Philip	With milk?
Paula	Please.
Philip	Here you are.
Paula	Thank you. But why have you got coffee? Why not tea? English people always drink tea!
Philip	Not always. I drink tea at home and coffee at work. Don't ask me why! Where's the sugar?
Paula	Here you are.
Philip	Thanks. No sugar for you?
Paula	No, thanks. Not for me.
Philip	What's your work like, Paula?
Paula	Well, it's like your work here. You know I work for InterSoft in Stuttgart and I plan new projects. I usually work in a team. We have meetings every week.
Philip	Ah, those meetings! We have them every day!
Paula	We sometimes talk for hours about one little thing!
Philip	I know! What's a typical day in the life of Paula Schneider?
Paula	What can I say? I always do the same things in the morning. I always check my e-mails first and answer them. It usually takes me two or three hours, but the phone often rings and rings. Then it takes me longer. I have lunch in our canteen. After that I sometimes talk to my colleagues or my boss. Sometimes it's very boring! And I never get home before six.

:: Fragen zum Dialog

Streichen Sie, was nicht zutrifft.
1. Paula plans new *meetings | projects*.
2. Philip has meetings *every week | every day*.
3. Paula *sometimes | never* gets home before six.

Ein typischer Tag

Philip	Kaffee, Paula?
Paula	Ja, gerne.
Philip	Mit Milch?
Paula	Ja, bitte.
Philip	Bitte schön.
Paula	Danke. Aber warum haben Sie Kaffee? Warum keinen Tee? Engländer trinken immer Tee.
Philip	Nicht immer. Ich trinke Tee zu Hause und Kaffee auf der Arbeit. Fragen Sie mich nicht warum! Wo ist der Zucker?
Paula	Bitte schön.
Philip	Danke. Kein Zucker für Sie?
Paula	Nein, danke. Für mich nicht.
Philip	Wie ist Ihre Arbeit, Paula?
Paula	Nun, sie ist wie Ihre Arbeit hier. Sie wissen, ich arbeite für InterSoft in Stuttgart und plane neue Projekte. Ich arbeite normalerweise im Team. Wir haben jede Woche Sitzungen.
Philip	Ach, diese Sitzungen! Wir haben sie jeden Tag!
Paula	Wir reden manchmal stundenlang über eine einzige Kleinigkeit!
Philip	Ich weiß! Wie sieht ein typischer Tag im Leben von Paula Schneider aus?
Paula	Was kann ich sagen? Ich mache immer dieselben Dinge am Vormittag. Ich überprüfe immer zuerst meine E-Mails und beantworte sie. Das dauert gewöhnlich zwei oder drei Stunden, aber oft klingelt und klingelt das Telefon. Dann brauche ich länger. Ich esse in unserer Kantine zu Mittag. Danach spreche ich manchmal mit meinen Kollegen oder mit meinem Chef. Manchmal ist es sehr langweilig! Und ich komme nie vor sechs nach Hause.

:: Lernwortschatz

about	über, von	often	oft
after	nach	people	Leute, Menschen
always	immer	phone	Telefon
answer	beantworten	please	bitte
ask	fragen	ring	klingeln
at home	zu Hause	same	der-/die-/dasselbe
before	vor (zeitlich)	say	sagen
boring	langweilig	sometimes	manchmal
canteen	Kantine, Cafeteria	sugar	Zucker
check	überprüfen, kontrollieren	take (time)	dauern, (Zeit) brauchen
coffee	Kaffee	tea	Tee
colleague	Kollege, Kollegin	them Pl	sie
day	Tag	thing	Ding, Sache
do	tun, machen	those	diese, jene
drink	trinken	typical	typisch
every	jede(r,s)	usually	normalerweise
first	hier: zuerst	very	sehr
for	für	week	Woche
get home	nach Hause kommen	well	nun, also
here you are	bitte schön	what	was
hour	Stunde	What's … like?	Wie ist … ?
life	Leben	why	warum
like	wie, als	work	arbeiten
little	klein	work	Arbeit
longer	länger		
lunch	Mittagessen		
meeting	Sitzung		
milk	Milch		
never	nie		
no	nein; kein(e)		
not	nicht		

Die Zahlen von 1–12

1 one	4 four	7 seven	10 ten
2 two	5 five	8 eight	11 eleven
3 three	6 six	9 nine	12 twelve

Die Ziffer **0** wird in Telefonnummern entweder **oh** oder **zero** gesprochen.

Basics

:: Grammatik und Redemittel

■ Possessivpronomen → § 5.2

my *mein(e)*	**our** *unser(e)*
your *dein(e)/Ihr(e)*	**your** *euer(e)/Ihr(e)*
his *sein(e)*, **her** *ihr(e)*, **its** *sein(e)*	**their** *ihr(e)*

I check **my** e-mails first. *Ich überprüfe zuerst meine E-Mails.*
What's **your** work like? *Wie ist Ihre Arbeit?*
I have lunch in **our** canteen. *Ich esse in unserer Kantine zu Mittag.*

■ Der Plural von Substantiven → § 2.1
Den Plural von Substantiven bilden Sie in der Regel durch Anhängen von **-s**.
a colleague ➜ two colleague**s**
an hour ➜ two hour**s**
a project ➜ two project**s**

■ Einfache Gegenwart → § 8.1
Bei der Bildung der einfachen Gegenwart weicht nur die 3. Person Singular
(**he**/**she**/**it**) von der Grundform ab. In der Regel wird einfach ein -s an das Verb
angehängt. Merken Sie sich: **he**/**she**/**it** – das -s muss mit!

to talk *sprechen*	
I talk	we talk
you talk	you talk
he/s he/it **talks**	they talk

■ Häufigkeitsadverbien → § 4.3
Die Häufigkeitsadverbien stehen immer mit der einfachen Gegenwart. Achten
Sie auf die Stellung im Satz: Die Adverbien stehen direkt vor dem Verb.

always	**usually**	**often**	**sometimes**	**never**
immer	*normalerweise*	*oft*	*manchmal*	*nie*

I always check my e-mails first. *Ich überprüfe immer zuerst meine E-Mails.*
He **never** drinks tea at work. *Er trinkt nie Tee auf der Arbeit.*

Übungen

1 Setzen Sie die richtigen Wörter ein.

their	your	my	her	his	our

1. Here you are. Here's ___your___ coffee.
2. We can have lunch in ___our___ canteen.
3. I always check ___my___ e-mails first.
4. That's my colleague. ___His___ name's John.
5. She's in the team, too. ___Her___ name's Hazel.
6. John and Hazel have ___their___ coffee at ten.

2 Kaffee oder Tee? Hören Sie die CD und kreuzen Sie die richtige Lösung an.

1/7

1. a) ☒ Coffee, but no milk.   b) ☐ Coffee with milk.
2. a) ☐ Tea with sugar.   b) ☒ Tea with milk.
3. a) ☒ Coffee with sugar.   b) ☐ Coffee with sugar and milk.
4. a) ☐ Tea with sugar and milk.   b) ☒ Tea, but no sugar and no milk.

3 Lesen Sie den Tagesablauf und ergänzen Sie die passenden Verben. Denken Sie daran: he/she/it – das -s muss mit!

drink	check	talk	drink	get	have	get

A typical day
I ___drink___ (1.) coffee first in the morning and after that I ___check___ (2.) my e-mails. My colleagues always ___drink___ (3.) tea! My boss ___comes___ (4.) to me in the morning. We often ___have___ (5.) meetings, too. I never ___come___ (6.) home before six, but my boss never ___comes___ (7.) home before eight!

4 Reagieren Sie auf diese Fragen und verwenden Sie dabei die Wörter sometimes, always, often, usually, never.

1. I usually drink coffee. And you? – I _never drink coffee_ _tea_
2. Paula never drinks tea with milk. What about you? – I _usually drink_ _no milk_
3. I always answer my e-mails. And you? – I _sometimes answer_
4. I never drink coffee at work. You? – I … _always drink coffee ~~to~~ at work_
5. Philip sometimes works at home. And what about you? – I … _I never work at home._

Basics

Kulturtipp

ꞏꞏ Berufsleben

Im Deutschen sagt man in der Regel, was man von Beruf ist, wenn man über seine Tätigkeit spricht: *Ich bin Sachbearbeiter. Ich bin Sekretärin.* Im Englischen sagt man meist zuerst, wo oder für wen man arbeitet, oder erläutert, was genau man in der Firma macht: **I work for InterSoft in Stuttgart and I plan new projects.** *Ich arbeite für InterSoft in Stuttgart und plane neue Projekte.*
Wenn man den Beruf nennt, benutzt man im Englischen – anders als im Deutschen – immer den unbestimmten Artikel **a**(**n**): **I'm a secretary.** *Ich bin Sekretär(in).* Beachten Sie, dass es im Englischen für beide Geschlechter in der Regel nur eine Form gibt: **I'm a teacher.** *Ich bin Lehrer(in).*

ꞏꞏ Das können Sie schon

                 ☺ ☺ ☹

ꞏ jemandem etwas anbieten	☐	☐	☐	→ Ü2
ꞏ ein Angebot verstehen und darauf reagieren	☐	☐	☐	
ꞏ von Ihrer Arbeit berichten	☐	☐	☐	→ Ü3 → Ü4
ꞏ über häufige Handlungen sprechen	☐	☐	☐	→ Ü4
ꞏ einen Tagesablauf verfolgen	☐	☐	☐	→ Ü3

In dieser Lektion lernen Sie:

- Fragen zu stellen und zu beantworten
- Gefühle zu äußern
- über sich selbst zu sprechen

Problems, problems!

1/8
1/9

Philip	Just look at you! You don't look very happy, my friend. I'm not surprised. Look at your life. Awful! You're forty-three years old. Your wife is dead. You live here with your son and your Mum. Andy doesn't like school. Mum says she feels lonely and wants to meet people. She's got her new computer now and she wants to surf and chat on the Internet.
Andy	Dad!
Philip	And do you have time for your interests? No – it's just work, work, work. Have you got time? No, you haven't. Can you go out? No, you can't. You hardly ever meet friends, and they don't ever phone you …
Andy	Dad! Dad! Phone for you. Sounds foreign! Are you upstairs?
Philip	Yes, I am. Coming! … Hello?
Paula	Hello, Philip. It's Paula here.
Philip	Hi, Paula. How are you?
Paula	Well, not too good, to be honest.
Philip	Really? What's wrong?
Paula	I don't know. Everything. I can't understand my landlady here in this B&B – she's from Scotland. I feel uncomfortable here in this little room. The landlady's cooking is terrible. Baked beans with every meal. I can't find a flat. They're all too expensive. And I don't know anyone. I just feel depressed.
Philip	Paula, I've got an idea. Have you got time to go out this evening?
Paula	Yes, I have. That's a great idea.

▪▪ Fragen zum Dialog

Kreuzen Sie an.

	right	wrong
1. Philip looks happy.	☐	☐
2. Philip's mother feels lonely.	☐	☐
3. Paula understands her landlady.	☐	☐

Probleme, Probleme!

Philip	Schau dich nur an! Du siehst nicht sehr glücklich aus, mein Freund. Ich bin nicht überrascht. Schau dir dein Leben an. Furchtbar! Du bist dreiundvierzig Jahre alt. Deine Frau ist tot. Du lebst hier mit deinem Sohn und deiner Mutter. Andy mag die Schule nicht. Mama sagt, sie fühlt sich einsam und möchte Leute kennenlernen. Sie hat jetzt ihren neuen Computer und sie möchte im Internet surfen und chatten.
Andy	Dad!
Philip	Und hast du Zeit für deine Interessen? Nein – es ist nur Arbeit, Arbeit, Arbeit. Hast du Zeit? Nein, hast du nicht. Kannst du ausgehen? Nein, kannst du nicht. Du triffst fast nie Freunde und sie rufen dich nie an …
Andy	Papa! Papa! Telefon für dich. Klingt wie eine Ausländerin. Bist du oben?
Philip	Ja, bin ich. Ich komme. … Hallo?
Paula	Hallo, Philip. Hier ist Paula.
Philip	Hallo, Paula. Wie geht's?
Paula	Na ja, nicht besonders gut, um ehrlich zu sein.
Philip	Wirklich? Was ist los?
Paula	Ich weiß nicht. Alles. Ich kann meine Vermieterin hier in dieser Pension nicht verstehen – sie kommt aus Schottland. Ich fühle mich unwohl hier in diesem kleinen Zimmer. Das Essen der Vermieterin ist furchtbar. Gebackene Bohnen (in Tomatensauce) zu jeder Mahlzeit. Ich kann keine Wohnung finden. Sie sind alle zu teuer. Und ich kenne niemanden. Ich fühle mich einfach deprimiert.
Philip	Paula, ich habe eine Idee. Hast du Zeit, heute Abend auszugehen?
Paula	Ja, hab ich. Das ist eine großartige Idee.

Lernwortschatz

all	*alle; alles*
anyone	*(irgend)jemand*
at	*auf, zu*
awful	*schrecklich*
B&B (Bed and Breakfast)	*Frühstückspension*
baked beans	*gebackene Bohnen (in Tomatensauce)*
coming	*(ich) komme (schon)*
cooking	*Essen; Kochen*
Dad	*Papa*
dead	*tot*
depressed	*deprimiert*
evening	*Abend*
expensive	*teuer*
feel	*fühlen*
find	*finden*
flat	*Wohnung*
foreign	*ausländisch*
friend	*Freund(in)*
go out	*ausgehen, weggehen*
great	*großartig*
happy	*glücklich*
hardly ever	*fast nie*
honest	*ehrlich*
interest	*Interesse*
landlady	*Vermieterin*
like	*mögen, gern haben*
live	*leben; wohnen*
lonely	*einsam*
look	*aussehen*

meal	*Mahlzeit*
Mum	*Mama*
old	*alt*
really	*wirklich*
right	*richtig*
room	*Zimmer*
school	*Schule*
son	*Sohn*
sound	*klingen*
surprised	*überrascht*
terrible	*fürchterlich*
time	*Zeit*
uncomfortable	*unbequem*
understand	*verstehen*
upstairs	*oben (im Haus)*
want	*wollen*
What's wrong?	*Was ist los?*
wrong	*falsch*
wife	*Ehefrau*
year	*Jahr*

Die Zahlen von 13–100	
13 thirteen	30 thirty
14 fourteen	31 thirty-one
15 fifteen	32 thirty-two
16 sixteen	40 forty
17 seventeen	50 fifty
18 eighteen	60 sixty
19 nineteen	70 seventy
20 twenty	80 eighty
21 twenty-one	90 ninety
22 twenty-two	100 a/one hundred

Grammatik und Redemittel

■ Kurzantworten mit *be, can, have* → §9.5

Im Englischen werden Fragen meist mit Kurzantworten beantwortet. Bei **be**
sein, **have** *haben* und **can** *können* wird das Verb in der Kurzantwort wiederholt.

Are they upstairs?	Yes, they **are**.	**Have** you got time?	No, **I haven't**.
Can you help me?	Yes, I **can**.	**Can** we go out?	No, we **can't**.
Has she got time?	Yes, she **has**.	**Is** he depressed?	No, he **isn't**.

Ein einfaches **yes** oder **no** wirkt sehr abrupt.

■ Die Verneinung mit dem Hilfsverb *do* → §8.1

Sie können bereits bejahte Aussagen bilden. Aufpassen müssen Sie, wenn Sie
eine Aussage verneinen wollen. Bei der Verneinung brauchen Sie in der Regel
das Hilfsverb **do** *tun, machen*.

Auch hier weicht nur die 3. Person Singular von der Grundform ab. Sie erinnern
sich: **he/she/it** – das **-s** muss mit! Beachten Sie, dass bei **do** zusätzlich ein **-e-**
eingefügt wird: **do** – (**he/she/it**) **does**. Die Verneinung **don't/doesn't** steht
meist direkt vor dem Verb.

I **look** happy.	I **don't** look happy.
They **phone** you.	They **don't** phone you.
He **likes** school.	He **doesn't** like school.

■ Fragen und Kurzantworten mit dem Hilfsverb *do* → §9.1

Wenn Sie Fragen stellen wollen, brauchen Sie ebenfalls das Hilfsverb **do/does**.
Es steht immer vor dem Satzgegenstand.

Do you meet friends?	Yes, I **do**.	No, I **don't**.
Do they go out?	Yes, they **do**.	No, they **don't**.
Does Andy like school?	Yes, he **does**.	No, he **doesn't**.

■ Der s-Genitiv → §2.2

Der Genitiv zeigt den Besitz oder die Zugehörigkeit an. Sie bilden ihn bei
Personen durch Anhängen von **s** mit Apostroph: **'s**.

The landlady**'s** cooking is terrible.   *Das Essen der Vermieterin ist schrecklich.*
Philip**'s** mother is lonely.   *Philips Mutter ist einsam.*

Übungen

1 Beantworten Sie die Fragen mit Kurzantworten.

1. Have you got time?   Yes, I *have*   .
2. Can you go out?   No, I *can't*   .
3. Has she got a computer?   Yes, ~~I have~~ *she's*   .
4. Has he got problems at work?   Yes, ~~I have~~ *he's*   .
5. Are they at home?   No, *they're*   .
6. Are you in your room?   Yes, *I'm* ~~I am~~   .
7. Am I happy?   No, *I am't*   .
8. Is he a computer expert?   No, *he* ~~is't~~ *isn't*   .

2 Genitiv oder Plural? Ergänzen Sie 's oder -s.

My son*'s* (1.) new computer is terrible. I work with computer*s* (2.) but I'm
not an expert. I can't help him. My colleague*s* (3.) friend works for InterSoft
and he has got five computer*s* (4.) at home. He can help. I can only help
with my Mum*'s* (5.) old computer, but not with the new computer*s* (6.)!

3 Stellen Sie Fragen und geben Sie Kurzantworten mit do oder does.

1. _____ Andy like school?   No, he _____ .
2. _____ Philip have time for his interests?   No, he _____ .
3. _____ Paula feel depressed?   Yes, she _____ .
4. _____ you have time for your friends?   ___, I _____ .
5. _____ you surf on the Internet?   ___, I _____ .

4 Hören Sie die CD und kreuzen Sie die Zahlen an, die Sie hören.

1. a) ☒ 12 b) ☐ 20   5. a) ☐ 16 b) ☒ 60
2. a) ☐ 13 b) ☒ 30   6. a) ☒ 17 b) ☒ 70
3. a) ☒ 14 b) ☐ 40   7. a) ☒ 18 b) ☐ 80
4. a) ☒ 15 b) ☐ 50   8. a) ☒ 19 b) ☒ 90

1/10

Kulturtipp **i** Basics

⠶ B&B und britische Badezimmer

B&B steht für **Bed and Breakfast** *Bett und Frühstück*. Diese Schilder hängen in England an vielen Häusern, besonders in Touristenregionen. In diesen privaten Frühstückspensionen können Sie günstig übernachten. Sie bekommen ein Zimmer mit einem englischen Frühstück. Die Zimmer werden oft von Privatpersonen vermietet, die selbst im Haus wohnen. Das Frühstück ist in der Regel sehr üppig: **bacon and eggs** *Speck und Eier*, meist mit **baked beans** *gebackenen Bohnen (in Tomatensoße)*, **fried tomatoes** *gebratenen Tomaten* und **toast and marmalade** *Toast und Orangenmarmelade*. Und natürlich gibt es Tee dazu. Inzwischen bekommen Sie meist auch einen sehr guten Filterkaffee.

Wundern Sie sich nicht, wenn die Mischbatterie an Badewanne und Waschbecken fehlt. Manchmal muss man sich mit getrennten Hähnen für Warm- und Kaltwasser abfinden. Es gibt wirklich gute Hotels, in denen die Sanitäranlagen beinahe 100 Jahre alt sind. Beachten Sie auch, dass die Steckdosen in Großbritannien anders sind als auf dem Festland: britische Stecker haben drei Pole. Also nicht vergessen, einen Adapter mitzunehmen!

⠶ Was können Sie schon?

☺ ☺ ☹

⠶ Fragen stellen und Kurzantworten geben			→ Ü1
⠶ Gefühle äußern und über Stimmungen sprechen			→ Ü3
⠶ sagen, wem etwas gehört			→ Ü2
⠶ über die persönlichen Lebensumstände sprechen			

5 Sie können schon viel mehr Englisch, als Sie denken!

In dieser Lektion lernen Sie:

- nachzufragen, wenn Sie etwas nicht verstanden haben
- „falsche Freunde" zu erkennen
- über kulturelle Unterschiede zu sprechen

At the pub

1/11
1/12

Philip	Drink, Paula?
Paula	Oh. Yes, please. Where's the waiter?
Philip	Waiter? There isn't a waiter in a pub. We go and get our drinks at the bar.
Paula	And when do you pay?
Philip	We pay when we get the drinks – at the bar. Each time, for the first, second, third drink …
Paula	Oh. It's different in Germany. We pay before we leave.
Philip	Really? Well, I'd like a pint. What about you?
Paula	I'd like a gin tonic, please.
Philip	A *gin and tonic*, we say.
Paula	But *gin tonic* is English!
Philip	Yes, but we don't say it like that. Just a minute …
Philip	Here you are, Paula, your G and T.
Paula	That's my handy.
Philip	What? What does that mean?
Paula	Don't you say that in English?
Philip	Oh, now I understand you. It's your mobile! That's English!
Paula	English is so difficult! When English words aren't real English … And there are English words like German words but they don't mean the same: *Chef* is a boss in German, and a cook in English.
Philip	Hmm. And *beer*?
Paula	Ah, that's nearly the same: *Bier*.
Philip	One last drink, Paula! The pub closes at twelve o'clock.
Paula	Good idea! Cheers!

Sie können schon viel mehr Englisch, als Sie denken!

⋮⋮ Fragen zum Dialog

Streichen Sie, was nicht zutrifft.
1. The pub closes at ~~eleven~~ | twelve o'clock.
2. There ~~is~~ | isn't a waiter in the pub.
3. Chef means cook | ~~boss~~ in English.

Im Pub

Philip	Etwas zu trinken, Paula?
Paula	Oh. Ja, gerne. Wo ist der Kellner?
Philip	Kellner? Es gibt keinen Kellner in einem Pub. Wir gehen unsere Getränke an der Theke holen.
Paula	Und wann zahlt man?
Philip	Wir zahlen, wenn wir die Getränke holen – an der Theke. Jedes Mal: für das erste Getränk, das zweite, dritte …
Paula	Ach so. Es ist anders in Deutschland. Wir zahlen, bevor wir gehen.
Philip	Echt? Also, ich möchte ein *pint*. Was ist mit dir?
Paula	Ich möchte einen Gin Tonic, bitte.
Philip	Einen *Gin und Tonic* sagen wir.
Paula	Aber *Gin Tonic* ist Englisch.
Philip	Ja, aber wir sagen es nicht so. Einen Augenblick …
Philip	Bitte schön, Paula, dein G und T
Paula	Das ist mein Handy.
Philip	Was? Was bedeutet das?
Paula	Sagt ihr das nicht so im Englischen?
Philip	Ah, jetzt ich verstehe dich. Es ist dein Mobiltelefon! Das ist Englisch!
Paula	Englisch ist so schwer! Wenn englische Wörter kein echtes Englisch sind! Und es gibt englische Wörter, die sind wie deutsche Wörter, aber sie bedeuten nicht dasselbe: *Chef* ist ein Vorgesetzter auf Deutsch, und ein Koch auf Englisch.
Philip	Hmm. Und *beer*?
Paula	Ah, das ist fast das Gleiche: *Bier*.
Philip	Ein letztes Getränk, Paula! Der Pub macht um zwölf Uhr zu.
Paula	Gute Idee! Zum Wohl!

:: Lernwortschatz

bar	*Theke*
beer	*Bier*
cheers!	*Prost! Zum Wohl!*
chef	*(Chef-) Koch*
close	*schließen*
cook	*Koch*
different	*anders*
difficult	*schwierig, schwer*
drink	*Getränk*
each time	*jedes Mal*
get	*hier: holen*
I'd like (I would like)	*ich möchte gerne*
just a minute	*einen Augenblick*
leave	*verlassen*
like that	*so, auf diese Weise*
mean	*bedeuten*
mobile (phone)	*Handy, Mobiltelefon*
nearly	*fast*
(12) o'clock	*(12) Uhr*
pay	*bezahlen*

pint	*Pint (ca. 1/2 l)*
pub	*Pub, Kneipe*
real	*echt*
some	*etwas; einige*
there is/are	*es gibt*
waiter	*Kellner*
What about you?	*Was ist mit dir?*
when	*wann; wenn, als*
word	*Wort*

Die Ordnungszahlen von 1–10		
1st	first	*erste(r,s)*
2nd	second	*zweite(r,s)*
3rd	third	*dritte(r,s)*
4th	fourth	*vierte(r,s)*
5th	fifth	*fünfte(r,s)*
6th	sixth	*sechste(r,s)*
7th	seventh	*siebte(r,s)*
8th	eighth	*achte(r,s)*
9th	ninth	*neunte(r,s)*
10th	tenth	*zehnte(r,s)*

Statt einem Punkt stehen im Englischen immer die letzten beiden Buchstaben der Ordnungszahl.

Basics

Grammatik und Redemittel

Die Wiedergabe von *es gibt* (*there is*/*there are*)

Wenn Sie sagen wollen, was es gibt und was es nicht gibt, verwenden Sie im Englischen im Singular **there is** und im Plural **there are**. Das gilt für Aussage, Verneinung, Frage und Kurzantwort.

There's …	There isn't …	Is there …?	Yes, there is.
There are …	There aren't …	Are there …?	No, there aren't.

There isn't a waiter in a pub. *Es gibt keinen Kellner in einem Pub.*
There are some English words like German words. *Es gibt einige englische Wörter, die wie deutsche Wörter sind.*

Die Uhrzeit

Bei der Angabe von vollen Stunden werden die Zahlen von 1–12 verwendet.
The pub closes at 12 **o'clock**. *Die Kneipe schließt um 12 Uhr (= 24 Uhr).*
1 Uhr (nachts) und *13 Uhr (mittags)* werden beide mit **one o'clock** wiedergegeben. Wenn nicht deutlich ist, ob sich die Uhrzeit auf den Vormittag oder den Nachmittag/Abend bezieht, ergänzen Sie eine entsprechende Zeitangabe, z. B. **in the morning** *morgens* oder **in the evening** *abends*. In der Schriftsprache verwendet man dazu die Abkürzungen **am** (lat.: ante meridiem) und **pm** (lat.: post meridiem). Beachten Sie, dass **am** und **pm** nicht zusammen mit **o'clock** verwendet werden.

It's 2 **o'clock** in the morning.　　=　It's 2 **am**. *Es ist zwei Uhr nachts/morgens.*
It's 2 **o'clock** in the afternoon.　=　It's 2 **pm**. *Es ist zwei Uhr nachmittags.*

„Falsche Freunde"

Es gibt viele englische Wörter, die im Deutschen genauso geschrieben und gesprochen werden, z. B. **tennis**, **basketball**, **computer**, **team**, **airbag**. Manche Wörter sind sehr ähnlich, sodass Sie die Bedeutung erraten können, z. B. **beer**, **fish**, **garden**, **secretary**, **swim**.
Daneben gibt es aber auch einige sogenannte **false friends** *falsche Freunde*. Das sind Wörter, die zwar ähnlich oder genauso aussehen wie deutsche Wörter, im Englischen aber eine andere Bedeutung haben:

chips *Pommes frites*　　　　(deutsch: *Chips* = englisch: **crisps**)
chef *Koch*　　　　　　　　(deutsch: *Chef* = englisch: **boss**)

Sie können schon viel mehr Englisch, als Sie denken!

▪▪ Übungen

1 Ergänzen Sie *there is* oder *there are*.

1. _there is_ milk in this tea.
2. _there are_ problems with the new computer.
3. _there are_ meetings every week.
4. _there is_ no sugar in this coffee.
5. _there are_ baked beans with every meal.
6. _the are_ some nice flats but they're expensive.

2 Erkennen Sie diese „falschen Freunde"? Verbinden Sie das englische Wort mit der passenden deutschen Entsprechung.

1. crisps _d_   a) Gin Tonic
2. chef _c_   b) Pommes frites
3. mobile _e_   c) Koch
4. gin and tonic _a_   d) Chips
5. chips _b_   e) Handy

3 Vormittag oder Nachmittag? Hören Sie und kreuzen Sie an.

1/13

1. a) ☒ 3 am   b) ☐ 3 pm   4. a) ☒ 5 am   b) ☐ 5 pm
2. a) ☐ 11 am   b) ☒ 11 pm   5. a) ☐ 9 am   b) ☒ 9 pm
3. a) ☒ 8 am   b) ☐ 8 pm   6. a) ☒ 2 am   b) ☐ 2 pm

4 Lesen Sie und übersetzen Sie die hervorgehobenen Wörter ins Deutsche.

Hi! My name's Tina. I'm 24 and I'm a **secretary** (1.) in an **electronics firm** (2.). In my **free time** (3.) I do **sports** (4.): **tennis** (5.), **basketball** (6.) and – yes – **football** (7.)! I like **dancing** (8.) at the **disco** (9.), and **shopping** (10.). I love **music** (11.), too, and I can play the **guitar** (12.). Please answer …

1. Sekretärin
2. Elektrofirma / Unternehmen
3. Freizeit
4. Sport
5. Tennis
6. Basketball
7. Fußball
8. Tanzen
9. Disco
10. Einkaufen
11. Musik
12. Gitarre

Englische Pubs

Pubs sind in Großbritannien (und Irland!) äußerst beliebt. Man geht dort nicht nur hin, um am Abend mit Freunden gemütlich ein Bier zu trinken, sondern man bekommt dort in der Regel auch einen leckeren kleinen Imbiss oder sogar ein warmes Abendessen.

Das Essen in englischen **Pubs** schmeckt häufig ausgesprochen gut und ist erheblich preiswerter als in einem Restaurant. In **Pubs** sind die Leute lockerer und kontaktfreudiger als in anderen Situationen. Man kommt schnell miteinander ins Gespräch und kann über alles Mögliche diskutieren.

Viele **Pubs** haben inzwischen bis Mitternacht geöffnet, am Wochenende oft sogar noch länger. Es ist allerdings ratsam, **Pubs** zu meiden, in denen sehr viel Alkohol fließt: „Komasaufen" ist in Großbritannien ein großes soziales Problem!

i Kulturtipp

Basics

Was können Sie schon?

☺ ☺ ☹

fragen, ob es etwas gibt oder nicht				→ Ü1
Wörter verstehen, die deutschen Wörtern ähnlich sind				→ Ü4
sogenannte „falsche Freunde" erkennen				→ Ü2
Uhrzeiten verstehen und den Tageszeiten zuordnen				→ Ü3

Hier wiederholen Sie:

- jemanden zu begrüßen und zu verabschieden
- sich und andere vorzustellen
- nach dem Befinden zu fragen und darauf zu antworten
- Fragen zu stellen und zu beantworten
- wichtige Redemittel zum Small Talk
- die Grund- und Ordnungszahlen

1 Lesen Sie laut und ersetzen Sie die Langformen durch Kurzformen.

1. Everything is fine this morning.   *Everything's*
2. Paula Schneider is in England.
3. I am from Stuttgart in the south of Germany.   *I'm*
4. Mr Butler is here now.
5. He has got a problem with his new computer.   *He's*
6. Computers! They are a problem.   *They're*
7. Hazel, you are a computer expert. You can help.   *you're*
8. So everything is fine.

2 Verneinen Sie die Sätze.

1. Paula Schneider is from England.   *isn't*
2. She's from Munich.   *she isn't*
3. I'm the Head of Marketing.   *I am'nt*
4. Mr Butler is a computer expert.   *isn't*
5. We're OK this morning.   *we aren't aren't*
6. They're in Mr Butler's office.   *They aren't - '' -*
7. Hazel, you're the Head of Marketing.   *you aren't - ' -*
8. This is Mr Butler's computer.   *isn't*

3 Hören Sie die Fragen auf der CD und antworten Sie mit einer Kurzantwort.

1. No, _____ . 3. Yes, _____ . 5. No, _____ .
2. Yes, _____ . 4. Yes, _____ . 6. No, _____ .

1/14

4 Was antworten diese Personen?

> You can just call me Joyce, Paula.   Morning, Joyce.
> Fine, thanks.   Hello, Paula. Nice to meet you.   Welcome to England, Paula.

1. Philip   How are you today?
   John   _Fine, thanks._
2. John   Paula, this is Hazel.
   Hazel   _Hello Paula_
3. Philip   Mr Butler, this is Paula Schneider from Germany.
   Mr Butler   _Welcome to England Paula_
4. Joyce   Good morning, Philip.
   Philip   _Morning Joyce_
5. Paula   Good morning, Mrs Marlow.
   Joyce   _You can just me Joyce, P._

 5 Setzen Sie die Verben in der einfachen Gegenwart ein.

> check   have (2x)   get   work (2x)   talk (2x)   plan

I _work_ (1.) for *InterSoft* and I _plan_ (2.) new projects.
We _work_ (3.) in a team. We _have_ (4.) meetings every
week. We _talk_ (5.) for hours. In the morning I _check_ (6.)
my e-mails. We _have_ (7.) lunch in the canteen. Then I ~~get~~ _talk_
(8.) to my colleagues or my boss. I _get_ (9.) home after six.

6 Beantworten Sie die Fragen und sagen Sie, wie häufig Sie etwas tun.

> always   usually   often   sometimes   never

1. I always drink tea. And you?
2. I never drink coffee. And what about you?
3. I sometimes work in a team. You?
4. I have meetings every day. And you?
5. I always check my e-mails first. And what about you?
6. I never talk to my boss. And you?
7. I always get home before six. You?

I usually drink coffee
I never drink tea
I often work ...
I have meeting always
monday

... before four p.m.

5. I check my e-mails usually in the morning
6. I often talk my boss.

7 Vervollständigen Sie die Fragen mit *do* oder *does* und antworten Sie.

1. _DO_ you feel happy?   *Yes, I'm*
2. _Does_ Philip and Andy live with Mum?   *Yes, they do*
3. _Does_ Andy like school?   *Yes, he does*
4. _Does_ Mum want to meet people?   *She doesn't*
5. _Do_ you have time for your interests?   *No, I don't*
6. _DO_ your friends ever phone you?   *Yes, I do*

8 *Small Talk*: Finden Sie die passenden Antworten zu den Fragen?

1. Where's the sugar? *g*
2. Coffee or tea? *f*
3. Phone for you. *e*
4. How are you? *b*
5. Have you got time to go out? *h*
6. Here's your drink. *c*
7. I'd like a pint. What about you? *d*
8. One last drink. *a*

a) Yes, good idea. Cheers!
b) Well, not too good really.
c) Thank you very much.
d) A gin and tonic, please.
e) Coming.
f) Coffee for me, please.
g) Here you are.
h) Yes, that's a great idea.

9 Hören Sie die Wörter auf der CD und sprechen Sie sie nach. Achten Sie auf die unterschiedliche Aussprache des *o*.

1/15

colleague   longer   uncomfortable   come   room   welcome   mobile
wrong   how   know   hour   lonely   honest   those   too
good   project   cooking   sometimes   foreign   close

10 Lesen Sie den Text und ergänzen Sie *-s* oder *'s*.

Philip_'s_ (1.) life is awful. He_'s_ (2.) 43 year_s_ (3.) old. He live_s_ (4.) with his son and Mum. His Mum feel_s_ (5.) lonely and she want_s_ (6.) to meet people. She_'s_ (7.) got a new computer. She want_s_ (8.) to surf and chat. Philip has no time for his interest_s_ (9.). It_'s_ (10.) just work, work, work. He hardly ever meet_s_ (11.) friends.
It_'s_ (12.) Paula on the phone. She_'s_ (13.) depressed. Everything_'s_ (14.) wrong. Her landlady_'s_ (15.) cooking is terrible. The flat_s_ (16.) are all too expensive. But Philip_'s_ (17.) got a great idea!

Basics

11 Übernehmen Sie Paulas Rolle und beantworten Sie die Fragen nach ihrer Arbeit.

1. What's your work like, Paula?
2. Where do you work?
3. What do you do?
4. How do you usually work?
5. Do you have meetings every day?

6. What do you do in the morning?
7. Where do you have lunch?
8. What do you do in the afternoon?
9. When do you get home?
10. Do you like your job?

12 Schreiben Sie die Zahlen aus und übersetzen Sie die Wörter.

1. 1 Projekt — *one project*
2. 4 Kollegen — *four colleagues*
3. 5 Büros — *five offices*
4. 12 Sachen — *twelve things*

5. 15 Wohnungen — *fifteen flats*
6. 21 Tage — *twenty one days*
7. 44 Pommes — *forty four chips*
8. 55 Stunden — *fifty five hours*

13 Ergänzen Sie die passenden Fragewörter.

When?	What?	Where?

1. *what* 's your work like?
2. *where* 's the waiter?
3. *what* is a typical day for you?
4. *when* do you pay?
5. *what* about you?
6. *when* does the pub close?

14 Welches Adjektiv passt zu dem Substantiv? Kreuzen Sie an.

1. morning — a) ☒ good — b) ☐ little
2. day — a) ☐ surprised — b) ☒ typical
3. work — a) ☒ boring — b) ☐ depressed
4. flat — a) ☒ expensive — b) ☐ difficult
5. idea — a) ☐ lonely — b) ☒ great
6. English — a) ☐ foreign — b) ☒ real

15 Was sagen Sie in den folgenden Situationen?

1. Sie treffen am Vormittag einen Bekannten. *Hallo, John*

2. Sie fragen nach dem Befinden. *How ~~you~~ are ₂you?*

3. Jemand wird Ihnen vorgestellt. *This is Nina.*

4. Sie heißen jemanden in England willkommen. *Welcome to England, King*

5. Sie möchten mit dem Vornamen anredet werden. *call me* *You can ~~me~~ ~~talk~~ Gabi*

 16 Setzen Sie die Wortreihen fort.

1. first, second, *third, fourth, fives*
2. where, who, *what, when*
3. tea, beer, *milk, coffee, toinc*
4. England, Scotland, *German, Russian*
5. thank you very much, thank you, *Thank's*
6. sometimes, always, *often, never*
7. happy, lonely, *~~for~~ depressed.*
8. ten, twenty, *thirtes, forthy*

17 Beantworten Sie die Fragen.

1. Is there a waiter in an English pub? *No, there's*
2. Where do you get your drinks in a pub? *I do get drinks at the bar*
3. When do you pay? *I pay drinks*
4. When do you pay in Germany?
5. What does Paula like to drink?
6. What does the German word *Handy* mean?
7. What does the English word *chef* mean?
8. When does the pub close?

when
I pay ~~when~~ I get a drink.

18 Füllen Sie das Kreuzworträtsel aus. Wie lautet das Lösungswort?

1. Tea or …?
2. English … drink tea!
3. We … get home at six.
4. … to England!
5. We have a … every day.
6. Stuttgart and Munich are in …
7. Paula Schneider is in …
8. An … is 60 minutes.
9. Can you … this question?

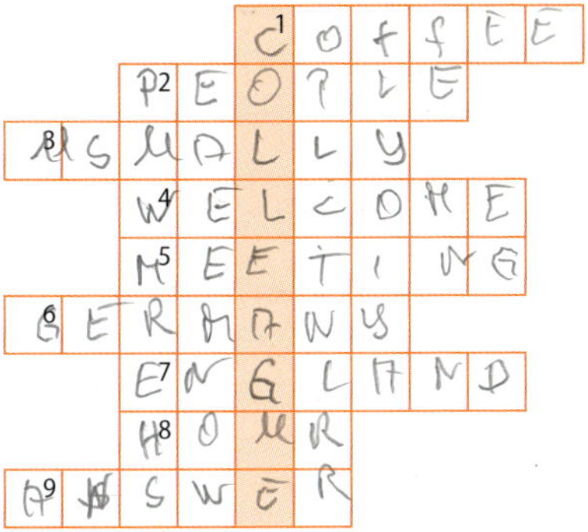

(Crossword answers, handwritten)
1. C O F F E E
2. P E O P L E
3. U S U A L L Y
4. W E L C O M E
5. M E E T I N G
6. G E R M A N Y
7. E N G L A N D
8. H O U R
9. A N S W E R

19 Welches Wort passt nicht in die Reihe? Kreuzen Sie an.

1. a) ☐ tea   b) ☒ drink   c) ☐ coffee
2. a) ☐ third   b) ☒ four   c) ☐ second
3. a) ☒ usually   b) ☐ never   c) ☐ every
4. a) ☐ why   b) ☒ word   c) ☐ where
5. a) ☐ lonely   b) ☐ depressed   c) ☒ happy
6. a) ☒ nearly   b) ☐ awful   c) ☒ terrible

20 Hören Sie zunächst den Dialog. Ergänzen Sie beim zweiten Hören die passenden Sätze in den Pausen.

1/16

Ah, that's nearly the same: *Bier.*   We pay before we leave.
Good idea! Cheers!   And when do you pay?   English is so difficult!
Where's the waiter?   Don't you say that in English?

21 Lesen Sie den Text und berichten Sie danach über sich selbst.

I work for *InterChip UK* and I live in London. I work in a team and we plan new projects. We have meetings every week. In the morning I check my e-mails. I answer the phone. I talk to my colleagues and my boss. I usually get home about six. Sometimes my work is boring, sometimes I like it.

Zwischentest 1

1 Welche Form des Verbs *be* ist richtig? Kreuzen Sie an.

1.
- a) ☐ Am you OK today, Paula?
- b) ☒ Are
- c) ☐ Is

2. Paula
- a) ☐ am now in England.
- b) ☐ are
- c) ☒ is

3. Joyce and Hazel
- a) ☐ am in Mr Butler's office.
- b) ☒ are
- c) ☐ is

4. Hazel
- a) ☐ am a computer expert.
- b) ☐ are
- c) ☒ is

5. I
- a) ☒ am the Head of Marketing.
- b) ☐ are
- c) ☐ is

6. We
- a) ☐ am in the south of Germany.
- b) ☒ are
- c) ☐ is

__/6

2 Beantworten Sie die Fragen mit einer Kurzantwort.

Can't

1. Are you at home? — Yes, _I'm_
2. Can Paula understand her landlady? — No, _she cann't._
3. Does Paula feel uncomfortable in her room? — Yes, _she do's_
4. Is the landlady's cooking terrible? — Yes, _it's_
5. Can Paula find a flat? — No, _she cann't_
6. Has she got time to go out? — Yes, _she has can't_

__/6

3 Welches Fragewort ist richtig? Kreuzen Sie es an.

1. a) ☐ What   b) ☒ How   c) ☐ Why   are you today?
2. a) ☒ Where   b) ☐ Why   c) ☐ What   are you from?
3. a) ☐ Why   b) ☒ How   c) ☐ Where   have you got coffee?
4. a) ☐ How   b) ☒ Where   c) ☐ Why   's the sugar?
5. a) ☐ Why   b) ☒ What   c) ☐ How   's wrong?
6. a) ☐ Where   b) ☐ Why   c) ☒ What   about you?

__/6

Zwischentest 1

Basics

4 Welche Form ist richtig: *do* oder *does*? Kreuzen Sie an.

1. a) ☐ Do   b) ☒ Does   Paula feel depressed?
2. a) ☐ Do   b) ☒ Does   Paula know anyone?
3. a) ☐ Do   b) ☒ Does   she feel uncomfortable in her little room?
4. a) ☒ Do   b) ☐ Does   you feel happy?
5. a) ☐ Do   b) ☒ Does   Philip want to help?
6. a) ☒ Do   b) ☐ Does   your colleagues ever phone you?

__/6

5 Hören Sie drei Kurzporträts über Paula und Philip. Kreuzen Sie die richtigen Aussagen an.

1/17

1. Paula is from
   a) ☒ Stuttgart.
   b) ☐ Munich.
2. She has lunch
   a) ☐ at home.
   b) ☒ in their canteen.
3. Philip Elton works for
   a) ☒ InterSoft.
   b) ☐ InterChip UK.
4. He doesn't have time
   a) ☒ for his interests.
   b) ☐ for his work.
5. Paula isn't happy because
   a) ☒ she hasn't got a room.
   b) ☐ everything is wrong.
6. She can't find a flat because
   a) ☒ they are expensive.
   b) ☐ they are uncomfortable.

__/6

6 Verneinen Sie die Sätze oder formulieren Sie sie bejaht.

1. Philip looks very happy.   _____
2. Andy likes school.   _____
3. Philip's Mum doesn't feel lonely. _____
4. She doesn't want to meet people. _____
5. Paula feels fine in her little room. _____
6. She doesn't feel depressed.   _____

__/6

Zwischentest 1

7 Lesen Sie die Visitenkarten und kreuzen Sie die richtigen Antworten an.

Paula Schneider	**Philip Elton**	**Joyce Marlow**
InterSoft GmbH	InterChip UK	14 Camden Road
Motorenstrasse 10	7 London Road	**Islington EC1D 3SE**
D-70197 Stuttgart	**Islington EC1X 6BD**	Tel. 020 6822 7693
Tel. 0711/47 89 23	Tel. 020 7643 8122	joyce.marlow@web.uk
p.schneider@isoft.de	p.elton@ichip.uk	

1. Paula works in   a) ☐ Munich.   b) ☒ Stuttgart.
2. InterChip UK is in   a) ☒ London Road.   b) ☐ Camden Road.
___/3   3. Joyce Marlow lives in   a) ☐ Camden.   b) ☒ Islington.

8 Hören Sie die drei Kurzdialoge und schreiben Sie die Telefonnummern auf.

1/18

1. _____
2. _____
___/3   3. _____

9 Was sagen Sie, wenn …

1. … Sie jemanden zum ersten Mal treffen bzw. jemandem vorgestellt werden?

_____

2. … Sie jemanden in England willkommen heißen wollen?

_____

3. … Sie fragen wollen, was los/nicht in Ordnung ist?

_____

4. … Sie jemanden fragen möchten, ob er/sie Zeit hat, heute Abend auszugehen?

_____

5. … Sie sich sehr bedanken möchten?

_____

6. … Sie sagen möchten, dass etwas eine großartige Idee ist?

_____

7. … Sie fragen wollen, was ein bestimmtes Wort bedeutet?

___/7   _____

___/49

7 Einkaufen

▪▪ In dieser Lektion lernen Sie:

- ▪ höfliche Einkaufsgespräche zu führen
- ▪ sich nach Waren zu erkundigen
- ▪ das Datum anzugeben

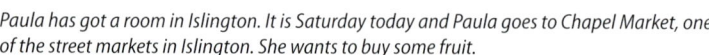

At the market

1/19
1/20

Paula has got a room in Islington. It is Saturday today and Paula goes to Chapel Market, one of the street markets in Islington. She wants to buy some fruit.

Grocer	Lovely fresh fruit! Lovely prices, too, my lovely lady!
Paula	I'm not your lovely lady! I just want some fruit.
Grocer	Well, you can see we've got lovely fresh fruit. What would you like?
Paula	Half a kilo of those red apples.
Grocer	A pound of apples. You're new in London, aren't you? Things are a bit different here. Where are you from?
Paula	I'm from Stuttgart in Germany.
Grocer	Welcome to England! And welcome to Chapel Market! Well, no time to chat all day. It's Saturday. Come on, ladies.
Paula	Oh, sorry, could I have two of those lovely oranges, please?
Grocer	Yes, of course. That's £3.45.
Paula	Have you got any coffee?
Grocer	Yes, Italian coffee. It's very good.
Paula	Hmmm. The "Sell By" date is 1st June. Is it still good?
Grocer	Yes, it's fine. The "Best Before" date is 30th September. Would you like some?
Paula	Yes, please. How much is it?
Grocer	It's £6.50. That's £9.95 altogether.
Paula	Here's ten pounds.
Grocer	And five pence for you. Thank you.

▘▘ Fragen zum Dialog

Kreuzen Sie an.

	right	wrong
1. She wants some tea.	☐	☐
2. The "Sell By" date of the coffee is 1st June.	☐	☐

Auf dem Markt

Paula hat ein Zimmer in Islington. Es ist Samstag heute und Paula geht zum Chapel Market, einem der Straßenmärkte in Islington. Sie will etwas Obst kaufen.

Händler	Schönes, frisches Obst! Die Preise sind auch schön, meine schöne Dame!
Paula	Ich bin nicht Ihre schöne Dame! Ich will einfach etwas Obst.
Händler	Nun, Sie können sehen, dass wir schönes, frisches Obst haben. Was hätten Sie gerne?
Paula	Ein halbes Kilo von jenen roten Äpfeln.
Händler	Ein Pfund Äpfel. Sie sind neu in London, nicht wahr? Die Dinge sind ein bisschen anders hier. Woher kommen Sie?
Paula	Ich bin aus Stuttgart in Deutschland.
Händler	Willkommen in England! Und willkommen auf dem Chapel Market! Nun, keine Zeit den ganzen Tag zu schwatzen. Es ist Samstag. Kommen Sie, meine Damen.
Paula	Oh, Entschuldigung, könnte ich zwei von jenen schönen Orangen haben, bitte?
Händler	Ja, natürlich. Das macht (ist) £3,45.
Paula	Haben Sie auch (irgendwelchen) Kaffee?
Händler	Ja, italienischen Kaffee. Er ist sehr gut.
Paula	Hmmm. Das Verkaufsdatum ist der 1. Juni. Ist er noch gut?
Händler	Ja, er ist prima. Das Haltbarkeitsdatum ist der 30. September. Möchten Sie etwas (davon)?
Paula	Ja, bitte. Wie viel macht (ist) das?
Händler	Das macht (ist) £6,50. Das sind £9,95 alles zusammen.
Paula	Hier sind zehn Pfund.
Händler	Und fünf Pence für Sie. Danke.

Alltag

▪▪ Lernwortschatz

a bit	*ein bisschen*
altogether	*(alles) zusammen*
any	*etwas, irgendwelche(n)*
apple	*Apfel*
aren't you?	*hier: nicht wahr?*
best before date	*Haltbarkeitsdatum*
buy	*kaufen*
could	*könnte(n)*
date	*Datum*
enjoy	*genießen*
fresh	*frisch*
fruit	*Obst*
goodbye	*auf Wiedersehen*
grocer	*Lebensmittel-händler(in)*
half	*halb*
if	*wenn, falls*
Italian	*italienisch; Italiener(in)*
lady	*Dame*
lovely	*hübsch*
market	*Markt*
mood	*Stimmung*
much	*viel*
of course	*natürlich*
penny (*Pl* pence) (100p = £1)	*engl. Währung*
pound	*Pfund*
price	*Preis*
red	*rot*

Saturday	*Samstag*
see	*sehen*
"sell by" date	*Verkaufsdatum*
shopping	*Einkauf(en)*
sorry	*Entschuldigung*
stay	*Aufenthalt*
still	*noch*
street	*Straße*
thank you	*danke*
thank you very much	*vielen Dank*
there	*dort*
What would you like?	*Was möchten Sie gerne?*
would	*würde(n)*

Die Ordnungszahlen von 11–31	
11th	*eleventh*
12th	*twelfth*
13th	*thirteenth*
14th	*fourteenth*
15th	*fifteenth*
16th	*sixteenth*
17th	*seventeenth*
18th	*eighteenth*
19th	*nineteenth*
20th	*twentieth*
21st	*twenty-first*
22nd	*twenty-second*
23rd	*twenty-third*
30th	*thirtieth*
31st	*thirty-first*

▪️ Grammatik und Redemittel

▪ Der Imperativ → § 7.2
Der Imperativ (Befehlsform) ist im Englischen ganz einfach. Er stimmt mit der Grundform des Verbs überein und es ist egal, ob Sie eine oder mehrere Personen zu etwas auffordern wollen. Sie verneinen den Imperativ, indem Sie **don't** vor das Verb setzen.

Enjoy your stay.   *Genieße deinen Aufenthalt./Genießt euren Aufenthalt./*
Genießen Sie Ihren Aufenthalt.

Don't ask me!   *Frag mich nicht!/Fragt mich nicht!/Fragen Sie mich nicht!*

▪ Unbestimmte Mengenangaben → § 5.7
Um eine unbestimmte Menge oder Anzahl anzugeben, brauchen Sie im Englischen die Wörter **some** und **any**. In Aussagesätzen steht normalerweise **some**, in Fragesätzen und verneinten Aussagesätzen **any**.

I just want **some** fruit.   *Ich möchte nur (etwas) Obst.*
Have you got **any** apples?   *Haben Sie (irgendwelche) Äpfel?*
There aren't **any** oranges.   *Es gibt keine Orangen.*

▪ Bestimmte Mengenangaben → § 6
Wenn Sie nach einer bestimmten Menge fragen wollen, brauchen Sie die Präposition **of**:

A pound **of** apples, please.   *Ein Pfund Äpfel, bitte.*
Two **of** those lovely oranges.   *Zwei von jenen schönen Orangen.*

▪ Die Angabe des Datums
Die englischen Monatsnamen lauten:

January	April	July	October
February	May	August	November
March	June	September	December

Es gibt mehrere Möglichkeiten, das Datum auszudrücken:

Sie schreiben:	Sie sagen:
15th May	the fifteenth of May
May 15th	May the fifteenth
15 May/May 15	May fifteenth

Alltag

▪▪ Übungen

1 Ergänzen Sie *some* oder *any*.

1. Have you got ___*any*___ oranges? Yes, we've got ___*some*___ lovely oranges.
2. Have you got ___*any*___ coffee? Yes, we've got ___*some*___ good Italian coffee.
3. We haven't got ___*any*___ new projects this week.
4. Paula would like to buy ___*some*___ fruit for Philip.
5. Paula doesn't know ___*any*___ people in London.
6. But she does! She knows ___*some*___ people in Islington.

2 Hören Sie die CD und reagieren Sie in den Sprechpausen. Verwenden Sie die folgenden Aussagen.

1/21

> Have you got any English apples?   And a packet of tea, please.
> Thank you very much, and goodbye.   How much are they?
> I'd like some oranges, please.   Give me two pounds then.

3 Dies ist Philips Geburtstagskalender. Er berichtet, wer wann Geburtstag hat. Fahren Sie fort.

○	○
Mum	11th November
Andy	13th February
Me!	15th May
John	5th December
Hazel	2nd March
Joyce	21st August
Mr Butler	17th May
Paula	?

Philip:

Mum's birthday is on the ele-
venth of November. Andy's

on the thirteenth of february
Mine is on the fifteenth of may
is on the fiveth of fifth
second
twenty-first

Me birthday is on the fiveth
fifth

October

∷ Islington

Der Stadtteil Islington liegt in der **Inner City** von London, etwas nördlich der U-Bahn-Linie **Circle Line**. Von dort aus kann man die Sehenswürdigkeiten Londons sehr leicht erreichen. Der Nachteil von Islington sind die hohen Preise. Es ist nahezu unmöglich, dort eine bezahlbare Wohnung zu finden.

Islington ist multiethnisch und multikulturell. Wer aus der U-Bahn-Station **Angel** herauskommt, begegnet auf den ersten Blick wenigstens zehn verschiedenen Kulturen. Und wer gerne isst, findet in Islington Restaurants, die Essen aus der ganzen Welt servieren. Wenn Sie die Informationsbroschüre im Rathaus lesen, finden Sie eine Einleitung auf Bengali, Chinesisch, Französisch, Italienisch, Griechisch, Gujarati, Spanisch und Türkisch.

Typisch für Islington sind die vielen Straßenmärkte. Es gibt Märkte, die sich z. B. auf Antiquitäten spezialisiert haben (**Camden Passage Market**) und andere, die praktisch alles verkaufen (**Chapel Market**). Es gibt keine gesetzliche Beschränkung der Ladenöffnungszeiten in Großbritannien. Große Geschäfte und Warenhäuser haben normalerweise montags bis samstags von 9.00 bis 17.30 Uhr geöffnet. Kleine Läden (**corner shops**) sind oft bis spät in den Abend und auch sonntags offen.

ⓘ Kulturtipp

Alltag

∷ Was können Sie schon?

☺ ☺ ☹

	☺	☺	☹	
▩ verschiedene Mengen angeben				→ Ü1
▩ höfliche Einkaufsgespräche führen ▩ nach verschiedenen Artikeln fragen ▩ nach Preisen fragen und die Angaben verstehen				→ Ü2
▩ das Datum verstehen und nennen				→ Ü3

8 Im Restaurant

▪▪ In dieser Lektion lernen Sie:

- ▪ Vorschläge zu machen
- ▪ höflich Speisen und Getränke zu bestellen
- ▪ die Rechnung zu bezahlen

At Angelo's

1/22
1/23

Paula and Philip are at an Italian restaurant in Islington.

Philip	A table for two, please.
Waiter	Over there, by the window, perhaps, sir?
Philip	Where would you like to sit, Paula?
Paula	Yes, that table over there. It's nice there.
Waiter	Here's the menu.
Philip	Thank you. What would you like, Paula?
Paula	How about a soup for starters. And then this salad looks very good.
Philip	Yes, good idea. And some wine for you? Red wine for me.
Paula	I like Italian red wine, too. How about some Chianti?
Waiter	Can I help you, sir?
Philip	We'd like the soup of the day to start with and then this salad here – for two. And a bottle of Chianti.
Waiter	The soup of the day, the salad and a bottle of Chianti. Anything else?
Paula	And a bottle of water, please, and some bread.
Waiter	Yes, madam. Thank you.
Paula	It's very international here. Look at those people over there. They're speaking German. And those two in the corner are talking Spanish.
Waiter	Here you are, madam, sir. And some bread and a bottle of water.
Paula	Thank you very much. Enjoy your meal!
Philip	Can I have the bill, please?
Paula	No, Philip. I want to pay.
Philip	No, Paula, you're not paying! Well, let's go fifty-fifty. Alright? Would you like to go to a pub?
Paula	No, not now, Philip. It's late. We've got a lot of work tomorrow.

:: Fragen zum Dialog

Streichen Sie, was nicht zutrifft.

1. Paula wants some *Spanish red wine* | *Italian red wine*.
2. Paula and Philip would like *a salad* | *baked beans*.

Bei Angelo

Paula und Philip sind in einem italienischen Restaurant in Islington.

Philip	Einen Tisch für zwei, bitte.
Kellner	Dort drüben am Fenster, vielleicht, mein Herr?
Philip	Wo würdest du gerne sitzen, Paula?
Paula	Ja, an jenem Tisch dort drüben. Es ist nett dort.
Kellner	Hier ist die Speisekarte.
Philip	Danke schön. Was hättest du gerne, Paula?
Paula	Wie wäre es mit einer Suppe als Vorspeise. Und dann, dieser Salat sieht sehr gut aus.
Philip	Ja, gute Idee. Und etwas Wein für dich? Rotwein für mich.
Paula	Ich mag italienischen Rotwein auch. Wie wäre es mit (etwas) Chianti?
Kellner	Kann ich Ihnen helfen, mein Herr?
Philip	Wir würden gerne mit der Tagessuppe beginnen und dann diesen Salat hier – für zwei. Und eine Flasche Chianti.
Kellner	Die Tagessuppe, den Salat und eine Flasche Chianti. Noch etwas?
Paula	Und eine Flasche Wasser, bitte, und etwas Brot.
Kellner	Ja, meine Dame. Danke schön.
Paula	Es ist sehr international hier. Schau mal jene Leute dort drüben. Sie sprechen Deutsch. Und jene beiden in der Ecke sprechen Spanisch.
Kellner	Bitte schön. Ihre Vorspeisen, meine Dame, mein Herr. Und etwas Brot und eine Flasche Wasser.
Paula	Vielen Dank. Guten Appetit!
Philip	Kann ich die Rechnung haben, bitte.
Paula	Nein, Philip. Ich will zahlen.
Philip	Nein, Paula, du zahlst nicht! Nun, machen wir halbe-halbe. In Ordnung? Würdest du gerne in eine Kneipe gehen?
Paula	Nein, jetzt nicht, Philip. Es ist spät. Wir haben viel Arbeit morgen.

Alltag

▚ Lernwortschatz

a lot of	*viel*	over there	*dort drüben*
alright	*in Ordnung*	perhaps	*vielleicht*
anything	*irgendetwas*	restaurant	*Restaurant*
appetite	*Appetit*	salad	*Salat*
bill	*Rechnung*	sir	*mein/*
bottle	*Flasche*		*gnädiger Herr*
bread	*Brot*	sit	*sitzen*
by	*an, bei*	soup	*Suppe*
corner	*Ecke*	Spanish	*spanisch, Spanisch*
else	*sonst*	speak	*sprechen*
fifty-fifty	*hier: halbe-halbe*	start	*beginnen,*
how	*wie*		*anfangen*
late	*spät*	starter	*Vorspeise*
later	*später*	table	*Tisch*
let's (let us)	*lass(t) uns,*	tomorrow	*morgen*
	lassen Sie uns	water	*Wasser*
madam	*meine Dame/*	way	*Weg*
	gnädige Frau	window	*Fenster*
menu	*Menü, Speisekarte*	wine	*Wein*

So können Sie Vorschläge machen	
What would you like?	*Was hättest du gerne?*
How about some Chianti?	*Wie wär's mit (etwas) Chianti?*
Let's go fifty-fifty.	*Lass uns halbe-halbe machen.*

▪▪ Grammatik und Redemittel

▪ Die Personalpronomen als Objekt → § 5.1

Personalpronomen können nicht nur als Subjekt (auf die Frage *wer?* oder
was?), sondern auch als Objekt (*wen?/wem?* oder *was?*) verwendet werden.

I	**me**	*mich, mir*	it	**it**	*es, ihm*
you	**you**	*dich, dir/Sie, Ihnen*	we	**us**	*uns*
he	**him**	*ihn, ihm*	you	**you**	*euch/Sie, Ihnen*
she	**her**	*sie, ihr*	they	**them**	*sie, ihnen, Sie, Ihnen*

Red wine for **me**. *Rotwein für mich.*
And some wine for **you**? *Und (etwas) Wein für dich?*

▪ *This – that* und *these – those* → § 5.4

This (Singular) und **these** (Plural) bezeichnen Gegenstände oder Personen,
die in der Nähe sind; **that** (Singular) und **those** (Plural) Gegenstände oder
Personen, die weiter weg sind.

This salad looks very good. *Dieser Salat sieht sehr gut aus.*
I like **that** table there. *Ich mag jenen Tisch dort.*
These red apples are lovely. *Diese roten Äpfel sind schön.*
Look at **those** people over there. *Schaut euch jene Leute dort drüben an.*

▪ Die Verlaufsform der Gegenwart → § 8.2

Im Englischen gibt es neben der einfachen Gegenwart noch eine zweite
Verbform, die wir im Deutschen nicht kennen: die Verlaufsform der Gegenwart.
Sie beschreibt, was gerade jetzt im Moment geschieht.
Die Verlaufsform wird aus einer Form von **be** *sein* und der Grundform eines
Verbs mit der Endung **-ing** gebildet:
I**'m** drink**ing** coffee. *Ich trinke (gerade) Kaffee.*
He**'s** com**ing** to our table. *Er kommt (gerade) an unseren Tisch.*
They**'re** sitt**ing** by the window. *Sie sitzen (gerade) am Fenster.*

❗ Beachten Sie, dass ein stummes **-e** beim Anhängen von **-ing** entfällt: **come** –
coming, **have** – **having**. Endet ein Verb auf einen (einzelnen) betonten Vokal
und einen (einzelnen) Konsonanten, wird dieser Konsonant vor der Endung
-ing immer verdoppelt: **sit** – **sitting**, **plan** – **planning**.

Alltag

Fragen bilden Sie wie beim Verb **be**: Drehen Sie Subjekt und Verb einfach um.
Die Kurzantworten sind identisch mit denen des Verbs **be**.

Frage	Kurzantworten		
Are you **working**?	Yes, I am.	No, I'm not.	–
Is he **enjoying** it?	Yes, he is.	No, he isn't.	No, he's not.
Are they **coming**?	Yes, they are.	No, they aren't.	No, they're not.

▪▪ Übungen

1 Setzen Sie _this_, _that_, _these_ oder _those_ ein.

Grocer   Would you like ___these___ (1.) apples or ___those___ (2.) red apples over there?

Paula   Three of ___these___ (3.) apples here.

Grocer   And do you want ___these___ (4.) Italian coffee here _that_ or ___those___ (5.) coffee on the table there?

Paula   _____ (6.) table by the window is nice. Let's sit there.

Philip   _____ (7.) meal is very good. I'm enjoying it.

2 Was machen Sie gerade? Ergänzen Sie das passende Verb in der Verlaufsform.

do	think	enjoy	drink	talk	have

1. Philip is at work. He _is drinking_ coffee.
2. Paula _is having_ lunch in the canteen.
3. John _doing is thinking_ about a new project.
4. I _am_ ~~enjoying~~ my time in England.
5. We _are doing_ some work for Mr Butler.
6. John and Hazel _are thinking talking_ about a computer problem.

3 Hören Sie die Fragen in dem Restaurant und reagieren Sie mit den Vorgaben.

1/24

I like Italian red wines.   How about a starter?   No, not today. It's late.
Over there by the window.   This salad looks very good.
Yes, of course. Just a minute, please.

4 Reagieren Sie auf die Fragen entweder positiv (+) oder negativ (–).

1. I'm drinking tea. And you? (+)
2. I'm planning some new projects. What about you? (–)
3. Philip is working at home. And you? (–)
4. Paula is answering her e-mails. You? (+)

▪▪ Essen in Großbritannien

Besucher in Großbritannien bemängeln oft das englische Essen, unter anderem weil es kalorienreich und ungesund sein soll. **Fast food** ist in England in der Tat sehr beliebt, aber in den letzten Jahrzehnten wurde die englische Küche sehr europäisiert. Sie bekommen praktisch überall entweder ein **Full English Breakfast** oder aber ein **Continental Breakfast** (Kaffee mit Brötchen).

Praktisch an jeder Ecke finden Sie Restaurants mit indischer, chinesischer, italienischer und französischer Küche. In Islington gibt es eine besonders große Auswahl an Restaurants mit internationaler Speisekarte.

Aber es gibt auch viele wirklich gute englische Restaurants. Man muss einfach wissen, welche das sind und wo sie zu finden sind. Entweder Sie vertrauen auf Ihr Glück oder Sie haben einen guten **Pub Guide** *Kneipenführer* bzw. **Restaurant Guide** *Restaurantführer* bei sich.

Was das Trinkgeld angeht, so ist in England die Bedienung in einem Restaurant nicht inbegriffen. Es wird normalerweise ein Trinkgeld von 10–15 % von Ihnen erwartet. Auch Taxifahrer erhalten üblicherweise 10–15 % des Fahrpreises als Trinkgeld.

Kulturtipp **Alltag** **ℹ**

▪▪ Was können Sie schon?

	😃	😐	😞	
▪ auf Gegenstände und Personen hinweisen				→ Ü1
▪ ausdrücken, was Sie gerade in diesem Moment tun ▪ über gerade ablaufende Handlungen sprechen				→ Ü2
▪ jemandem einen Vorschlag machen				→ Ü3
▪ höfliche Fragen verstehen und darauf reagieren				→ Ü4

In dieser Lektion lernen Sie:

- nach Informationen zu fragen
- die persönliche Meinung zu äußern
- eine Absicht auszudrücken

A boat trip on the Thames

1/25
1/26

It is Sunday morning. Paula and Philip are walking towards Westminster Pier.

Paula	Where's the ticket office?
Philip	It's over there by the pier. That's where we show our tickets. You've got your London Pass with you, haven't you? And I must buy a ticket. There's a queue. Come on. We must hurry.

On the boat

Philip	OK, where are we going to sit? There's an open deck or we can go inside.
Paula	Not inside. Let's go up to the open deck. We can see everything better there.
Philip	Look, there are two seats over there! This is going to be fun.
Paula	So, what are we going to do?
Philip	Well, you must decide. I know all these places. There's the Tower of London, where they keep the Crown Jewels, but I think we can go there another day. There's St. Paul's Cathedral with a fantastic view of London. We can get off at the Globe Theatre where there are excellent Shakespeare performances – but we needn't do everything in one day.
Paula	I'd like to go and see St. Paul's Cathedral.
Philip	Fine. And after that we can just sit on the boat and look at all the famous sights.
Paula	I'm going to take some photos.
Philip	Aren't you going to take one of me?
Paula	May I? Stand over there with Big Ben behind you!

▪▪ Fragen zum Dialog

Kreuzen Sie an.

	right	wrong
1. The ticket office is by the pier.	☒	☐
2. Philip has got a London Pass.	☐	☒
3. Paula wants to see St. Paul's Cathedral.	☐	☐

Eine Bootsfahrt auf der Themse

Es ist Sonntagvormittag. Paula und Philip gehen in Richtung Westminster Pier.

Paula   Wo ist der Fahrkartenschalter?

Philip   Er ist dort drüben am Landungssteg. Das ist dort, wo wir unsere Fahrkarten zeigen. Du hast deinen London Pass mit, nicht wahr? Und ich muss eine Fahrkarte kaufen. Es gibt eine Schlange. Komm. Wir müssen uns beeilen.

Auf dem Schiff

Philip   Gut, wo werden wir sitzen? Es gibt ein offenes Deck oder wir können hineingehen.

Paula   Nicht drinnen. Gehen wir hinauf auf das offene Deck. Wir können dort alles besser sehen.

Philip   Schau, dort drüben sind zwei Plätze! Das wird Spaß machen.

Paula   Also, was werden wir machen?

Philip   Nun, du musst entscheiden. Ich kenne alle diese Orte. Es gibt den Tower of London, wo sie die Kronjuwelen aufbewahren, aber ich denke, wir können an einem anderen Tag dorthin gehen. Es gibt die St. Paul's Kathedrale mit einer fantastischen Sicht über London. Wir können beim Globe Theater aussteigen, wo es hervorragende Aufführungen von Shakespeare gibt – aber wir brauchen nicht alles an einem Tag zu machen.

Paula   Ich würde gerne (gehen und) die St. Paul's Kathedrale sehen.

Philip   Gut. Und danach können wir einfach auf dem Schiff sitzen und all die berühmten Sehenswürdigkeiten anschauen.

Paula   Ich werde einige Fotos machen.

Philip   Wirst du nicht auch eines von mir machen?

Paula   Darf ich? Stell dich dort drüben hin mit Big Ben hinter dir!

Alltag

▪▪ Lernwortschatz

another	*ein(e) andere(r,s)*	need	*brauchen*
behind	*hinter*	open	*offen*
better	*besser*	performance	*Aufführung*
boat	*Schiff, Boot*	pier	*Landungssteg*
cathedral	*Dom, Kathedrale*	photo	*Foto*
decide	*entscheiden*	place	*Ort*
deck	*(Schiffs-)Deck*	queue	*Reihe, Schlange*
excellent	*hervorragend*	seat	*Sitz(platz)*
famous	*berühmt*	sight	*Sehenswürdigkeit*
fantastic	*fantastisch*	stand	*stehen*
fun	*Spaß*	Sunday	*Sonntag*
haven't you?	*hier: nicht wahr?*	take a photo	*fotografieren*
hurry	*beeilen*	ticket	*Fahrkarte*
inside	*hinein; drinnen*	towards	*nach, in Richtung*
keep	*aufbewahren,*		*auf*
	behalten	tower	*Turm*
look at	*anschauen,*	trip	*Fahrt,*
	besichtigen		*(kurze) Reise*
may	*dürfen*	up	*hinauf, nach oben*
much	*viel*	view	*Aussicht*
must	*müssen*	walk	*spazieren gehen*

Präpositionen		
at home	**with** me	**on** the boat
before lunch	**into** the restaurant	**on** the Internet
behind you	**in** a good mood	**on** the Thames
by the pier	**in** English	**to** a pub
for lunch	**in** London	**to** the office
from Germany	**in/on** the corner	**towards** the pier

⁚⁚ Grammatik und Redemittel

■ Die Zukunft mit *going to* → § 8.5.2

Sie verwenden **going to**, wenn Sie eine Absicht oder einen Plan für die Zukunft ausdrücken wollen. Nach **going to** steht immer ein Verb in der Grundform.

I'm **going to** take some photos. *Ich werde einige Fotos machen.*
He's **going to** get off there. *Er wird dort aussteigen.*
What are you **going to** see? *Was werdet ihr sehen?*

Das **going to**-Futur drückt auch aus, dass etwas ganz gewiss eintreten wird:
It's **going to** rain. *Es wird (mit Sicherheit) regnen.*
We're **going to** be late! *Wir werden zu spät kommen!*

■ Modale Hilfsverben → § 10.2

Sie kennen bereits das modale Hilfsverb **can** und die Verneinung **can't**. Es gibt noch andere Modalverben, die ebenfalls verneint vorkommen können. Nach den modalen Hilfsverben steht immer ein Verb in der Grundform.

can	*können*	Paula **can** speak English.
		Paula kann Englisch sprechen.
can't	*nicht können*	She **can't** understand her landlady.
		Sie kann ihre Vermieterin nicht verstehen.
may	*dürfen*	**May** I take a photo of you?
		Darf ich ein Foto von dir machen?
may not	*nicht dürfen*	No, you **may not**!
		Nein, (das) darfst du nicht!
must	*müssen*	We **must** hurry.
		Wir müssen uns beeilen.
mustn't	*nicht dürfen (!)*	You **mustn't** do that!
		Das darfst du nicht tun!
needn't	*nicht brauchen*	We **needn't** see everything in one day.
		Wir brauchen nicht alles an einem Tag zu sehen.

! ● Beachten Sie, dass es keine Kurzform zu **may not** gibt. Und ganz wichtig: **mustn't** heißt nicht etwa *nicht müssen*, sondern *nicht dürfen*! Es drückt immer ein Verbot aus.

▪▪ Übungen

1 Setzen Sie die passenden Hilfsverben ein.

needn't   can't   must (3x)   can (3x)   mustn't

Philip _____ (1.) buy a ticket. They _____ (2.)
hurry because there's a queue. They _____ (3.) be late. On the
boat they _____ (4.) see everything better from the open
deck. Paula _____ (5.) decide about the sights because
Philip knows all the places. They _____ (6.) see all the sights
in one day. They _____ (7.) go to the Tower of London
another day. They _____ (8.) get off at the Globe Theatre,
but they _____ (9.) do everything in one day.

2 Lesen Sie den Text und ergänzen Sie die fehlenden Wörter.

The ticket _____ (1.) is at Westminster Pier. You can show your
London Pass or buy a _____ (2.). The boat has got an
open _____ (3.) where you can see everything or you can
go _____ (4.). But there are so many _____ (5.) to see.
There's the _____ (6.) of London where they _____ (7.) the
Crown Jewels. Then there's St. Paul's Cathedral with a fine _____ (8.) of
London. You can look at the Globe _____ (9.) where there are excellent
Shakespeare _____ (10.). But you needn't do _____ (11.) in
one day. Come again another day!

3 Beantworten Sie die Fragen entweder positiv (+) oder negativ (–).
1. I'm going to check my e-mails tomorrow morning. And what about Paula? (+)
2. Philip's going to take some photos tomorrow. And you? (–)
3. They're going to meet some friends tomorrow evening. You and your friend? (–)
4. Paula's going to stay at home on Saturday. And Philip? (+)
5. We're going to see the sights on Sunday. And what about you? (+)
6. I'm going to learn some Italian tomorrow. How about you? (–)

⠶ Sehenswürdigkeiten in London

Eine sehr gute Möglichkeit, die berühmtesten Sehenswürdigkeiten in London zu sehen, ist eine Bootsfahrt auf der Themse. Man kann die Sehenswürdigkeiten einfach vom Wasser aus betrachten oder nach Belieben ein- und aussteigen, um die Umgebung zu erkunden.

Unter anderem sehen Sie: die **Houses of Parliament** und **Big Ben** (**Big Ben** ist für viele das Wahrzeichen von London), das **London Eye** (das größte Riesenrad der Welt), den **Tower of London** (einst ein Gefängnis, heute der Aufbewahrungsort der britischen **Crown Jewels** *Kronjuwelen*), die **Tower Bridge** (die berühmteste Klappbrücke der Welt), **St. Paul's Cathedral** (die heutige ist die fünfte, die errichtet wurde), das **Globe Theatre** (die Rekonstruktion von Shakespeares Theater), die **Tate Modern** (sehr beliebt, zeigt moderne Kunst und ist in einem früheren Kraftwerk untergebracht), **Greenwich** (u. a. das alte Seefahrerviertel) und vieles mehr.

Fahrkarten kaufen Sie an den Landungsbrücken **Westminster Pier**, **Waterloo Pier**, **Tower Pier** oder **Greenwich Pier**. Noch besser ist es, sich für 1–6 Tage einen **London Pass** zu kaufen, der nicht nur als Fahrkarte dient, sondern auch dazu berechtigt, viele der Sehenswürdigkeiten ohne zusätzlichen Eintritt zu besichtigen. Eintrittskarten sind in Großbritannien normalerweise ziemlich teuer.

i Kulturtipp

Alltag

⠶ Was können Sie schon?

☺ ☺ ☹

	☺ ☺ ☹	
▪ sagen, was jemand tun kann oder muss ▪ ausdrücken, dass jemand etwas nicht zu tun braucht		→ Ü1
▪ die persönliche Meinung äußern		→ Ü2
▪ nach Informationen fragen ▪ über Pläne und Absichten für die Zukunft sprechen		→ Ü3

▪▪ In dieser Lektion lernen Sie:

- ■ von Ihren Talenten und Fähigkeiten zu berichten
- ■ über Freizeitbeschäftigungen zu sprechen
- ■ regelmäßige und gerade stattfindende
  Tätigkeiten zu unterscheiden

Do you like sports?

1/27
1/28

It's Sunday afternoon. Paula and Philip
are back from their sightseeing tour. They're
having tea with Sheila, Philip's Mum, and Andy.

Paula	What are the really typical English sports?
Philip	Cricket, I suppose. But I don't like playing cricket myself. I prefer rugby, but I'm too old for that now. I still play a bit of football. What about you, Paula, do you do any sports?
Paula	I play badminton for a club in Stuttgart.
Philip	Really? I can play badminton as well.
Andy	But you're no good at badminton, Dad! Even I'm better!
Paula	And what do you do, Sheila?
Sheila	Well, I really am too old for sports like that. I like going for walks in parks. And sometimes I play Bingo.
Paula	And what about you, Andy? Do you like sports?
Andy	Skateboarding is best.
Sheila	I think skateboarding is very dangerous. You can hurt yourself.
Andy	That's not true! There are lots of accidents when people play football, too.
Paula	And what about at school? You do a lot of sports at school in England, don't you?
Andy	We have football and cricket at school. That's OK, but I like skateboarding much better. And school is awful anyway. Although, at the moment I'm doing my homework together with a skateboarding friend. And my maths is getting better. She's really good at maths.
Philip	What's her name?
Andy	Oh, Dad. You're always asking questions!

▚ Fragen zum Dialog

Was ist richtig? Kreuzen Sie an.
1. a) ☐ Philip likes cricket.   b) ☐ Philip prefers rugby.
2. a) ☐ Sheila plays Bingo.   b) ☐ Sheila plays badminton, too.
3. a) ☐ Andy likes badminton best.   b) ☐ Andy likes skateboarding best.

Magst du Sport?

Es ist Sonntagnachmittag. Paula und Philip sind von ihrer Stadtrundfahrt zurück. Sie trinken (haben) Tee (und einen Imbiss) mit Sheila, Philips Mutter, und Andy.

Paula   Was sind die wirklich typisch englischen Sportarten?

Philip   Kricket, nehme ich an. Aber ich persönlich spiele nicht gerne Kricket. Ich ziehe Rugby vor, aber ich bin jetzt zu alt dafür. Ich spiele immer noch ein bisschen Fußball. Was ist mit dir, Paula, machst du irgendeinen Sport?

Paula   Ich spiele Badminton für einen Verein in Stuttgart.

Philip   Wirklich? Ich kann auch Badminton spielen.

Andy   Aber du bist nicht gut in Badminton, Papa! Sogar ich bin besser!

Paula   Und was machen Sie, Sheila?

Sheila   Nun, ich bin wirklich zu alt für solche Sportarten. Ich mache gerne Spaziergänge in den Parkanlagen. Und manchmal spiele ich Bingo.

Paula   Und was ist mit dir, Andy? Magst du Sport?

Andy   Skateboarden ist das Beste.

Sheila   Ich denke, Skateboarden ist sehr gefährlich. Du kannst dich verletzen.

Andy   Das ist nicht wahr! Es gibt auch viele Unfälle, wenn Leute Fußball spielen.

Paula   Und was ist mit der Schule? Ihr macht viel Sport in der Schule in England, nicht wahr?

Andy   Wir haben Fußball und Kricket in der Schule. Das ist OK, aber ich mag Skateboarden viel lieber. Aber die Schule ist ohnehin schrecklich. Obwohl, zur Zeit mache ich meine Hausaufgaben zusammen mit einer Skateboard-Freundin. Und meine Mathe wird besser. Sie ist wirklich gut in Mathe.

Philip   Wie ist (denn) ihr Name?

Andy   Ach, Papa. Du stellst immer Fragen!

Alltag

10 Freizeitaktivitäten

:: Lernwortschatz

accident	*Unfall*	hurt	*verletzen*
afternoon	*Nachmittag*	lots of	*viele*
although	*obwohl*	maths	*Mathe*
anyway	*ohnehin, wie auch immer*	myself	*ich (selbst)*
as well	*hier: auch*	name	*Name*
at the moment	*im Moment*	park	*Park*
back	*zurück*	play	*spielen*
best	*der/die/das Beste*	prefer	*vorziehen*
club	*Klub, Verein*	question	*Frage*
dangerous	*gefährlich*	sightseeing tour	*Stadtrundfahrt*
dinner	*Abendessen*	suppose	*vermuten, annehmen*
don't you?	*hier: nicht wahr?*	think	*denken*
even	*sogar*	together	*zusammen*
far	*weit*	true	*wahr*
good at	*gut (sein) in*	walk	*Spaziergang*
homework	*Hausaufgaben*	yourself	*dich (selbst)*

:: Grammatik und Redemittel

■ Das Reflexivpronomen → §5.3

Wenn Sie das Subjekt oder Objekt eines Satzes hervorheben wollen, können Sie das reflexive Pronomen -**self**/-**selves** *selbst* verwenden. Dieses Pronomen kann auch am Ende des Satzes stehen.

I	**myself**	he	**himself**	we	**ourselves**
you	**yourself**	she	**herself**	your	**yourselves**
		it	**itself**	they	**themselves**

I don't like cricket **myself**. *Ich persönlich mag Kricket nicht.*
They do the cooking **themselves**. *Sie kochen selbst.*

Es gibt auch viele englische Verben, die mit dem Pronomen -**self**/-**selves** stehen:
to hurt oneself *sich verletzen*, **to enjoy oneself** *sich amüsieren*.
Skateboarders can hurt **themselves**. *Skateboarder können sich verletzen.*
Enjoy **yourselves** at the sports centre! *Amüsieren Sie sich im Sportzentrum!*

Manchmal ist ein Verb im Englischen nicht reflexiv, im Deutschen aber schon,
z. B. **to meet** *sich treffen*.
We meet at the halfpipe. *Wir treffen uns an der Halfpipe.*

■ Die einfache Gegenwart und die Verlaufsform der Gegenwart → §8.1, §8.2

Die Verlaufsform der Gegenwart beschreibt Handlungen, die gerade ablaufen und noch nicht abgeschlossen sind. Die einfache Gegenwart beschreibt Handlungen, die regelmäßig ausgeführt werden. Erinnern Sie sich noch an die Häufigkeitsadverbien (**always**, **usually**, **often**, **sometimes**, **never**)?
I'm **checking** my e-mails. *Ich kontrolliere (gerade) meine E-Mails.*
I **always get** to work at 8. *Ich gehe immer um 8 zur Arbeit.*

! Ausnahmsweise kann **always** auch mit der Verlaufsform benutzt werden.
● Es drückt dann aus, dass man verärgert ist.
You're **always asking** questions! *Du stellst immer (wieder) Fragen!*
She's **always cooking** baked beans. *Sie kocht immer (wieder) gebackene Bohnen!*

■ **Das Gerund (I)** → §11

Aus einem Verb wird ein Substantiv, wenn Sie die Endung **-ing** an die Grundform anhängen. Diese Form heißt Gerund. Sie kann sowohl Subjekt als auch Objekt im Satz sein. Als Objekt stehen **gerunds** z. B. nach dem Verb **like** *mögen, gerne haben*.

Cook**ing** is fun. *Kochen macht Spaß.*

Skateboard**ing** is best. *Skateboarden ist das Beste.*

I **like** cook**ing**. *Ich mag Kochen. (= Ich koche gerne.)*

I **don't like** play**ing** cricket. *Ich spiele nicht gerne Kricket.*

▪▪ Übungen

1 Setzen Sie das passende Reflexivpronomen ein.

1. Sheila always enjoys _____ at Bingo.
2. They like to cook their meals _____ .
3. The pub _____ is nice but the beer is not good.
4. Philip doesn't like cricket _____ .
5. I don't know how to do that _____ .
6. Paula and Philip are enjoying _____ on the boat trip.
7. Andy, don't hurt _____ when you're skateboarding!

2 Ergänzen Sie die Verben. Entscheiden Sie, ob die Tätigkeit gerade stattfindet oder ob sie regelmäßig geschieht.

talk	feel	check	have	work	ring

1. Paula usually _____ in Stuttgart but now she _____ in London.
2. She always _____ her e-mails in the morning but today she _____ her e-mails in the afternoon.
3. The phone _____ now. It often _____ and _____ .
4. They _____ lunch in a pub today. Usually they _____ lunch in the canteen.
5. Philip _____ to his boss every morning, but at the moment he _____ to his colleagues.
6. Sheila often _____ lonely. Today she _____ very lonely.

3 Hören Sie Fragen von der CD und beantworten Sie sie mit den Vorgaben. Nach der Pause hören Sie die Antwort.

1/29

> We have football and cricket at school.
> I can play badminton, but not very well.   Skateboarding is best.
> Football and cricket, I suppose.   I like going for walks and sometimes
> I play Bingo.   There's a halfpipe not far from here.

▪▪ Sport in Großbritannien

Großbritannien ist der Geburtsort vieler Sportarten – Fußball, zum Beispiel! Warum nicht ein Spiel besuchen und die berauschende Atmosphäre erleben? Wie wäre es mit **Arsenal** gegen **Chelsea** oder **Manchester United** gegen **Manchester City**? Oder ein Tennismatch in **Wimbledon**? Sie könnten auch versuchen, die Regeln des Kricket zu verstehen. Nicht unbedingt bei einem internationalen Spiel, das mehrere Tage dauert, sondern besser bei einem gemütlichen Spiel auf dem Rasen einer Kleinstadt oder eines Dorfes. Dann dauert das Spiel voraussichtlich auch nur einen Nachmittag!

Natürlich sind nicht alle Briten sportbegeistert. Viele halten es mit Winston Churchills Devise: **No sports!** Weniger als die Hälfte der Briten treiben aktiv Sport. Als Ausrede dafür muss häufig das schlechte Wetter herhalten. Dabei gibt es auch in Großbritannien überall Sportzentren, in denen man die verschiedensten Sportarten unter einem Dach betreiben kann.

i Kulturtipp   **Alltag**

▪▪ Was können Sie schon?

☺ ☺ ☹

▪ ausdrücken, wie Sie selbst zu etwas stehen				→ Ü1
▪ sagen, was gerade eben passiert ▪ berichten, was normalerweise geschieht				→ Ü2
▪ über Freizeitbeschäftigungen sprechen				→ Ü1 → Ü3
▪ sagen, was Sie gerne und weniger gerne tun				→ Ü3

11 Neue Freundschaften

⁑ **In dieser Lektion lernen Sie:**

- jemanden oder etwas zu beschreiben
- etwas miteinander zu vergleichen
- jemanden zu etwas aufzufordern

A crazy household

1/30
1/31

Friday evening – the end of a hard week at work. Philip and Paula are planning a quiet candlelit dinner.

Philip	Andy's music gets louder and louder every day! Would you put the meal on the table, please, and pour out the wine? I want to go upstairs and have a word with Andy. (…) Andy! Oh, hello.
Andy	Hi, Dad. Um, this is Lisa.
Lisa	Hello, Mr Elton. We're doing our maths homework together.
Philip	Can't you turn that music down a bit, Andy? Paula and I are having a meal downstairs.
Andy	OK, Dad. But it's not louder than usual!
Paula	Everything's on the table. That's much better now. The music is quieter. Take it easy and enjoy your meal.
Philip	Lisa seems very nice … nicer than his last girlfriend. But she's got two piercings in her nose. I really don't know! Anyway, what are you doing this weekend, Paula?
Paula	Tomorrow we're going to the cinema together. Don't forget that!
Philip	No, I won't. Oh, that's Mum coming in! No peace for us here. And she's got someone with her.
Sheila	Hello, Paula, hello, Philip. Oh, you're having dinner. Lovely. This is Mahmoud, Mahmoud Aziz, a friend. These flowers are from him – the loveliest, biggest flowers in the shop. And we've got an Indian takeaway, so we can all eat together.
Paula	Nice to meet you, Mr Aziz. They really are lovely flowers.

:: Fragen zum Dialog

Streichen Sie, was nicht zutrifft.

1. Andy and Lisa are *downstairs* | *upstairs*.
2. They are doing their *maths homework* | *English homework*.
3. Lisa is *nicer than* | *quieter than* Andy's last girlfriend.
4. Sheila and Mahmoud have got an *Italian* | *Indian* takeaway.

Ein verrückter Haushalt

Freitagabend – das Ende einer harten Arbeitswoche. Philip und Paula planen ein ruhiges Abendessen bei Kerzenlicht.

Philip	Andys Musik wird jeden Tag lauter und lauter! Würdest du bitte das Essen auf den Tisch stellen und den Wein einschenken? Ich will hinaufgehen und ein Wort mit Andy reden. (…) Andy! Oh, hallo.
Andy	Hallo, Papa. Ähm, das ist Lisa.
Lisa	Hallo, Herr Elton. Wir machen unsere Mathe-Hausaufgaben zusammmen.
Philip	Kannst du nicht die Musik ein bisschen leiser stellen, Andy? Paula und ich essen unten.
Andy	In Ordnung, Papa. Aber sie ist nicht lauter als üblich!
Paula	Alles ist auf dem Tisch. Das ist (doch) viel besser jetzt. Die Musik ist leiser. Nimm's leicht und genieße dein Essen.
Philip	Lisa scheint sehr nett zu sein … netter als seine letzte Freundin. Aber sie hat zwei Piercings in der Nase. Ich weiß wirklich nicht! – Wie auch immer, was machst du dieses Wochenende, Paula?
Paula	Morgen gehen wir zusammmen ins Kino. Vergiss das nicht!
Philip	Nein, werde ich nicht. Oh, Mama kommt (gerade) herein! Keine Ruhe für uns hier. Und sie hat jemanden mitgebracht.
Sheila	Hallo, Paula, hallo, Philip. Oh, ihr esst zu Abend. Schön. Dies ist Mahmoud, Mahmoud Aziz, ein Freund. Diese Blumen sind von ihm – die schönsten, größten Blumen im Laden. Und wir haben ein indisches Essen zum Mitnehmen (dabei), sodass wir alle zusammmen essen können.
Paula	Nett, Sie kennenzulernen, Herr Aziz. Das sind wirklich schöne Blumen.

(Alltag)

Lernwortschatz

big	*groß*	put	*setzen, stellen, legen*
candlelit	*Kerzenlicht-*	quiet	*leise*
cinema	*Kino*	seem	*scheinen*
crazy	*verrückt*	shop	*Geschäft*
dinner	*Abendessen*	someone	*irgendjemand*
down	*hinunter, nach unten*	take it easy	*nimm's leicht*
downstairs	*unten (im Haus)*	takeaway	*Essen zum Mitnehmen*
end	*Ende*	than	*als*
enough	*genug*	turn	*drehen*
flower	*Blume*	usual	*üblich, gewöhnlich*
forget	*vergessen*		
hard	*hart, schwer*	weekend	*Wochenende*
hear	*hören*	won't	*nicht werden*
household	*Haushalt*	(= will not)	
Indian	*indisch; Inder(in)*		
last	*letzte(r,s)*		
loud	*laut*		
nose	*Nase*		
out	*hinaus; draußen*		
peace	*Frieden, hier: Ruhe*		
plan	*planen*		
pour	*gießen*		

Die englischen Wochentage	
Sunday	*Der Sonntag ist der erste Tag der Woche. Beachten Sie, dass die Wochentage im Englischen immer groß geschrieben werden*
Monday	
Tuesday	
Wednesday	
Thursday	
Friday	
Saturday	

:: Grammatik und Redemittel

■ Die Steigerung der Adjektive (I) → § 3.1
Viele englische Adjektive werden durch Anhängen von **-er/-est** gesteigert.
Das betrifft alle einsilbigen Adjektive und die zweisilbigen auf -**y**.

loud – loud**er** – (the) loud**est**	*laut – lauter – (der/die/das) lauteste*
big – bigg**er** – (the) bigg**est**	*groß – größer – (der/die/das) größte*
nice – nic**er** – (the) nic**est**	*nett – netter – (der/die/das) netteste*
lovely – loveli**er** – (the) loveli**est**	*hübsch – hübscher – (der/die/das) hübscheste*

Beachten Sie, dass ein einzelner Konsonant nach einem kurzen Vokal
verdoppelt wird (**bigger**) und ein nicht gesprochenes **-e** entfällt (**nicer**).
Endet ein Adjektiv auf Konsonant und **-y**, wird das **-y** vor der Endung **-er/-est**
zu **-i-** (**lovelier**). Merken Sie sich die folgenden unregelmäßigen Steigerungen
gut – sie kommen häufig vor!

good – better – (the) best	*gut – besser – (der/die/das) beste*
bad – worse – (the) worst	*schlecht – schlechter – (der/die/das) schlechteste*
much/many – more – (the) most	*viel – mehr – (der/die/das) meiste*

■ Vergleiche → § 3.2
Wenn Sie zwei Personen oder Gegenstände vergleichen wollen, brauchen Sie
das Wort **than** *als* und den Komparativ der Adjektive.
Philip is **older than** Paula. *Philip ist älter als Paula.*

■ Die Verlaufsform der Gegenwart mit zukünftiger Bedeutung → § 8.5.3
Die Verlaufsform der Gegenwart kann auch ausdrücken, dass etwas vereinbart
oder geplant ist. Meist wird durch eine Zeitangabe klar, dass die Zukunft
gemeint ist.
Tomorrow we're **going** to the cinema. *Wir gehen morgen ins Kino.*
They're **going** for a walk **on Friday**. *Sie gehen am Freitag spazieren.*

! Die Zeitangabe steht im Englischen entweder am Satzanfang oder am Satzende,
nie in der Mitte wie im Deutschen!

Alltag

11 Neue Freundschaften

∷ Übungen

1 Setzen Sie das passende Adjektiv in der richtigen Form ein.

| big | crazy | quiet | good | loud | nice | lovely |

1. Andy's music is _____ today.
2. Philip talks to Andy. The music is _____ now.
3. Lisa is _____ than Andy's last girlfriend.
4. Paula is _____ at badminton than Philip.
5. Sheila has got the _____ flowers from the flower shop.
6. They are also the _____ flowers.
7. Philip thinks this is the _____ household.

2 Bilden Sie Sätze nach dem Muster. Die Zeitangabe kann entweder am Satzanfang oder am Satzende stehen.

1. Thursday / he / work later than usual
   (On Thursday) He works later than usual (on Thursday).
2. Friday / they / go to the cinema
3. Saturday / we / go shopping at one of the markets
4. Sunday / she / go for a walk in one of the parks
5. Monday / I / have lunch with Mr Butler
6. Tuesday / Lisa / help Andy with his homework
7. Wednesday / they / meet at the Globe Theatre

3 Hören Sie die CD und notieren Sie, was Andy und Lisa an welchem Wochentag vorhaben.

1/32

Wochentag	Aktivität
1. _____	_____
2. _____	_____
3. _____	_____
4. _____	_____

▪▪ Multikulturelle Einflüsse

Die britisch-asiatische Gemeinschaft (**British-Asian community**) ist in Großbritannien ausgesprochen vielfältig. Zu ihr gehören Menschen, die ursprünglich aus Indien, Pakistan oder Bangladesh zugewandert sind. Sie bilden ca. 4 % der britischen Bevölkerung und sind – vor allem was ihre Religionen angeht – sehr unterschiedlich. Neben Hindis, Sikhs und Buddhisten gibt es in Großbritannien auch viele Muslime und Angehörige anderer, kleinerer Religionsgemeinschaften.

Nach dem Zerfall des britischen Weltreichs nahm die Einwanderung aus Indien, Pakistan und Ostafrika zu. Viele der Asiaten aus Ostafrika betrieben Handel und eröffneten Geschäfte, als sie nach Großbritannien kamen.

Der Einfluss der **British Asians** ist auch in der Restaurantszene sehr groß. Zahlreiche der **Indian restaurants** werden allerdings von Menschen geführt, die ursprünglich aus Pakistan oder Bangladesh zugezogen sind.

Indische Restaurants boten ursprünglich preisgünstige Currygerichte für die Arbeiterklasse in weniger begüterten Gegenden an. Heutzutage sind **curries** – besonders **Chicken Tikka Masala** – in England beliebter als **fish and chips**, was ja das eigentliche Nationalgericht der Briten ist. In den letzen Jahren sind indische Restaurants sehr **trendy** geworden.

Kulturtipp ℹ

Alltag

▪▪ Was können Sie schon?

☺ ☹ ☹

▪ jemanden oder etwas beschreiben ▪ zwei Personen oder Dinge miteinander vergleichen			→ Ü1
▪ ausdrücken, was für die Zukunft geplant ist			→ Ü2
▪ sich für einen bestimmten Wochentag verabreden ▪ Verabredungen zu verschiedenen Aktivitäten verstehen			→ Ü3

∷ **In dieser Lektion lernen Sie:**

- über Vergangenes zu sprechen
- sich über alltägliche Dinge auszutauschen
- Vorlieben und Abneigungen zu äußern

What a mess!

1/33
1/34

Philip, Sheila and Andy are sitting at breakfast on Saturday morning.

Sheila	I was out with Mahmoud yesterday evening. We listened to a concert in the park.
Philip	And what about you, Andy?
Andy	I met Lisa and we watched a film at her place. And you, Dad?
Philip	Well, I went to the sports centre with Paula and we played badminton.
Sheila	That's all very nice, but I want to know who is going to do the most boring chores in this house.
Philip	You know that I've got lots of work, Mum. I haven't got time.
Andy	Oh yes, Dad, and what about me? I've got school and homework and I want to spend time with my friends, too.
Sheila	And you may not realize it, you two young men, but even at my age I've got lots of things to do. Andy, when was the last time you tidied up your room?
Andy	Last week!
Sheila	Well, you can tidy it up again this weekend. It's an awful mess. At least do it before Lisa comes to see you.
Andy	Ugh, OK, Gran.
Sheila	And Philip, how about a good idea from your Mum: Paula's unhappy with her B&B. She's got the most uncomfortable room in the house. I was there. Why doesn't she come and live with us? Our attic room is nice and big and much more attractive than her little room.
Philip	Oh, Mum. Let me decide about things like that.

⠿ Fragen zum Dialog

Streichen Sie, was nicht zutrifft.

1. Sheila and Mahmoud *went to a restaurant | listened to a concert.*
2. Sheila *hasn't got anything to do | has got lots of things to do.*

Was für ein Chaos!

Philip, Sheila und Andy sitzen am Samstagmorgen beim Frühstück.

Sheila	Gestern Abend war ich mit Mahmoud draußen. Wir hörten uns ein Konzert im Park an.
Philip	Und wie war es bei dir, Andy?
Andy	Ich traf Lisa und wir schauten einen Film bei ihr zu Hause an. Und du, Papa?
Philip	Nun, ich ging mit Paula zum Sportzentrum und wir spielten Badminton.
Sheila	Das ist alles sehr schön, aber ich will wissen, wer die langweiligsten Arbeiten in diesem Haus machen wird.
Philip	Du weißt, dass ich eine Menge Arbeit habe, Mama. Ich habe keine Zeit.
Andy	Oh ja, Papa, und was ist mit mir? Ich habe Schule und Hausaufgaben und ich will auch Zeit mit meinen Freunden verbringen.
Sheila	Und es mag euch nicht bewusst sein, ihr beiden jungen Männer, aber sogar in meinem Alter habe ich eine Menge Dinge zu tun. Andy, wann hast du das letzte Mal dein Zimmer aufgeräumt?
Andy	Letzte Woche!
Sheila	Nun, du kannst es dieses Wochenende wieder aufräumen. Es ist eine fürchterliche Unordnung. Tu es wenigstens, bevor Lisa dich besuchen kommt.
Andy	Igitt, in Ordnung, Oma.
Sheila	Und Philip, wie wäre es mit einer guten Idee von deiner Mama: Paula ist unglücklich mit ihrer Pension. Sie hat das unbequemste Zimmer im Haus. Ich war dort. Warum kommt sie nicht hierher und wohnt bei uns? Unsere Mansarde ist hübsch und groß und viel attraktiver als ihr kleines Zimmer.
Philip	Oh, Mama. Lass mich solche Dinge entscheiden.

Alltag

:: Lernwortschatz

again	*noch einmal, wieder*	mess	*Unordnung, Chaos*
age	*Alter*	realize	*wahrnehmen*
at least	*wenigstens, zumindest*	spend	*verbringen; ausgeben*
attic	*Dachboden*	tidy	*ordentlich, aufgeräumt*
attractive	*attraktiv*	tidy up	*aufräumen*
breakfast	*Frühstück*	time	*hier: Mal*
centre	*Zentrum*	unhappy	*unglücklich*
chore	*Hausarbeit*	watch	*anschauen, zusehen*
concert	*Konzert*		
gran	*Oma*	woman	*Frau*
listen to	*zuhören, anhören*	(*Pl* women)	
man (*Pl* men)	*Mann*	yesterday	*gestern*
maybe	*vielleicht*	young	*jung*

Die einfache Vergangenheit der unregelmäßigen Verben			
be	was/were	let	let
buy	bought	meet	met
come	came	pay	paid
do	did	put	put
drink	drank	ring	rang
eat	ate	say	said
feel	felt	see	saw
find	found	show	showed
forget	forgot	sit	sit
get	got	speak	spoke
go	went	spend	spent
have	had	stand	stood
hear	heard	take	took
hurt	hurt	think	thought
keep	kept	understand	understood
know	knew		

:: Grammatik und Redemittel

■ Die einfache Vergangenheit von *be*

Bei der einfachen Vergangenheit gibt es regelmäßige und unregelmäßige Formen. Eine Besonderheit bildet die Vergangenheit von **be**. Die Form ist nicht nur unregelmäßig, sondern es gibt zwei verschiedene Formen: **was**/**were**.

I **was**	you **were**	he/she/it **was**	we **were**	you **were**	they **were**

I **was** there. *Ich war dort.*
Were you late? *Warst du zu spät?*
They **weren't** at home yesterday. *Sie waren gestern nicht zu Hause.*

■ Die einfache Vergangenheit der regelmäßigen Verben → § 8.3

Die einfache Vergangenheit wird bei Handlungen verwendet, die abgeschlossen sind. Mit dieser Zeitform berichten Sie über Ereignisse in der Vergangenheit. Bei den regelmäßigen Verben wird **-ed** an die Grundform angehängt:

talk → talk**ed**	like → lik**ed**	try → tri**ed**
enjoy → enjoy**ed**	prefer → prefer**red**	play → play**ed**

Bei einem nicht gesprochenen **-e** am Wortende wird nur **-d** angehängt (**liked**). Ein Endkonsonant wird nach kurzem betonten Vokal verdoppelt (**preferred**). Nach einem Konsonant wird **-y** zu **-ied** (**tried**). Steht **-y** nach einem Vokal, bleibt es unverändert (**played**).

■ Steigerung der Adjektive (II) → § 3.1

In Lektion 11 haben Sie gelernt, dass einsilbige Adjektive und zweisilbige auf **-y** mit **-er**/**-est** gesteigert werden. Alle mehrsilbigen Adjektive (außer den zweisilbigen auf **-y**) werden durch Voranstellen von **more** und **most** gesteigert.

boring – **more** boring – (the) **most** boring	*langweilig*
attractive – **more** attractive – (the) **most** attractive	*attraktiv*

Who is going to do the **most boring** chores?
Wer wird die langweiligsten Hausarbeiten machen?
The attic room is **more attractive** than her little room.
Die Mansarde ist attraktiver als ihr kleines Zimmer.

∷ Übungen

1 Ergänzen Sie die passende Form des Adjektivs.

difficult	attractive	depressed	expensive	uncomfortable

1. My room is the _____ room in the house.
2. This is the _____ flat in the street.
3. This project is _____ than the project last week.
4. And this job is _____ than the other job.
5. Last weekend I was _____ than today.

2 Wie lauten diese Sätze in der Vergangenheit? Schreiben Sie nur die Verben auf.

1. Sheila and Mahmoud talk about many things. _____
2. They enjoy the walk. _____
3. They prefer a café to an expensive restaurant. _____
4. They like the coffee there. _____
5. Sheila plays Bingo. _____
6. She enjoys it very much. _____
7. The next week they have coffee again. _____
8. They go for a walk in the park. _____
9. After that they do some shopping at a street market. _____

3 Hören Sie das Gespräch zwischen Lisa und ihrer Mutter. Ergänzen Sie Lisas Aussagen.

1/35

Yes, Mum. Of course, Mum. He's coming tomorrow.
That's a better idea.   I like cooking.   Last week.
OK, Mum, I can tidy it up a bit this evening.
And I don't want you to tidy up my things!
Well, I could help you on Saturday.
I just haven't got the time, Mum.

∷ Fernsehkultur in Großbritannien

Es ist nicht ungewöhnlich, dass englische Familien vier oder mehr Fernseher zu Hause haben: im Wohnzimmer, im zweiten Wohnraum, in der Küche, im Schlafzimmer. Ganz abgesehen von den Fernsehern in den Kinderzimmern!

Um Sport anzuschauen gehen viele Engländer aber dennoch gerne in den **Pub**. Der **Pub** ist eine Art zweites Wohnzimmer, in dem man immer Gesellschaft findet und mit einem Großbildfernseher in der Regel eine bessere Bildqualität hat als zu Hause. Da kann man auch seine Lieblingsseifenopern bei einem Bier und einem Imbiss (z.B. **Scotch eggs** *hart gekochte Eier in Mettwurst gerollt und dann paniert*) genießen. Im **Pub** ist Fernsehen einfach gemütlicher und geselliger als zu Hause!

BBC 1 sendet leichte Unterhaltung, Sport, Nachrichten, Sendungen zu aktuellen Themen und Kindersendungen. **BBC 2** bietet ein etwas anspruchsvolleres Programm mit Dokumentarfilmen, Theaterstücken und Kunstfilmen. **ITV** ist in der Programmgestaltung ähnlich wie **BBC 1** und strahlt beliebte **Soap operas** *Seifenopern* wie **Coronation Street** aus, das seit 1960 läuft. **Channel 4** sendet Analysen, Dokumentarfilme und Bildungsthemen. **Channel 5** wendet sich an jüngere Zuschauer, ist aber bislang nicht sehr erfolgreich.

i Kulturtipp

Alltag

∷ Was können Sie schon?

☺ ☺ ☹

		→Ü1
▪ verschiedene Dinge miteinander vergleichen		→Ü1
▪ über Vergangenes berichten		→Ü2
▪ auf etwas in zeitlicher Nähe oder Ferne hinweisen		→Ü3
▪ über Alltägliches sprechen		
▪ sich zu Vorlieben und Abneigungen äußern		

∷ **In dieser Lektion lernen Sie:**

- kleine Meinungsverschiedenheiten auszutragen
- Zeitangaben und Jahreszahlen zu verstehen
- sich über Ereignisse in der Vergangenheit auszutauschen

Sunday lunch

1/36
1/37

Andy	Hey, Dad. This meat is tough and the potatoes are too soft.
Philip	Well, why don't you do the cooking then?
Andy	No time, Dad!
Philip	Always the same old answer!
Paula	I could help you with the cooking. I'm not a bad cook.
Andy	Hey, that's a great idea. What's German food like?
Paula	Very good, but I only know specialities from the south of Germany.
Andy	So, maybe you could cook us something German. Please!
Philip	Paula's here to learn about England. Maybe she should learn about the English Sunday roast. Beef with Yorkshire pudding, lamb or pork with roast potatoes and various vegetables. Like in the good old days.
Paula	What was it like when you were young, Sheila?
Sheila	Ah yes, the good old days. I was born in 1940. We all lived in the country.
Paula	And when did you move to Islington?
Sheila	My dad bought the house here in 1947. It was very different then. Houses were much cheaper. It was more like a village.
Paula	And why did you stay here? Why didn't you go back to the country?
Sheila	Because I like Islington. It's my home. But a house and a garden are a lot of work.
Paula	Well, I like it very much here. And I think London is a wonderful city. There are so many things to see and do.

:: Fragen zum Dialog

Kreuzen Sie an.	right	wrong
1. The meat is good.	☐	☐
2. Paula is a bad cook.	☐	☐
3. Sheila moved to Islington in 1947.	☐	☐
4. Sheila wants to go back to the country.	☐	☐

Mittagessen am Sonntag

Alltag

Andy	Hey, Papa. Dieses Fleisch ist zäh und die Kartoffeln sind zu weich.
Philip	Nun, warum kochst du dann nicht?
Andy	Keine Zeit, Papa!
Philip	Immer die gleiche alte Antwort!
Paula	Ich könnte dir mit dem Kochen helfen. Ich bin keine schlechte Köchin.
Andy	Hey, das ist eine großartige Idee. Wie ist (denn) deutsches Essen (so)?
Paula	Sehr gut, aber ich kenne nur Spezialitäten aus dem Süden Deutschlands.
Andy	Dann könntest du uns vielleicht etwas Deutsches kochen. Bitte!
Philip	Paula ist hier, um etwas über England zu lernen. Vielleicht sollte sie etwas über den englischen Sonntagsbraten erfahren. Rindfleisch mit *Yorkshire pudding*, Lamm- oder Schweinefleisch mit gerösteten Kartoffeln und verschiedenen Gemüsesorten. Wie in den guten alten Tagen.
Paula	Wie war es, als Sie jung waren, Sheila?
Sheila	Ach ja, die guten alten Tage. Ich wurde 1940 geboren. Wir lebten alle auf dem Land.
Paula	Und wann sind Sie nach Islington umgezogen?
Sheila	Mein Vater kaufte das Haus hier im Jahr 1947. Damals war es ganz anders. Häuser waren viel preiswerter. Es war mehr wie ein Dorf.
Paula	Und warum sind Sie hier geblieben? Warum sind Sie nicht aufs Land zurückgekehrt?
Sheila	Weil ich Islington mag. Es ist mein Zuhause. Aber ein Haus und ein Garten sind eine Menge Arbeit.
Paula	Nun, mir gefällt es hier sehr. Und ich denke, London ist eine wundervolle Stadt. Es gibt so viele Dinge zu sehen und zu tun.

13 Familienleben

▪▪ Lernwortschatz

answer	*Antwort*	move	*hier: umziehen*
bad	*schlecht*	next	*nächste(r,s)*
beef	*Rindfleisch*	pork	*Schweinefleisch*
born	*geboren*	potato(es)	*Kartoffel(n)*
cheap	*billig*	roast	*Braten*
city	*Stadt*	should	*sollte(n)*
cook	*kochen*	soft	*weich*
country	*Land*	something	*irgendetwas*
food	*Essen*	speciality	*Spezialität*
garden	*Garten*	stay	*bleiben*
home	*Zuhause*	tough	*zäh*
invite	*einladen*	try	*versuchen*
lamb	*Lamm(fleisch)*	various	*verschieden*
learn	*lernen, erfahren*	vegetable	*Gemüse*
love	*lieben,*	village	*Dorf*
	gern haben	wonderful	*wundervoll*
maybe	*vielleicht*	Yorkshire	*Beilage zu*
meat	*Fleisch*	pudding	*Fleischgerichten*

Länder und Nationalitäten			
Great Britain	British	Germany	German
England	English	France	French
Scotland	Scottish	Italy	Italian
Wales	Welsh	Spain	Spanish
Ireland	Irish	India	Indian

▪▪ Grammatik und Redemittel

▪ Jahreszahlen

In Lektion 4 haben Sie die Zahlen bis 100 kennengelernt. Wenn Sie sich noch das
Wort **a/one thousand** *Tausend* merken, können Sie alle Jahreszahlen bilden.

1066 – ten sixty-six	**1558** – fifteen fifty-eight
1940 – nineteen forty	**1996** – nineteen ninety-six
2010 – twenty ten	or two thousand and ten

Für die Jahre 2001–2009 gilt: 2009 – **two thousand and nine**.

▪ Die Verneinung, Frage und Kurzantwort in der einfachen Vergangenheit → §8.1

In Lektion 4 haben Sie gelernt, dass Sie bei der Verneinung von Verben
in der einfachen Gegenwart das Hilfsverb **don't/doesn't** brauchen. Die
Vergangenheit von **don't/doesn't** lautet **didn't** (**did not**):

I **phoned** you yesterday.	I **didn't** phone you yesterday.
She **went** back to the country.	She **didn't** go back to the country.

Fragen, die Vollverben enthalten, bilden Sie mit **did/didn't**. Die Kurzantworten
dazu lauten: **Yes, I did. /No, I didn't.**

Did you move to Islington?	When **did** you move to Islington?
Didn't you cook last Sunday?	Why **didn't** you cook last Sunday?

! Beachten Sie, dass in Sätzen mit **was/were** (→ L12) kein **did/didn't** nötig ist!

▪ Die Wortstellung von Adverbien → §4.3

In Lektion 4 haben Sie gelernt, dass die Häufigkeitsadverbien (**always**,
sometimes, **often**, **usually**, **never**) immer *vor* dem Vollverb stehen. In Sätzen
mit dem Hilfsverb **be** ist die Wortstellung dagegen wie im Deutschen.

The meat **is often** a bit tough.   They **are usually** at home after six.

Adverbien der Zeit stehen dagegen meist am Satzende, gelegentlich auch
am Satzanfang. Häufig kommen mehrere Adverbien in einem Satz vor
(z. B. Adverbien des Ortes und der Zeit). Dann lautet die Grundregel für die
Wortstellung am Satzende: Ort vor Zeit!

I was born in the country **in 1940**.   **In the morning** she went to the market.

Alltag

13 Familienleben

⠅⠅ Übungen

 1 Lesen Sie die Jahresangaben.

| 1. 1066 | 3. 1616 | 5. 1812 | 7. 1968 | 9. 2010 |
| 2. 1588 | 4. 1789 | 6. 1940 | 8. 1999 | 10. 2032 |

 2 Bilden Sie Fragen in der einfachen Vergangenheit. Achten Sie auf die korrekten Verbformen.

1. When / be / Sheila / born?

2. When / move / she / to Islington?

3. Where / be / she / born?

4. Why / not go back / she / to the country?

 3 Hören Sie die Sätze auf der CD. Geben Sie Kurzantworten in der einfachen Vergangenheit und stellen Sie die Aussagen anschließend richtig. Sie hören zunächst ein Beispiel.

1/38

 4 Schreiben Sie die Sätze neu und setzen Sie die Adverbien an der richtigen Stelle ein.

1. Andy cooks the meals. (never / on Sundays)

2. He checks his e-mails. (always / in the morning)

3. He eats fruit. (often / from the market)

4. Andy does his homework. (usually / in the evening / at Lisa's place)

5. He tidied up his room. (yesterday / morning)

:: Der Sonntagsbraten

Man könnte den Sonntagsbraten – **Sunday roast** oder **Sunday joint** genannt – das Herzstück der britischen Küche nennen. Früher war es üblich, den Sonntagsbraten vor dem Kirchgang in den Ofen zu schieben. Er war dann pünktlich zur Mittagszeit fertig zum Essen. Heutzutage ist der Sonntagsbraten seltener geworden. Viele Leute stehen am Sonntag spät auf und wollen nicht mehr so lange in der Küche stehen. Es gibt inzwischen so viele internationale Alternativen, da geht man auch gerne einfach ins Restaurant.

Die urbritische Sonntagsmahlzeit besteht aus Roastbeef mit **Yorkshire pudding** (Eierkuchenteig aus Mehl, Milch, Eiern und Fett; in der Grafschaft Yorkshire oft nur **Yorkshire** genannt), vorzugsweise mit Meerrettichsauce.

Genauso beliebt ist Schweinefleisch mit einer Füllung aus Salbei und Zwiebeln. (Diese Füllung gehört an Weihnachten unbedingt auch in den Truthahn!) Und nicht zuletzt Lammfleisch, am liebsten mit Pfefferminzsauce.

Zum Roastbeef gibt es **roast potatoes** *Röstkartoffeln*, grüne Bohnen, Karotten, Erbsen, Pastinaken usw., sodass man traditionellerweise **meat and two vegs** *Fleisch mit zwei Gemüsearten* serviert bekommt. Zunehmend beliebter werden als Alternative auch vegetarische Varianten.

Kulturtipp

Alltag

:: Was können Sie schon?

■ Jahreszahlen verstehen und angeben				→ Ü1
■ Fragen über vergangene Ereignisse stellen				→ Ü2
■ Informationen über vergangene Ereignisse richtigstellen				→ Ü3
■ Zeit- und Ortsangaben richtig anordnen				→ Ü4

14 | Wiederholen und üben Sie

∷ Hier wiederholen Sie:

- Einkaufsgespräche zu führen
- im Restaurant eine Bestellung aufzugeben
- Auskünfte über Sehenswürdigkeiten einzuholen
- sich über Freizeitbeschäftigungen auszutauschen
- Vorlieben und Abneigungen zu äußern

1 Setzen Sie die passenden Präpositionen ein. Es kann mehrere Lösungen geben!

at	to	with	on	about	from	in

1. Paula is _____ Germany.
2. She goes _____ the office every day.
3. She can talk _____ people _____ English.
4. Last week Paula and Philip went _____ a pub.
5. This week they went _____ a boat trip _____ the Thames.
6. Today they are _____ a good mood.
7. They are _____ a restaurant.
8. They are talking _____ life in London.
9. Paula is unhappy _____ her B&B.
10. She has the most uncomfortable room _____ the house.

2 *What are they doing at the Italian restaurant?* Bilden Sie Sätze in der Verlaufsform der Gegenwart.

1. Paula / Philip / sit / by the window _____
2. they / have / ravioli _____
3. they / drink / red wine _____
4. people / over there / speak / German _____
5. people / in the corner / talk / Spanish _____
6. waiter / come / this way _____

3 Philip erledigt den Einkauf. Übernehmen Sie seine Rolle und ergänzen Sie den Dialog.

Grocer	What would you like, sir?
Philip	A pound … .
Grocer	And what else?
Philip	Two … .
Grocer	Yes, of course.
Philip	… any coffee?
Grocer	Yes, very good Italian coffee.
Philip	How … ?
Grocer	It's £6.50. That's £11.50.
Philip	And a bottle … .
Grocer	The Chianti is £5.50. That's £17 altogether.
Philip	Here's … .
Grocer	And three pounds for you. Thank you very much.
Philip	Thanks. Bye.

1 pound red apples
2 oranges
Italian coffee
Chianti, 1 bottle

 4 Was fehlt hier? Ergänzen Sie.

1. _____ is the first/1st day of the week.
2. August is the _____ month of the year.
3. Tuesday is the _____ day of the week.
4. October is the _____ month of the year.
5. _____ is the second/2nd day of the week.
6. May is the _____ month of the year.
7. Friday is the _____ day of the week.
8. _____ is the fourth/4th month of the year.
9. Wednesday is the _____ day of the week.
10. December is the _____ month of the year.

5 Reagieren Sie mit Kurzantworten und stellen Sie die Aussagen richtig.

1. Paula and Philip are sitting in the corner. (window)
   – No, they aren't. They're sitting by the window.
2. They are drinking gin and tonic. (red wine)   – No, …
3. They are eating lamb, potato and beans. (ravioli)   – No, …
4. The people in the corner are speaking Italian. (Spanish)   – No, …
5. Paula and Philip are talking German. (English)   – No, …
6. Paula and Philip are enjoying the meal. (very much)   – Yes, they …

6 Lesen Sie den Text und ergänzen Sie die passenden Modalverben. Es kann mehrere Lösungen geben!

can	can't	may	must	mustn't	needn't

Philip _____ (1.) buy a ticket. They _____ (2.) hurry because the boat is leaving in two minutes. They _____ (3.) sit inside but they _____ (4.) see everything better from the open deck. They _____ (5.) get off at St. Paul's and look at the Cathedral. But they _____ (6.) do everything in one day. And now _____ (7.) hurry. They _____ (8.) sit on the deck and look at the sights. Paula _____ (9.) take some photos. She says to Philip: '_____ (10.) I take a photo of you? But Philip, you _____ (11.) get up there!'

7 Im Restaurant: Übernehmen Sie die Rolle des Kellners und fragen Sie die Dame nach ihren Wünschen.

Waiter	Here's … .
Woman	Thank you.
Waiter	… a starter?
Woman	Yes, that's a good idea.
Waiter	And … ?
Woman	This salad looks very good.
Waiter	… some wine?
Woman	I'd like a glass of Chianti.
Waiter	The starter, the … . … else?
Woman	A bottle of water, please, and some bread.
Waiter	Yes, … . … .

8 Hören Sie die Wörter auf der CD und sprechen Sie sie nach. Achten Sie auf die unterschiedliche Aussprache des *a*.

1/39

already same uncomfortable cathedral village parents
walk lamb bar about takeaway apple want attic
fantastic landlady alltogether market awful woman

9 Einfache Gegenwart oder Verlaufsform? Ergänzen Sie die Verben in den Klammern in der richtigen Form.

1. Paula _____ in London but she usually _____ in Stuttgart. (live)
2. Sometimes she _____ depressed but today she _____ depressed. (feel / not feel)
3. Philip and Paula sometimes _____ lunch in a pub but today they _____ lunch in the canteen. (have)
4. Philip often _____ late but today he _____ late. (work / not work)
5. Paula _____ to her colleagues; she often _____ to her colleagues after lunch. (talk)
6. Paula _____ badminton in Stuttgart; today she _____ badminton at the sports centre in Islington. (play)

10 Setzen Sie die Wortreihen fort.

1. dinner, lunch, _____
2. Gran, Dad, _____
3. much, more, _____
4. English, Italian, _____
5. pork, beef, _____
6. nice, attractive, _____
7. wine, juice _____
8. ourselves, yourselves _____

11 Lesen Sie die Kurzbiografie und schreiben Sie einen ähnlichen Text über sich selbst (mindestens acht Sätze).

I was born in 1947 in the south of England. We lived in the country at that time. Life was much cheaper then. But in 1953 my dad bought a house in London and we moved there. He was a teacher and he worked at a school for a long time. My mum worked as a secretary for some years, but then she stayed at home. My dad died* in 1995 but my mum didn't go back to the country. She stayed in London because she liked it there. It was her home.

_____

_____

_____

_____

_____

_____

_____

_____

*die: *sterben*

 12 Welches Wort passt zu dem Substantiv? Tragen Sie es ein.

1. An _____ mess.   *anyway* | *alright* | *awful*
2. A _____ meeting.   *wine* | *wonderful* | *window*
3. An _____ restaurant.   *interest* | *Italian* | *invite*
4. A _____ pub.   *quiet* | *quite* | *question*
5. A _____ colleague.   *terrible* | *today* | *towards*
6. An _____ market.   *often* | *open* | *office*
7. A _____ takeaway.   *surprised* | *school* | *Spanish*

 13 Was sagen Sie in folgenden Situationen?

1. Sie fragen, woher jemand kommt.
2. Sie fragen, wo jemand im Restaurant sitzen möchte.
3. Sie wünschen jemandem einen wunderschönen Abend.
4. Sie fragen, ob Ihr Gegenüber morgen Badminton spielen möchte.
5. Sie sagen, dass jemand etwas leicht nehmen soll.

14 Komparativ oder Superlativ? Setzen Sie die richtige Form der Adjektive ein.

1. Andy's music is much _____ today. (loud)
2. But now it is _____ again. (quiet)
3. Andy and Philip don't want to do the _____ chores in the house. (boring)
4. Keeping your room tidy is the _____ thing of all. (difficult)
5. This is the _____ pub in Islington. (big)
6. It is also the _____ pub. (good)

15 Pläne für die Zukunft: Bilden Sie Sätze mit *going to*.

1. Sheila, Philip and Andy / have / breakfast.
2. Paula and Philip / meet / ticket office.
3. Philip / buy / ticket.
4. They / sit / open deck.
5. They / get off / St. Paul's Cathedral.
6. They / look at / Globe Theatre.

16 Hören Sie zunächst den Dialog. Ergänzen Sie beim zweiten Hören die passenden Sätze in den Pausen.

1/40

Did you really do your homework? And what did you do after that?
And what about you, Philip? And have you got time next week?
What did you do yesterday evening? And what about you, Andy?

17 Setzen Sie die richtigen Verben in der Vergangenheit ein.

be   buy   come   have   go (2x)   meet   say   talk

1. Yesterday _____ a very nice day.
2. Lisa _____ to my place and we _____ lunch together.
3. We _____ about school and skateboarding and other things.
4. After lunch we _____ for a walk and Lisa _____ some friends.
5. She _____ goodbye to us.
6. We _____ some things at the grocer's shop and Sheila _____ to the corner shop.

Alltag

Zwischentest 2

1 Welches Wort passt? Kreuzen Sie es an.

1. We went to a café and had ... coffee. a) ☐ any b) ☐ some c) ☐ something
2. We didn't do ... homework yesterday evening. a) ☐ any b) ☐ some
                                                    c) ☐ anything
3. We listened to ... heavy metal. a) ☐ any b) ☐ some c) ☐ something
4. Have you got ... Italian wine? a) ☐ any b) ☐ some c) ☐ anything
5. We haven't got ... Italian here. a) ☐ something b) ☐ anything c) ☐ some

___/6 6. But we have got ... Spanish wines. a) ☐ any b) ☐ some c) ☐ something

2 Wie lautet die korrekte Kurzantwort?

| she can't | we needn't | I can | they must | you may not | she can't |

1. ▲ May I have this CD, Dad?   ● No, _____ .
2. ▲ Can't you turn down that music?   ● Yes, _____ .
3. ▲ Can Paula understand her landlady?   ● No, _____ .
4. ▲ Can't Paula find a flat?   ● No, _____ .
5. ▲ Must they hurry to the boat?   ● Yes, _____ .

___/6 6. ▲ Must we see everything in one day? ● No, _____ .

3 Bilden Sie Sätze mit *going to*.

1. What / they / do?

   _____

2. Andy / do / homework.

   _____

3. Lisa / help / with it.

   _____

4. Paula and Philip / play / badminton next week.

   _____

5. Philip / cook / the Sunday roast.

   _____

6. Sheila and Mahmoud / not have / coffee together today.

___/6 _____

4 Welches Wort passt? Kreuzen Sie es an.

1. Andy and Lisa
   - a) ☐ want
   - b) ☐ went
   - c) ☐ when

   to the halfpipe yesterday evening.

2. After that they
   - a) ☐ dad
   - b) ☐ do
   - c) ☐ did

   some homework together.

3. Yesterday Sheila and Mahmoud
   - a) ☐ had
   - b) ☐ head
   - c) ☐ hard

   some coffee together.

4. It
   - a) ☐ where
   - b) ☐ was
   - c) ☐ were

   a very pleasant evening.

5. Paula and Philip
   - a) ☐ please
   - b) ☐ place
   - c) ☐ played

   badminton for an hour and a half.

6. On Sunday Philip
   - a) ☐ cooked
   - b) ☐ checked
   - c) ☐ came

   beef for lunch.

__/6

5 Welche Form des Adjektivs ist richtig? Kreuzen Sie es an.

1. Paula is now … than she was.
   - a) ☐ happy
   - b) ☐ happier
   - c) ☐ happiest

2. She has got … English friends.
   - a) ☐ nice
   - b) ☐ nicer
   - c) ☐ nicest

3. Philip is her … friend in London.
   - a) ☐ good
   - b) ☐ better
   - c) ☐ best

4. She is not … now.
   - a) ☐ depressed
   - b) ☐ more depressed
   - c) ☐ most depressed

5. But she has still got the … room at her B&B.
   - a) ☐ uncomfortable
   - b) ☐ more uncomfortable
   - c) ☐ most uncomfortable

6. Flats in Islington are … than they were.
   - a) ☐ expensive
   - b) ☐ more expensive
   - c) ☐ most expensive

__/6

Alltag

6 Hören Sie drei Telefongespräche. Notieren Sie, was die beiden Gesprächspartner wann vorhaben.

1/41

Aktivität	Wochentag, Uhrzeit
1. _____	_____
2. _____	_____
__/6 3. _____	_____

7 Lesen Sie die Informationen über London. Sie brauchen nicht jedes Wort zu verstehen! Notieren Sie drei Sehenswürdigkeiten und geben Sie zu jeder eine Zusatzinformation.

The best way to see London is on a boat trip on the River Thames. You can get off and see the Tower of London, where they keep the Crown Jewels. Or you can go and see St. Paul's Cathedral. This has a fantastic view of London. The Tate Modern is very popular and gives exhibitions of modern art. Or you can go to the Globe Theatre where there are excellent Shakespeare performances. And last but not least you can go all the way to Greenwich by boat. This is a beautiful place and it's famous for Greenwich Mean Time.

Sehenswürdigkeit	Zusatzinformation
1. _____	_____
2. _____	_____
__/6 3. _____	_____

8 Was sagen Sie, wenn ...

1. ... Sie sagen möchten, dass etwas Spaß machen wird?
2. ... Sie sagen wollen, dass Sie bei den Hausaufgaben helfen können?
3. ... Sie fragen wollen, was jemand dieses Wochenende vorhat?
4. ... Sie jemanden bitten möchten, die Musik leiser zu drehen?
5. ... Sie sagen möchten, dass Sie keine Zeit haben?
6. ... Sie fragen möchten, wer die langweiligen Hausarbeiten machen wird?
7. ... Sie fragen wollen, wann jemand geboren wurde?
__/8 8. ... Sie fragen möchten, wie das Essen in Deutschland ist?

__/50

Reise

15 Eine Reise planen

In dieser Lektion lernen Sie:

- Wünsche und Meinungen zu äußern
- Vorhersagen für die Zukunft zu treffen
- Vorschläge und Gegenvorschläge zu machen

A great idea!

2/1

Paula and Philip are planning a business trip to the United States.

Paula   This is a great idea. I hope that the trip really comes off.

Philip   Well, Mr Butler wants us to plan it and he will give us the go-ahead by the end of the week.

Paula   OK. He says the trip will be in September. The conference is in New Brunswick, New Jersey and will last two days. And then we have a day free to go and see the sights in New York City.

Philip   Well, let's look at New Brunswick on the Internet first.

Paula   No, Philip, that's New Brunswick in Canada. We want New Brunswick near New York. You've got it now. That's it.

Philip   Well, here are the hotels. We'll have a look at the prices and where they are later. The conference centre is here. It's all close together.

Paula   And we have to look at the flights from London to New York. Let's look at the sights in Manhattan. It will be the first time for both of us!

Philip   What would you like to see there? The Empire State Building?

Paula   Yes, of course. And Central Park. And the Statue of Liberty and Ellis Island. But I don't really know what else. Shall we find a good website?

Philip   But, Paula, shouldn't we get at least some information together today for Mr Butler so he can decide about the trip? And then InterChip USA must confirm the trip. Couldn't we do that now?

Paula   Yes, I think we could have it all ready this afternoon.

⠿ Fragen zum Dialog

Kreuzen Sie an, was zutrifft.

1. Paula and Philip are going   a) ☐ to Canada   b) ☐ to the USA.
2. The conference will last   a) ☐ two days   b) ☐ three days.
3. It is the first time   a) ☐ for Paula   b) ☐ for both of them.

Eine großartige Idee!

Paula und Philip planen eine Geschäftsreise in die Vereinigten Staaten.

Paula   Dies ist eine prima Idee. Hoffentlich kommt die Reise wirklich zustande.

Philip   Nun, Herr Butler möchte, dass wir sie planen und er wird uns bis Ende der Woche grünes Licht geben.

Paula   Gut. Er sagt, die Reise wird im September sein. Die Tagung ist in New Brunswick, New Jersey und wird zwei Tage dauern. Und dann haben wir einen freien Tag, um die Sehenswürdigkeiten in New York City zu besichtigen.

Philip   Nun, schauen wir uns zuerst New Brunswick im Internet an.

Paula   Nein, Philip, das ist New Brunswick in Canada. Wir wollen New Brunswick in der Nähe von New York. Jetzt hast du es. Das ist es.

Philip   Nun, hier sind die Hotels. Wir schauen uns die Preise und wo sie sind später an. Das Tagungszentrum ist hier. Es ist alles nah beieinander.

Paula   Dann müssen wir uns die Flüge von London nach New York anschauen. Schauen wir uns die Sehenswürdigkeiten in Manhattan an. Es wird das erste Mal für uns beide sein!

Philip   Was würdest du dort gerne sehen? Das *Empire State Building*?

Paula   Ja, natürlich. Und *Central Park*. Und die Freiheitsstatue und *Ellis Island*. Aber ich weiß nicht wirklich, was sonst (noch). Sollen wir eine gute Internetseite finden?

Philip   Aber, Paula, sollten wir nicht zumindest einige Informationen heute für Herrn Butler zusammenstellen, damit er über die Reise entscheiden kann? Und dann muss *InterChip* USA die Reise bestätigen. Könnten wir das nicht jetzt tun?

Paula   Ja, ich denke, wir könnten es alles heute Nachmittag fertig haben.

Reise

Lernwortschatz

both	*beide*	go-ahead	*hier: grünes Licht*
business	*Geschäft;*	have a look at	*einen Blick auf etw.*
	Geschäfts-		*werfen*
close	*nahe*	have to	*müssen*
	beieinander	hope	*hoffen*
come off	*hier: zustande*	journey	*Reise*
	kommen	last	*dauern*
conference	*Konferenz*	ready	*fertig*
confirm	*bestätigen*	shall	*soll(en)*
flight	*Flug*	so	*damit, sodass*
free	*frei*	will	*werde(n)*

Mit der Endung **-er** können Sie – genau wie im Deutschen – von Verben
Substantive ableiten:

Substantive auf *-er*				
work	*arbeiten*	→	work**er**	*Arbeiter(in)*
play	*spielen*	→	play**er**	*Spieler(in)*
drive	*fahren*	→	driv**er**	*Fahrer(in)*
teach	*lehren, unterrichten*	→	teach**er**	*Lehrer(in)*
speak	*sprechen*	→	speak**er**	*Sprecher(in)*
listen	*zuhören*	→	listen**er**	*Zuhörer(in)*
read	*lesen*	→	read**er**	*Leser(in)*
write	*schreiben*	→	writ**er**	*Schriftsteller(in)*

In Lektion 7 haben Sie den Unterschied zwischen **some** und **any** kennengelernt.
Mit diesen Wörtern gibt es auch Zusammensetzungen. Einige kennen Sie
bereits:

Zusammensetzungen mit *some* und *any*					
someone	*jemand*	not … anyone	= no one	*niemand*
something	*etwas*	not … anything	= nothing	*nichts*
somewhere	*irgendwo*	not … anywhere	= nowhere	*nirgendwo*

▚ Grammatik und Redemittel

▪ Die Modalverben *could*, *would* und *should* → § 10.2

Mit **could** und **would** können Sie eine höfliche Frage oder eine Bitte formulieren:

Could you pay for the meal? *Könntest du das Essen bezahlen?*
Would you like to go to New York? *Würdest du gerne nach New York fahren?*

Mit **shouldn't I/we** …? leiten Sie einen höflichen Vorschlag ein:
Shouldn't I get some information first? *Sollte ich nicht zuerst einige Informationen besorgen?*

▪ Die Zukunft mit → § 8.5.1

Wenn Sie Vorhersagen über die Zukunft machen wollen, benötigen Sie **will**
werden und die Grundform des Verbs. Die Verneinung lautet **won't** (**will not**),
die Kurzform **'ll**. Die Formen sind für alle Personen gleich.

The trip **will** be in September. *Die Reise wird im September sein.*
We**'ll** have a look at the prices. *Wir werden uns die Preise anschauen.*
They **won't** be very expensive. *Sie werden nicht sehr teuer sein.*

Wenn Sie eine Frage bilden wollen, drehen Sie Subjekt und Verb einfach um:

Frage	Kurzantworten	
Will you look at the prices?	Yes, I **will**.	No, I **won't**.
Will he give us the go-ahead?	Yes, he **will**.	No, he **won't**.
Won't they come with us?	Yes, they **will**.	No, they **won't**.

Mit **will** drücken Sie neben Vorhersagen für die Zukunft auch spontane
Entschlüsse und Angebote aus:

I**'ll** have the prices this afternoon. *Ich werde die Preise heute Nachmittag haben.*
We**'ll** have a coffee later. *Wir werden später einen Kaffee trinken.*

▪ Die Bedeutung von *shall*

Das Wort **shall** wird in der Regel im Sinne von *sollen* verwendet:
Shall I open the window? *Soll ich das Fenster öffnen?*
Shall we do that now? *Sollen wir das jetzt machen?*

Reise

:: Übungen

1 Ergänzen Sie *will* oder *won't*.
1. The trip will be in August. – No, it _____ . It _____ be in September.
2. The conference will last four days. – No, it _____ . It _____ last two days.
3. The hotels will be cheap. – No, they _____ . They _____ be expensive.

2 Lesen Sie die Informationen über New York und ergänzen Sie die passenden Wörter.

New York City is one of the most famous _____ (1.) in the world and the biggest city in the _____ (2.). It is best to see it on a business _____ (3.)! You don't pay for the flight and the hotel, but you can see all the famous sights. What _____ (4.) you like to see there? The Empire State _____ (5.) is on _____ (6.) Avenue. For a long time it was the biggest building in the _____ (7.). Take a walk around _____ (8.) Park. And go and see the Statue of Liberty and Ellis Island. But I don't really know what else. Find out more at our _____ (9.).

3 Hören Sie den Dialog und kreuzen Sie an.

	right	wrong
1. They are going to Paris in the USA.	☐	☐
2. The trip will be in June.	☐	☐
3. Hazel wants to see the most famous sights.	☐	☐
4. Kevin wants to get some information together.	☐	☐

2/2

4 Welches Wort passt hier? Ergänzen Sie es und reagieren Sie mit den Vorgaben in Klammern oder Ihren eigenen Ideen.

would	could	shouldn't	let's	shall

1. _____ we go for a walk in the park? – Yes, … (good idea)
2. _____ you like to have some coffee? – Yes, … (café over there)
3. _____ you help me with this maths? – Yes, of course …
4. _____ do the shopping now. – No, … (later)
5. _____ we buy some fruit? – Yes, … (idea)

New York und New Brunswick

New York City ist eine Weltstadt und die größte Stadt der USA. **New York** ist zugleich auch ein Bundesstaat, also wird die Stadt **NYC** genannt. **New York City** ist immer eine Reise wert, besonders wenn man eine Geschäftsreise mit der Besichtigung der Sehenswürdigkeiten verbinden kann. Um nur drei der bekanntesten zu erwähnen: Das **Empire State Building** befindet sich auf der **Fifth Avenue**. 41 Jahre lang war es das höchste Gebäude der Stadt und der Welt, bis das **World Trade Center** gebaut wurde. Die **Statue of Liberty** *Freiheitsstatue* war ein Geschenk Frankreichs. „**Lady Liberty**" begrüßte die vielen Einwanderer, die in den USA ankamen. Auf **Ellis Island** ist heute ein beliebtes Museum. Hier wurden die Einwanderer gesundheitlich untersucht. Wenn sie Krankheiten hatten, wurden sie nach Europa zurückgeschickt. **Ground Zero** ist heute eine Gedenkstätte für die Opfer von **9/11**. So bezeichnen die Amerikaner die Terroranschläge vom 11. September 2001, die unter anderem die sogenannten Zwillingstürme zerstörten. Ein neuer Wolkenkratzer, der „**Freedom Tower**", soll das World Trade Center ersetzen.

New Brunswick in **New Jersey** – 50 km südwestlich von **New York City** – hat etwa 50.000 Einwohner, eine Bevölkerungszahl, die sich während eines Arbeitstages verdreifacht. Von **New Brunswick** aus kommt man mit dem Zug schnell nach **Manhattan**.

Kulturtipp

Reise

Was können Sie schon?

	☺	☺	☹	
Vorhersagen verstehen und darauf reagieren				→ Ü1
ein Gespräch richtig verstehen				→ Ü3
Pläne und Vorhaben besprechen Vorschläge und Gegenvorschläge machen				→ Ü4

16 Nahverkehrsmittel

In dieser Lektion lernen Sie:

- Reiseauskünfte einzuholen
- Fahrkarten zu kaufen
- Uhrzeiten zu verstehen und anzugeben

On the way to Heathrow

2/3

Philip	Here we are. We can get our tickets here.
Paula	This luggage is very heavy.
Philip	We only have to change once and then we can just sit on the train till we get to Heathrow.
Paula	Wouldn't it be better to take a taxi?
Philip	Uff, these suitcases really are heavy! What's that announcement?
Announcer	Will all passengers please leave the station immediately for security reasons.
Philip	Oh no! That sounds like a bomb alarm again. Come on. We have to get outside as quickly as possible.
Paula	Here we are. We're already late. It's 12.47 now. And our plane is at ten minutes past three.
Philip	If we take a taxi, we should be there in time. Look there's one over there.
Paula	But if the traffic is heavy, we'll miss the plane.
Philip	*(to taxi driver)* Heathrow Airport, Terminal 5, please. As fast as you can.
Driver	With this traffic, you can see for yourself how fast we can go, mate!
Announcer	*(at Heathrow Airport)* Last call for Ms Paula Schneider and Mr Philip Elton. Please go to your check-in desk immediately.
Philip	That's us. We have to check in over there. The check-in clerks are still there. Come on. Let's run.
Paula	The 15.10 flight to New York?
Clerk	Yes, you're OK, but you haven't got much time. If you hurry, you'll catch your plane.

:: **Fragen zum Dialog**

Streichen Sie, was nicht zutrifft.
1. They want to take *the Underground | a taxi* to Heathrow.
2. There is *a technical problem | an alarm* at the station.
3. They have to take *a taxi | a bus* to Heathrow.

Unterwegs nach Heathrow

Philip	Hier ist es. Wir können unsere Fahrscheine hier kaufen.
Paula	Dieses Gepäck ist sehr schwer.
Philip	Wir müssen nur einmal umsteigen und dann können wir einfach im Zug sitzen, bis wir Heathrow erreichen.
Paula	Wäre es nicht besser, ein Taxi zu nehmen?
Philip	Uff, diese Koffer sind wirklich schwer! Was ist das für eine Durchsage?
Ansagerin	Aus Sicherheitsgründen werden alle Fahrgäste gebeten, den Bahnhof sofort zu verlassen.
Philip	Oh nein! Das hört sich wieder wie ein Bombenalarm an. Komm. Wir müssen so schnell wie möglich nach außen gelangen.
Paula	Hier sind wir. Wir haben schon Verspätung. Es ist 12.47 jetzt. Und unser Flugzeug geht (ist) um zehn nach drei.
Philip	Wenn wir ein Taxi nehmen, sollten wir rechtzeitig da sein. Schau, da ist eins dort drüben.
Paula	Aber wenn der Verkehr schwer ist, verpassen wir das Flugzeug.
Philip	*(zum Taxifahrer)* Heathrow Airport, Terminal 5, bitte. So schnell wie Sie können.
Fahrer	Bei dem Verkehr können Sie selber sehen, wie schnell wir fahren können, Kumpel!
Ansagerin	*(am Flughafen Heathrow)* Letzter Aufruf für Frau Paula Schneider und Herrn Philip Elton. Bitte gehen Sie sofort zu Ihrem Check-in-Schalter.
Philip	Das sind wir. Wir müssen dort drüben einchecken. Das Eincheck-Personal ist noch da. Komm. Rennen wir.
Paula	Der Flug um 15.10 Uhr nach New York?
Angestellte	Ja, das ist O. K., aber Sie haben nicht viel Zeit. Wenn Sie sich beeilen, werden Sie Ihr Flugzeug noch erreichen.

Reise

Lernwortschatz

airport	*Flughafen*	mate	*Mann, Kumpel*
already	*schon*	miss	*verpassen*
announcement	*Durchsage, Ankündigung*	on the way	*unterwegs*
as ... as	*so ... wie*	once	*einmal*
bomb alarm	*Bombenalarm*	outside	*nach draußen*
call	*Anruf; hier: Aufruf*	passenger	*Passagier*
catch	*fangen, hier: erreichen*	past	*hier: nach (zeitlich)*
change	*wechseln; hier: umsteigen*	plane	*Flugzeug*
		possible	*möglich*
clerk	*Angestellte(r)*	quickly	*schnell*
desk	*Schreibtisch; hier: Schalter*	reason	*Grund*
		run	*rennen, laufen*
driver	*Fahrer(in)*	security	*Sicherheit*
fast	*schnell*	station	*Haltestelle*
heavy	*schwer, stark*	suitcase	*Koffer*
immediately	*sofort, umgehend*	take	*nehmen; bringen*
in time	*rechtzeitig*	till (= until)	*bis*
leave	*verlassen; hier: abreisen*	traffic	*Verkehr*
		train	*Zug*
luggage	*Gepäck*	transport	*öffentlicher Nahverkehr*
		underground	*U-Bahn*

Uhrzeiten		
12.05	It's five (minutes) past twelve.	It's twelve oh five.
12.15	It's (a) quarter past twelve.	It's twelve fifteen.
12.30	It's half past twelve.	It's twelve thirty.
12.45	It's (a) quarter to one.	It's twelve forty-five.
12.55	It's five (minutes) to one.	It's twelve fifty-five.

Grammatik und Redemittel

Die Uhrzeit

Auf die Frage **What's the time?** *Wie spät ist es?* können Sie auf zwei verschiedene Arten antworten: 2.10 – It's **ten past two.**/It's **two ten**.
Wenn Sie sich jetzt noch **quarter** *Viertel* und **half** *halb* und die Präpositionen
past *nach* und **to** *bis zu* merken, können Sie alle Uhrzeitangaben machen.
Beachten Sie, dass **half** immer **half past** bedeutet.

Das modale Hilfsverb *have to* → § 10.2

Das Hilfsverb **must** *müssen* klingt häufig zu abrupt, fast schon unhöflich. Sie
können stattdessen das Hilfsverb **have to** *müssen* verwenden. Es drückt aus,
dass etwas dringend erforderlich ist oder von jemandem angeordnet wurde.
I **have to** look at the flights. *Ich muss (mir) die Flüge anschauen.*
He **has to** see the information. *Er muss die Informationen sehen.*

Die Konditionalsätze, Typ 1 → § 15.1

Ein Konditionalsatz (Bedingungssatz) drückt aus, was unter bestimmten
Umständen geschehen wird. Der Konditionalsatz besteht immer aus einer
Bedingung und einer Folge. Im Englischen formulieren Sie Bedingungen mit
dem Wörtchen **if** *wenn, falls*. Die Zeitenfolge ist in **if**-Sätzen genau festgelegt.
Wenn Sie von Bedingungen sprechen, die wahrscheinlich sind, verwenden
Sie im **if**-Satz die einfache Gegenwart und in der Folge **will**/**won't**.
If the traffic is heavy, we**'ll** miss the plane. *Wenn der Verkehr stark ist, werden
wir das Flugzeug verpassen.*
If you hurry, you**'ll** catch your plane. *Wenn Sie sich beeilen, werden Sie Ihr
Flugzeug noch erreichen.*

Merken Sie sich, dass im **if**-Satz nie **will**/**won't** steht. Sie können die beiden
Satzhälften – genau wie im Deutschen – auch umdrehen. Im Englischen steht
dann kein Komma vor **if**.
You**'ll** catch your plane **if** you hurry. *Sie werden Ihr Flugzeug noch erreichen,
wenn Sie sich beeilen.*
Statt **will**/**won't** kann in der Folge auch ein modales Hilfsverb stehen:
If we take a taxi, we **should** be there in time. *Wenn wir ein Taxi nehmen, sollten
wir rechtzeitig da sein.*

Übungen

 1 Wählen Sie ein passendes Verb und ergänzen Sie es zusammen mit *have to*. Es kann mehrere Möglichkeiten geben.

leave	hurry	get	carry	run	buy

1. Paula and Philip _____ their tickets to Heathrow at the Underground station.
2. Paula _____ her suitcases herself.
3. The passengers _____ the station immediately.
4. At Heathrow they _____ to the check-in desk.
5. Both _____ to the plane.

 2 Lesen Sie die *if*-Sätze und suchen Sie die passende Folge zu den Bedingungen.

1. If I leave at ten past twelve,   a) she'll catch the plane.
2. If they take the Underground,   b) we'll be late at the airport.
3. If the traffic is heavy,   c) I'll get there in good time.
4. If we miss the plane,   d) it will be awful.
5. If she hurries up,   e) they'll only have to change once.

 3 Hören Sie die CD und notieren Sie, wie viele Fahrkarten für welches Verkehrsmittel gekauft werden. Tragen Sie auch das Reiseziel und den Preis in die Tabelle ein.

2/4

	Wie viele?	Wofür?	Wohin?	Wie teuer?
1.				
2.				
3.				
4.				

 4 Hören Sie die Fragen auf der CD und geben Sie die richtige Uhrzeit an.

2/5

 1.   3.    5.   7.

 2.   4.   6.   8.

:: Die Londoner U-Bahn

Die U-Bahn ist das schnellste Transportmittel in London. Mit ihr kommen Sie in der Regel schneller ans Ziel als mit dem Auto, einem Taxi oder Bus. Die U-Bahn wird **the Underground** oder umgangssprachlich **the Tube** *die Röhre* genannt. Die Londoner U-Bahn ist das älteste und auch das längste Netz der Welt mit über 400 km Länge und etwa 275 Stationen. Das erste Teilstück wurde im Jahre 1863 eröffnet. Wenn Sie mit der U-Bahn unterwegs sind, ist es wichtig für Sie zu wissen, in welche Richtung die Züge fahren: **northbound** *nach Norden*, **southbound** *nach Süden*, **eastbound** *nach Osten*, **westbound** *nach Westen*. Wenn Sie auf der Rolltreppe unten ankommen, müssen Sie sich entscheiden, ob Sie links oder rechts einsteigen. Neuankömmlinge in London machen hier häufig Fehler und müssen dann rasch wieder umsteigen. Bei der **Circle Line** *Kreislinie* ist das allerdings nicht nötig, denn diese Linie fährt – wie der Name schon sagt – im Kreis. An manchen Tagen transportiert die U-Bahn mehr als drei Millionen Fahrgäste. In der **rush hour** *Hauptverkehrszeit* müssen Sie dann auf den dritten oder vierten Zug warten, bis Sie vorne auf dem Bahnsteig anlangt sind und in den Zug einsteigen können. Und vergessen Sie nicht: **Mind the gap!** *Achten Sie auf die Lücke!*

i Kulturtipp

Reise

:: Was können Sie schon?

☺ ☺ ☹

	☺	☺	☹	
ausdrücken, dass etwas dringend erforderlich ist				→ Ü1
Ereignisse, die wahrscheinlich eintreten werden, wiedergeben				→ Ü2
sich nach Fahrkarten erkundigen und sie kaufen				→ Ü3
die Uhrzeit erkennen und sie genau angeben				→ Ü4

17 Ankunft in den USA

:: **In dieser Lektion lernen Sie:**

- nach dem Weg zu fragen
- den Weg zu beschreiben
- das Verständnis zu bestätigen

Arrival in New York

2/6

*Philip and Paula are at Terminal 7
of John F. Kennedy International Airport.*

Paula	Where do we go? Let's ask that man, the one who is wearing the red uniform. Excuse me, where are the car rentals here?
Man	Well, go down that way and the car rental counters are on the right. If you want to pick up your car, you have to take the shuttle that runs from AirTrain Station C.
Paula	Yes, that's all clear. Thank you very much.
Philip	Hey, Paula, I didn't understand half of what he said.
Paula	Well, I understood everything.
Philip	But he had a very strong accent.
Paula	Anyway, let's do what he said. Hello, we'd like to pick up this rental car that our company reserved for us. Here's the voucher. Can you confirm that everything is OK, and tell us where we have to go?
Clerk	Yes, of course, Ms Schneider. Sign here, please. Can I see your driver's license? Thank you. Now you have to take the shuttle and go to the Van Wyck Expressway, which is where the rental offices are. You can pick up the keys there. Have a safe trip, and have fun in the States.
Paula	Thank you very much.
Philip	*(later)* I think you should drive, Paula. You're used to driving on the right. I'll navigate.
Paula	Philip, there's no need for that. All the cars have a navigation system!

Fragen zum Dialog

Was ist richtig? Kreuzen Sie an.

1. Paula and Philip are at the airport ☐ in New Brunswick ☐ in New York.
2. They get information from a man ☐ in a red uniform ☐ in a red car.
3. The shuttle runs from ☐ AirTrain Station G ☐ AirTrain Station C.
4. They can pick up the keys ☐ at the rental office ☐ at the rental counter.

Ankunft in New York

Philip und Paula sind jetzt an Terminal 7 des Flughafens John F. Kennedy International.

Paula   Wo gehen wir hin? Lass uns diesen Mann fragen, den, der die rote Uniform trägt. Entschuldigung, wo sind hier die Mietwagen?

Mann   Nun, gehen Sie in diese Richtung und die Mietwagenschalter sind auf der rechten Seite. Wenn Sie Ihr Auto abholen wollen, müssen Sie den Shuttle(bus) nehmen, der von AirTrain Station C fährt.

Paula   Ja, das ist alles klar. Vielen Dank.

Philip   Hey, Paula, ich habe nicht mal die Hälfte von dem verstanden, was er gesagt hat.

Paula   Nun, Philip. Ich habe alles verstanden.

Philip   Aber er hat einen sehr starken Akzent.

Paula   Auf jeden Fall machen wir, was er gesagt hat. Hallo, wir möchten das Mietauto abholen, das unsere Firma für uns reserviert hat. Hier ist die Reservierungsbestätigung. Können Sie bestätigen, dass alles in Ordnung ist und uns sagen, wo wir hingehen sollen?

Angestellte Ja, natürlich, Frau Schneider. Unterschreiben Sie bitte hier. Danke. Jetzt müssen Sie den Shuttle(bus) nehmen und zum Van Wyck Expressway fahren, der ist (da), wo die Mietwagenbüros sind. Dort können Sie die Schlüssel abholen. Gute Fahrt, und viel Spaß in den Vereinigten Staaten.

Paula   Vielen Dank.

Philip   *(später)* Ich denke, du solltest fahren, Paula. Du bist daran gewöhnt, rechts zu fahren. Ich werde navigieren.

Paula   Philip, das brauchst du nicht zu tun. Alle diese Autos haben ein Navigationssystem!

Reise

:: **Lernwortschatz**

accent	*Akzent*	rental car	*Mietwagen*
arrival	*Ankunft*	reserved	*reserviert*
car	*Auto*	right	*rechts*
clear	*klar, verständlich*	safe	*sicher*
company	*Firma*	shuttle	*Pendel-*
counter	*Schalter*	sign	*unterschreiben*
drive	*fahren*	strong	*kräftig, stark*
driver's license	*Führerschein*	tell	*erzählen*
excuse me	*Entschuldigung*	uniform	*Uniform*
key	*Schlüssel*	used to	*gewöhnt sein an*
navigate	*navigieren, führen*	voucher	*hier: Reservierungs*
navigation system	*Navigationssystem*		*bestätigung*
need	*Notwendigkeit*	wait	*warten*
not … at all	*überhaupt nicht*	wear	*(Kleidung) tragen*
pick up	*abholen*	which	*welche(r,s); der/die/das*
		who	*wer; der/die/das*

Orts- und Richtungsangaben

Go straight on to the crossroads.	*Gehen Sie geradeaus bis zur Kreuzung.*
Take the second turning on the right.	*Nehmen Sie die zweite Abzweigung rechts.*
Then it's only two minutes' walk.	*Dann sind es nur noch zwei Minuten zu Fuß.*
Turn left at the first road you come to.	*Biegen Sie an der ersten Straße links ab.*
Turn right at the second traffic lights.	*Biegen Sie an der zweiten Ampel rechts ab.*
Drive straight on and you will come to a roundabout.	*Fahren Sie immer geradeaus, dann kommen Sie zu einem Kreisverkehr.*
Leave the motorway at the third exit.	*Verlassen Sie die Autobahn an der dritten Ausfahrt.*

:: **Grammatik und Redemittel**

■ **Relativsätze** → § 5.5

Relativsätze bestimmen Personen oder Sachen näher. Sie geben wichtige Informationen, ohne die der jeweilige Satz unvollständig wäre. Ein Relativsatz wird durch ein Relativpronomen eingeleitet, zum Beispiel durch **who** oder **which/that** *der/die/das.*

Die Wahl des richtigen Relativpronomens hängt vom Bezugswort ab: Bei Personen verwenden Sie **who**, bei Sachen **which** oder **that**. Manchmal wird das Relativpronomen **that** auch bei Personen verwendet, allerdings ist **who** in diesem Fall gebräuchlicher. Im Englischen steht an den meisten Relativsätzen kein Komma.

The woman **who** is sitting at the car rental counter can help us.
Die Frau, die am Mietwagenschalter sitzt, kann uns helfen.
They want to pick up the rental car **which/that** is waiting for them.
Sie wollen den Mietwagen abholen, der auf sie wartet.
Let's go to the counters **which/that** are on the right there.
Gehen wir zu den Schaltern, die sich dort rechts befinden.

Nur Relativsätze, die zusätzliche, nicht unbedingt notwendige Informationen enthalten, werden durch ein Komma abgetrennt. Diese Sätze werden mit dem Relativpronomen **which** eingeleitet.
You have to go to the Van Wyck Expressway, **which** is where the rental offices are.
Sie müssen zum Van Wyck Expressway gehen, der ist (da), wo die Mietwagenbüros sind.

! Eine Besonderheit sind im Englischen die Relativsätze ohne Relativpronomen. Das Relativpronomen kann immer dann weggelassen werden, wenn das Bezugswort Objekt im Satz ist. Das wird Ihnen in der gesprochenen Sprache häufig begegnen.
I could understand everything she said. *Ich konnte alles verstehen, das (was) sie sagte.*

Tipp: Wenn Sie immer ein Relativpronomen verwenden, machen Sie keinen Fehler!

Reise

:: Übungen

1 Ergänzen Sie *who* oder *which/that*. In einem Satz ist kein Relativprono-men nötig.

1. New Brunswick is a city _____ is near New York.
2. There is also a New Brunswick _____ is in Canada.
3. It is Paula _____ wants to see the sights of Manhattan.
4. Paula wants to see everything _____ is in the museum on Ellis Island.
5. They must get together the information _____ Mr Butler needs.
6. Paula will answer any questions _____ Mr Butler has.

2 Lesen Sie die E-Mail. Sie kennen nicht alle Wörter, aber Sie werden alles verstehen. Korrigieren Sie danach die falschen Aussagen mündlich.

Hi Hazel, Hi Kevin,
The flight was good and everything is fine here. We picked up our car at JFK Airport. Driving in America is easy: the navigation system took us to the hotel and conference centre in New Brunswick, which is in New Jersey. The conference starts tomorrow morning. We have to make as many contacts as possible. After the conference we drive back to JFK, leave the car there and have a whole day in Manhattan. I want to see the Empire State Building and all the other sights of Manhattan. So we will be just as crazy as those American tourists in Europe! I am going to write an e-mail to Mr Butler now.

Best wishes, Paula

1. They picked up their car in New Brunswick.
2. The conference centre is in Canada.
3. After the conference they will take the train to Manhattan.
4. They have two days for the sights in Manhattan.
5. Mr Butler is going to write an e-mail to Paula.

2/7

3 Sie werden nach dem Weg gefragt. Hören Sie die CD und verwenden Sie diese Vorgaben für Ihre Wegbeschreibung.

1. links an erster Ampel
2. rechts an nächster Kreuzung
3. erste Abzweigung links, dann eine Gehminute
4. geradeaus, Bahnhof links
5. richtiger Weg, wenn Restaurant rechts
6. zweite Ausfahrt, dann geradeaus, bis links das Konferenzzentrum ist

Mietwagen in den USA

Nach einem langen Flug ist man normalerweise ziemlich müde. Es ist deshalb empfehlenswert, bereits in Deutschland einen Mietwagen zu buchen. Zu Hause haben Sie Zeit zu überlegen, was für ein Auto Sie fahren möchten. Wenn Sie dann in den USA ankommen, geben Sie einfach die Reservierungsbestätigung ab und alles ist erledigt. Am besten mieten Sie ein Auto der Kategorie, die Sie auch zu Hause fahren, nicht einen großen „Ami-Schlitten". Manchmal bekommen Sie ein **upgrade** ohne Aufpreis, d. h. ein Modell einer höheren Kategorie. Die meisten amerikanischen Fahrzeuge sind mit Automatik-Getriebe ausgerüstet.

In den USA ist Mobilität sehr wichtig, ohne Auto kann man nicht viel unternehmen. Das hängt vor allem auch mit den großen Entfernungen im Land zusammen. Manche Amerikaner fahren für einen Einkauf hunderte von Kilometern weit, aber Sie werden feststellen, dass sie auch für Strecken von 200 Metern ihr Auto benutzen. Andere Aspekte des **American way of life** sind das Tempo des Lebens, das ja inzwischen auch bei uns in Europa angekommen ist, der stark ausgeprägte Individualismus und die Einstellung zum Geld. Aber jeder sollte hier seine eigenen Erfahrungen sammeln. Vergessen Sie aber nicht, Ihre Eindrücke immer vor dem Hintergrund der amerikanischen Geschichte zu betrachten!

i Kulturtipp

Reise

Was können Sie schon?

	☺	☺	☹	
komplexe, längere Aussagen verstehen				**→ Ü1**
Nachrichten lesen und richtig interpretieren				**→ Ü2**
mitteilen, dass Sie etwas verstanden haben				
nach dem Weg fragen				**→ Ü3**
selbst eine Wegbeschreibung liefern				

18 Im Hotel

In dieser Lektion lernen Sie:

- Vor- und Nachteile eines Hotels zu beschreiben
- mitzuteilen, was Sie alles erledigt haben
- jemanden um Auskunft zu bitten

2/8

Just arrived!

Paula and Philip have arrived at their hotel in New Brunswick. They have checked in and been to their rooms. Now they are in the foyer and are talking about their first impressions of America.

Philip	I've unpacked and I've just had a shower. The shower is great. Lots and lots of hot water, not like some hotels I know in England.
Paula	Yes, I've had a shower, too. I've never stayed at a hotel like this before.
Philip	But the main light in my room doesn't work.
Paula	Have you called reception?
Philip	Yes, someone is going to repair it in the next 20 minutes.
Paula	Have you met any of the people from the conference yet?
Philip	No, I haven't. I don't know any of them personally. We'll probably meet some of them this evening or at breakfast tomorrow morning.
Paula	Have you found out where the breakfast room is?
Philip	No, I haven't yet. But it's not down here. It's probably on the first floor – the Americans call it the second floor! I'm looking forward to a real American breakfast: eggs "sunny side up", hash browns and bagels.
Paula	Oh, yes, breakfast is at seven o'clock and the conference begins at nine.
Philip	And have you looked through all the materials once again?
Paula	Yes, I've checked everything.
Philip	Shall we go for a walk and get a first impression of the conference centre?
Paula	Yes, let's do that.

:: Fragen zum Dialog

Kreuzen Sie an.

	right	wrong
1. Paula and Philip are talking about their first impressions.	☐	☐
2. The main light in Paula's room doesn't work.	☐	☐
3. He's looking forward to a real English breakfast.	☐	☐

Gerade angekommen!

Paula und Philip sind in ihrem Hotel in New Brunswick angekommen. Sie haben eingecheckt und sind auf ihren Zimmern gewesen. Jetzt sind sie im Foyer und reden über ihre ersten Eindrücke von Amerika.

Philip	Ich habe meinen Koffer ausgepackt und ich habe gerade geduscht. Die Dusche ist großartig. Jede Menge heißes Wasser, nicht wie manche Hotels, die ich in England kenne.
Paula	Ja, ich habe mich auch geduscht. Ich war noch nie in einem Hotel wie diesem.
Philip	Aber die Hauptbeleuchtung in meinem Zimmer funktioniert nicht.
Paula	Hast du die Rezeption angerufen?
Philip	Ja, jemand wird sie in den nächsten 20 Minuten reparieren.
Paula	Hast du schon einige der Leute von der Konferenz getroffen?
Philip	Nein. Ich kenne keine von ihnen persönlich. Wahrscheinlich werden wir einige von ihnen heute Abend oder morgen früh beim Frühstück treffen.
Paula	Hast du herausgefunden, wo der Frühstücksraum ist?
Philip	Nein, noch nicht. Aber er ist nicht hier unten. Er ist wahrscheinlich im ersten Stock – die Amerikaner nennen es den zweiten Stock! Ich freue mich auf ein richtiges amerikanisches Frühstück: Eier „mit der Sonnenseite oben", Bratkartoffeln und Bagels.
Paula	Oh ja, das Frühstück ist um 7 Uhr und die Konferenz beginnt um 9.
Philip	Und hast du alle Materialien nochmal durchgesehen?
Paula	Ja, ich habe alles überprüft.
Philip	Sollen wir einen Spaziergang machen und einen ersten Eindruck des Konferenzzentrums bekommen?
Paula	Ja, lass uns das machen.

Reise

18 Im Hotel

:: Lernwortschatz

American	*amerikanisch; Amerikaner(in)*	just	*gerade, eben*
		light	*Licht*
arrive	*ankommen*	main	*Haupt-*
bagel	*Bagel (Gebäck aus Brotteig*	material	*Material*
		not … yet	*noch nicht*
been	*gewesen*	personally	*persönlich*
begin	*beginnen*	probably	*wahrscheinlich*
egg	*Ei*	reception	*Empfang, Rezeption*
floor	*Fußboden; hier: Etage*		
		repair	*reparieren*
foyer	*Eingangshalle, Foyer*	shower	*Dusche*
		side	*Seite*
hash browns	*Bratkartoffeln*	sunny	*sonnig*
hot	*heiß*	through	*durch*
impression	*Eindruck*	unpack	*auspacken*

Rund um das Hotelzimmer	
TV (television)	*Fernseher*
remote control	*Fernbedienung*
fridge (refrigerator)	*Kühlschrank*
microwave	*Mikrowelle*
wardrobe	*Kleiderschrank*
desk	*Schreibtisch*
chair	*Stuhl*
shower	*Dusche*
tap	*Wasserhahn*
sink	*Waschbecken*
hairdryer	*Föhn*
plug	*Stecker, Stöpsel*
light	*Licht*
light bulb	*Glühbirne*

:: **Grammatik und Redemittel**

■ **Die vollendete Gegenwart** → § 8.6

Der lateinische Ausdruck für die vollendete Gegenwart ist Perfekt (z. B. *ich habe gemacht, ich bin gegangen*). Im Englischen lautet die Entsprechung **present perfect**. Auch beim **present perfect** gibt es – genau wie bei der Gegenwart – zwei Formen: die einfache Form und die Verlaufsform (**-ing**-Form). Sie lernen zunächst die einfache Form:

They **have unpacked** their suitcases.   *Sie haben ihre Koffer ausgepackt.*
Philip **has called** reception.   *Philip hat den Empfang angerufen.*

Das **present perfect** setzt sich zusammen aus dem Hilfsverb **have** und dem Partizip Perfekt. Das Partizip stimmt bei regelmäßigen Verben mit der einfachen Vergangenheit des Verbs (→ L12) überein und hat die Endung **-ed**. In der Regel werden die Kurzformen von **has**/**have** (**'s**/**'ve**) verwendet.

Aussage	Kurzform	Verneinung/Kurzform
I **have** check**ed** in.	I**'ve** check**ed** it.	I **have not**/**haven't** called him.
He **has** check**ed** in.	He**'s** check**ed** it.	He **has not**/**hasn't** called him.

Bei unregelmäßigen Verben stimmt das Partizip manchmal mit der Vergangenheitsform überein, häufig aber auch nicht. In der Liste mit den unregelmäßigen Verben im Anhang (S. 238) können Sie das Partizip nachschlagen. Es ist immer die dritte Verbform.

Infinitiv	Einfache Vergangenheit	Partizip Perfekt	
be	was/were	**been**	*sein*
do	did	**done**	*tun, machen*
go	went	**gone**	*gehen*
have	had	**had**	*haben*

Fragen bilden Sie wieder durch Umstellung von Hilfsverb und Subjekt. In der Kurzantwort wird das Hilfsverb wiederholt.

Das **present perfect** verwenden Sie bei Handlungen, die in der Vergangenheit angefangen haben und die entweder noch nicht abgeschlossen sind oder Auswirkungen auf die Gegenwart haben.

Reise

18 Im Hotel

:: Übungen

1 Ergänzen Sie die Verben im *present perfect*.

| be | look | arrive | unpack | call |

1. Paula and Philip _____ at their hotel in New Brunswick.
2. They _____ to their rooms.
3. They _____ their suitcases.
4. Philip _____ reception about his light.
5. Paula _____ through all the materials once again.

2/9

2 Hören Sie das Telefongespräch zwischen Philip und Andy und korrigieren Sie die Aussagen.

1. Philip is phoning after the first day of the conference.

_____

2. He had a real English breakfast.

_____

3. Paula doesn't understand the Americans.

_____

4. She is having a good time in Manhattan.

_____

5. There are shops in the conference centre with skateboards.

_____

3 Beantworten Sie die Fragen mit einer Kurzantwort.

1. Have you ever met and talked to any Americans? – *Yes, I have./No, I haven't.*
2. Have you ever worked with Americans?
3. Have you ever phoned America?
4. Have you ever stayed at an American hotel?

:: Amerikanische Mobilität

Wie immer kann man die Gegenwart nur verstehen, wenn man etwas von der Vergangenheit weiß. Die **Native Americans** *amerikanischen Ureinwohner* blieben weitgehend in ihren eigenen Regionen, bis die Spanier Pferde einführten und die Ureinwohner damit die Möglichkeit erhielten, größere Entfernungen in kürzerer Zeit zu überwinden. **Henry Ford** trug ebenfalls entscheidend zur Mobilität der amerikanischen Bevölkerung bei, als er mit der **Tin Lizzy** begann, Autos auf Fließbändern zu produzieren. Aber dies sind nur zwei wichtige Aspekte aus der amerikanischen Geschichte.

Für die Amerikaner ist das Auto zu einer Notwendigkeit geworden in einem Land, das von der Ost- bis zur Westküste ca. 2500 Meilen umfasst. Für die Amerikaner war es ein **Manifest Destiny** *gottgegebener Auftrag*, den gesamten Kontinent in Besitz zu nehmen und die Grenze bis zum Pazifik auszudehnen. Geografische, soziale und wirtschaftliche Mobilität waren ein wesentlicher Bestandteil des **American dream** *amerikanischen Traums*. Die armen Einwanderer aus Süditalien oder Osteuropa hatten die Möglichkeit, sich in der neuen Welt **from a dishwasher to a millionaire** *vom Tellerwäscher zum Millionär* hochzuarbeiten. Die Mobilität ist bis heute geblieben, bei manchen als eine Art Abenteuerlust, bei anderen als tiefe Rastlosigkeit.

Kulturtipp

Reise

:: Was können Sie schon?

☺ ☺ ☹

über Ereignisse berichten, die in der Vergangenheit begonnen haben	☐	☐	☐
mitteilen, dass etwas erledigt ist	☐	☐	☐	→ Ü1
falsche Aussagen in einem Telefongespräch korrigieren	☐	☐	☐	→ Ü2
über persönliche Erfahrungen berichten	☐	☐	☐	→ Ü3

In dieser Lektion lernen Sie:

- Körperteile zu benennen
- körperliche Beschwerden zu beschreiben
- ein Gespräch mit einem Arzt zu führen

2/10

An accident

Back in Islington: Paula was shopping in Upper Street with Sheila when something or someone knocked Paula down from behind.

Paula	Oh, Sheila! My leg! It hurts really awfully. Oh, and my arm too.
Skateboarder	I'm terribly sorry. I wasn't skating very fast. And you moved to the left suddenly.
Sheila	You were going much too fast. And you shouldn't be on the pavement anyway.
Skateboarder	Shall I call a doctor?
Doctor	No need for that. I'm a doctor. Can I help you?
Sheila	If you could, please, doctor. We were just walking along the street when this young man here knocked Paula down on his skateboard.
Doctor	Just stay where you are. Don't move. Where does it hurt?
Paula	The skateboard hit my leg. It's very painful. And I fell on my hand and my wrist and that hurts, too.
Doctor	Would you like me to call you an ambulance?
Paula	No, I don't think that's necessary. If I walk very slowly, I'll be OK.
Doctor	Well, if it's still painful tomorrow, go and see your doctor.
Paula	Thank you very much. It's all right.
Sheila	And you, young man, you should be much more careful in future. You're lucky your skateboard didn't break her leg. Come on, Paula. Take my arm and walk very carefully.
Skateboarder	I'm really very sorry. Honestly.

∷ Fragen zum Dialog

Kreuzen Sie an, was zutrifft.

1. a) ☐ A car   b) ☐ A young man   knocked Paula down.
2. The doctor wants to call   a) ☐ another doctor   b) ☐ an ambulance.
3. Paula walks   a) ☐ very carefully   b) ☐ very quickly.

Ein Unfall

Zurück in Islington. Paula war (gerade) mit Sheila in der Upper Street einkaufen, als etwas oder jemand Paula von hinten umgestoßen hat.

Paula	Oh, Sheila! Mein Bein! Es tut wirklich schrecklich weh. Oh, und mein Arm auch.
Skater	Es tut mir schrecklich leid. Ich bin nicht sehr schnell gefahren. Und Sie haben sich plötzlich nach links bewegt.
Sheila	Sie sind viel zu schnell gefahren. Und Sie sollten sowieso nicht auf dem Gehweg sein.
Skater	Soll ich einen Arzt rufen?
Arzt	Das ist nicht nötig. Ich bin Arzt. Kann ich Ihnen helfen?
Sheila	Wenn Sie können, bitte, Herr Doktor. Wir gingen gerade die Straße entlang, als dieser junge Mann hier Paula mit seinem Skateboard umgestoßen hat.
Arzt	Bleiben Sie, wo Sie sind. Bewegen Sie sich nicht. Wo tut es weh?
Paula	Das Skateboard hat mein Bein erwischt. Es ist sehr schmerzhaft. Und ich bin auf meine Hand und mein Handgelenk gefallen und das tut auch weh.
Arzt	Möchten Sie, dass ich einen Krankenwagen für Sie rufe?
Paula	Nein, ich denke nicht, dass das notwendig ist. Wenn ich sehr langsam gehe, werde ich O. K. sein.
Arzt	Nun, wenn es morgen noch schmerzt, gehen Sie zu Ihrem Arzt.
Paula	Vielen Dank. Es ist in Ordnung.
Sheila	Und Sie, junger Mann, Sie sollten in Zukunft vorsichtiger sein. Sie haben Glück, dass ihr Skateboard ihr nicht das Bein gebrochen hat. Komm, Paula. Nimm meinen Arm und geh sehr vorsichtig.
Skater	Es tut mir wirklich sehr leid. Ehrlich.

Reise

19 Ein Notfall

:: Lernwortschatz

accident	*Unfall*	knock (down)	*umstoßen*
along	*entlang*	left	*links*
ambulance	*Krankenwagen*	move	*bewegen*
break	*brechen*	necessary	*notwendig*
careful	*vorsichtig*	painful	*schmerzhaft*
cup	*Tasse*	pavement	*Bürgersteig*
doctor	*Doktor,*	shop	*einkaufen*
	Arzt/Ärztin	skate	*hier: Skateboard*
fall	*fallen*		*fahren*
future	*Zukunft*	slow	*langsam*
hit	*treffen, schlagen*	suddenly	*plötzlich*
honest	*ehrlich*	to be lucky	*Glück haben*
hurt	*weh tun*	too	*hier: zu (sehr)*

head	*Kopf*	body	*Körper*
face	*Gesicht*	shoulder	*Schulter*
eye	*Auge*	arm	*Arm*
ear	*Ohr*	finger	*Finger*
nose	*Nase*	hand	*Hand*
mouth	*Mund*	wrist	*Handgelenk*
lips	*Lippen*	leg	*Bein*
tooth (*Pl* teeth)	*Zahn/Zähne*	foot (*Pl* feet)	*Fuß/Füße*
		toe	*Zeh*

Grammatik und Redemittel

Die Adverbien der Art und Weise → § 4

Im Englischen gibt es für Adjektive und Adverbien verschiedene Formen. Sie wissen, dass Adjektive immer ein Substantiv beschreiben. Adverbien drücken dagegen aus, wie (auf welche Art und Weise) etwas getan wird. Sie bilden Adverbien, indem Sie die Endung **-ly** an das Adjektiv anhängen:

Paula is a careful driver. *Paula ist eine vorsichtige Fahrerin.*
She drives carefu**lly**. *Sie fährt vorsichtig.*

Beachten müssen Sie noch einige Schreibregeln:

Die Endung **-le** + **-ly** wird zu **-ly**: terrib**le** – terrib**ly**.
Die Endung Konsonant + **-y** + **-ly** wird zu Konsonant + **-ily**: happy – happ**ily**.
Die Endung **-ic** + **-ly** wird zu -**ically**: fantast**ic** – fantast**ically**.

Einige Adverbien haben die gleiche Form wie die Adjektive, z. B. **fast**, **late**, **hard**. Und einige Adjektive haben Sonderformen, die Sie lernen müssen:

Philip is a **good** driver. *Philip ist ein guter Fahrer.*
He drives very **well**. *Er fährt sehr gut.*

Die Verlaufsform der Vergangenheit → § 8.4

Sie kennen bereits die Verlaufsform der Gegenwart (→ L8). Die Verlaufsform der Vergangenheit setzt sich auch aus einer Form von **be** – in diesem Fall **was**(**n't**)/ **were**(**n't**) – und dem Infinitiv des Verbs mit der Endung **-ing** zusammen. Mit der Verlaufsform beschreiben Sie ein Geschehen, das zu einem bestimmten Zeitpunkt der Vergangenheit gerade verläuft, d. h. noch nicht abgeschlossen war.

He **was** skat**ing** much too fast. *Er fuhr viel zu schnell.*
They **were** walk**ing** in the park. *Sie gingen (gerade) im Park spazieren.*

Die Verlaufsform steht häufig auch bei einer Art Hintergrundhandlung, die gerade noch verläuft, bevor sie von einem neuen Ereignis unterbrochen wird. Die Unterbrechung wird oft mit **when** als eingeleitet. Im **when**-Satz steht die einfache Vergangenheit.

We **were** walk**ing** along the street **when** the skateboard **hit** her leg.
Wir gingen (gerade) die Straße entlang, als das Skateboard ihr Bein traf.

 Im Englischen steht vor **when** kein Komma!

:: Übungen

1 Bilden Sie Adverbien von diesen Adjektiven und vervollständigen Sie die Sätze.

careful	slow	quick	sudden	honest	lucky

1. _____ someone knocked Paula down from behind.
2. _____ she didn't break her leg.
3. The doctor looks at Paula's arm and leg _____ .
4. The young man is _____ sorry about everything.
5. Paula doesn't go home _____ after the accident.
6. She walks home very _____ .

2 Beantworten Sie die Fragen mit den Vorgaben in Klammern.

1. What were you doing yesterday morning? (check / e-mails / office)
   I was checking my e-mails in the office in the morning.
2. What was she doing yesterday afternoon? (plan / trip / America)
   _____
3. What were they doing yesterday evening? (play / badminton / sports centre)
   _____
4. What was he doing this morning? (tidy / room / home)
   _____
5. What were you doing this afternoon? (do / shopping / Chapel Market)
   _____

3 Hören Sie die Gespräche zwischen Arzt und Patienten und notieren Sie die wichtigsten Informationen.

2/11

Beschwerden	Behandlung
1. _____	_____
2. _____	_____
3. _____	_____

Das Gesundheitswesen in Großbritannien

Der **National Health Service (NHS)** wurde im Jahre 1948 gegründet. Leider hat der **NHS** heutzutage keinen besonders guten Ruf. Vor allem die sehr langen Wartezeiten vor Operationen sind mehr als ein Ärgernis. Es gibt Fälle, in denen Engländer ihr Haus verkauft haben, um eine lebensnotwendige Operation in einer Privatklinik in Deutschland durchführen zu lassen.

Die medizinische Versorgung ist jedoch in den einzelnen Regionen sehr unterschiedlich. Häufig ist die Versorgung auf dem Lande deutlich besser als in den Großstädten. Nicht nur das Personal ist dort engagierter, auch die Qualität der medizinischen Geräte und die Ausstattung der Krankenhäuser ist oftmals besser als in den großen Städten.

Wenn Sie bei einem Aufenthalt in England dringend Hilfe brauchen, wählen Sie die Nummer 999 – für alle drei Dienste: Notarzt, Polizei und Feuerwehr. Man sagt kurz, welchen **emergency service** *Notfalldienst* man braucht – **ambulance** *Krankenwagen*, **police** *Polizei* oder **fire brigade** *Feuerwehr* und wird sofort an die entsprechende Stelle weitergeleitet. Im Notfall werden Bürger(innen) aus anderen EU-Staaten kostenlos medizinisch versorgt.

i Kulturtipp

Reise

Was können Sie schon?

☺ ☺ ☹

die Art und Weise einer Handlung näher beschreiben				→ Ü1
in der Vergangenheit ablaufende Handlungen ausdrücken				→ Ü2
körperliche Beschwerden schildern ärztliche Anweisungen verstehen				→ Ü3

In dieser Lektion lernen Sie:

- Gegenstände genau zu beschreiben
- einen Verlust bei der Polizei zu melden
- über abgeschlossene und zeitnahe Handlungen zu berichten

All's well that ends well!

Sheila Elton, Philip's Mum, is at Mr Aziz's corner shop.

Sheila	Oh, I'm very sorry, but I think I've lost my wallet. Oh, where can it be? I had it with me when I left home. Maybe someone has stolen it.
Mr Aziz	Here are your biscuits anyway. You can pay next time.
Sheila	Oh, I must go to the police station.
Mr Aziz	I very much hope you find it.
Sheila	*(at the police station)* Good morning, officer. I think someone has stolen my wallet. This has never happened to me before. Or maybe I've lost it, I don't know.
Officer	Well, could I have your name, address and telephone number first? And describe your wallet, please.
Sheila	Black leather, with a bankcard and a credit card, about £20 and some photos of my family.
Officer	Now, Mrs Elton, when did you last have your wallet?
Sheila	I had it when I left home this morning at 10 o'clock. I know that. I went to the park for an hour or so. Then I went to Mr Aziz's shop to buy some biscuits. And my wallet was gone.
Officer	And did you take it out in the park?
Sheila	Yes, I wanted to see how much money I had.

An elderly man comes in.

Officer	So maybe you left it on a park bench.
Man	Officer, perhaps I can help you. I've just found a black leather wallet on a bench in the park. Perhaps it's yours?
Sheila	Oh, that's wonderful! Yes, it's mine! Thank you so much.

▪▪ Fragen zum Dialog

Welche Sätze sind richtig? Kreuzen Sie an.

1. a) ☐ Sheila has lost her cigarettes. b) ☐ Sheila has lost her wallet.
2. a) ☐ Her wallet is black leather. b) ☐ Her wallet is brown leather.

Ende gut, alles gut!

Sheila Elton, Philips Mutter, ist in Mr Aziz' Eckladen.

Sheila	Oh, es tut mir sehr leid, aber ich denke, ich habe meine Brieftasche verloren. Oh, wo kann sie sein? Ich hatte sie bei mir, als ich von zu Hause wegging. Vielleicht hat jemand sie gestohlen.
Herr Aziz	Hier sind auf jeden Fall Ihre Kekse. Sie können das nächste Mal zahlen.
Sheila	Oh, ich muss auf das Polizeirevier gehen.
Herr Aziz	Ich hoffe sehr, Sie finden sie.
Sheila	*(auf dem Polizeirevier)* Guten Morgen, Officer. Ich glaube, jemand hat meine Brieftasche gestohlen. Das ist mir noch nie zuvor passiert. Oder vielleicht habe ich sie verloren, ich weiß nicht.
Beamter	Nun, könnte ich zuerst Ihren Namen, Ihre Adresse und Telefonnummer haben? Und beschreiben Sie Ihre Brieftasche, bitte.
Sheila	Schwarzes Leder, mit einer Bankkarte und einer Kreditkarte, etwa £20 und einige Fotos von meiner Familie.
Beamter	Nun, Mrs Elton, wann haben Sie Ihre Brieftasche zuletzt gehabt?
Sheila	Ich hatte sie, als ich heute Morgen um 10 Uhr von zu Hause wegging. Das weiß ich. Ich ging eine Stunde oder so in den Park. Dann ging ich zu Mr Aziz' Laden, um Kekse zu kaufen. Und meine Brieftasche war weg.
Beamter	Und haben Sie sie im Park herausgenommen?
Sheila	Ja, ich wollte schauen, wie viel Geld ich (dabei) hatte.

Ein älterer Mann kommt herein.

Beamter	Dann haben Sie sie vielleicht auf einer Parkbank vergessen.
Mann	Officer, vielleicht kann ich Ihnen helfen. Ich habe gerade eine Brieftasche aus schwarzem Leder auf einer Bank im Park gefunden. Vielleicht ist es Ihre?
Sheila	Oh, das ist wundervoll! Ja, es ist meine! Vielen Dank.

Reise

:: Lernwortschatz

about	*hier: etwa, ungefähr*
address	*Adresse*
bankcard	*Scheckkarte*
bench	*(Park-) Bank*
biscuit	*Keks*
black	*schwarz*
credit card	*Kreditkarte*
describe	*beschreiben*
elderly	*älter*
end	*beenden*
family	*Familie*
gone	*weg (gegangen)*
half an hour	*eine halbe Stunde*
happen	*geschehen, passieren*
leather	*Leder*
lose	*verlieren*
money	*Geld*
number	*Nummer*
officer	*(Polizei-) Beamter*
photo	*Foto*
police station	*Polizeirevier*
steal	*stehlen*
telephone	*Telefon*
to be sorry	*leid tun*
wallet	*Brieftasche*
well	*gut*

Farben	
black	*schwarz*
blue	*blau*
brown	*braun*
green	*grün*
grey	*grau*
orange	*orangefarben*
purple	*purpurfarben*
red	*rot*
white	*weiß*
yellow	*gelb*

Familienmitglieder	
wife	*Ehefrau*
husband	*Ehemann*
mother	*Mutter*
father	*Vater*
brother	*Bruder*
sister	*Schwester*
son	*Sohn*
daughter	*Tochter*

Für Großeltern und Enkelkinder brauchen Sie die Vorsilbe **grand-**: grandmother, grandfather, grandson, granddaughter

:: Grammatik und Redemittel

▪ Alleinstehende Possessivpronomen → § 5.2.1

Possessivpronomen können nicht nur zusammen mit einem Substantiv verwendet werden, sie können auch alleine stehen. Im Englischen brauchen Sie
dann allerdings eine andere Form:

my	**mine**	our	**ours**
your	**yours**	your	**yours**
his/her/its	**his/hers/its**	their	**theirs**

I can't find **my** wallet! *Ich kann meine Brieftasche nicht finden.*
Perhaps this is **yours**? *Vielleicht ist dies Ihre (Brieftasche)?*
Yes, it's **mine**! *Ja, es ist meine (Brieftasche)!*

▪ Das *present perfect* und die einfache Vergangenheit → § 8.6

Das deutsche Perfekt ist dem **present perfect** von der Form her ganz
ähnlich. Es gibt aber wichtige Unterschiede im Gebrauch in beiden Sprachen.
Sie wissen bereits, dass das **present perfect** bei Handlungen steht, die
in der Vergangenheit angefangen haben und die entweder noch nicht
abgeschlossen sind oder Auswirkungen auf die Gegenwart haben (→ L18).
I'**ve lost** my wallet. *Ich habe meine Brieftasche verloren.* (Jetzt ist sie weg.)
Someone **has stolen** it. *Jemand hat sie gestohlen.* (Der Dieb hat sie jetzt.)
Beim **present perfect** wird der Zeitpunkt nicht genannt, weil er unbekannt
oder unwichtig ist. Nur das Ergebnis heute ist wichtig. Wird ein Zeitpunkt oder
eine Zeitspanne genannt, müssen Sie im Englischen immer die einfache Vergangenheit verwenden, während im Deutschen auch da das Perfekt stehen kann.

Present perfect	Einfache Vergangenheit
This **has** never **happened** before.	I **went** to the park at ten o'clock.
Das ist bisher nie geschehen.	*Ich bin um 10 Uhr in den Park gegangen.*

Die folgenden Signalwörter zeigen Ihnen, welche Vergangenheitsform Sie
brauchen:

Present perfect (unbestimmte Zeit)	Einfache Vergangenheit (bestimmte Zeit)
ever, just, (not) yet, already, before, always, so far	yesterday, last …, … ago, at (+ Uhrzeit), on (+ Wochentag), in (+ Monat/Jahr)

Reise

20 Auf dem Polizeirevier

:: Übungen

1 Lesen Sie Sheilas E-Mail an Colin West. Fassen Sie den Inhalt auf Deutsch zusammen.

> Dear Colin,
>
> I want to thank you once again for taking my wallet to the police station. It is good to know that some people are honest. And the coffee together was very nice. We must go and have coffee again some time. I like the Coffee House in Upper Street very much. As for my family, my son Philip works in Islington and my grandson Andy goes to school. My husband died* ten years ago. Sometimes I feel lonely in this big house. I look forward to getting a mail from you.
>
> Sheila

* die: *sterben*

2/13

2 Hören Sie das Gespräch auf dem Polizeirevier und korrigieren Sie die Aussagen.

1. Mrs Cook has lost her bag.
2. It has happened to her once before.
3. Her bag is black leather with a bankcard and about £10.
4. Mrs Cook was sitting in a café.
5. The money is still in the bag.
6. The police officer gives her bag back immediately.

2/14

3 Ihr Auto ist weg! Melden Sie den Verlust der Polizei und beantworten Sie mithilfe der Vorgaben die Fragen des Polizeibeamten.

> About an hour ago. I parked it outside the cinema in Islington Road.
> It's a red Honda – CS23 ZHR.   Donald Price.
> The Odeon Cinema. But you must know that, officer.

▪▪ Polizeidienste in Großbritannien

In London gibt es verschiedene Möglichkeiten ein Verbrechen zu melden. Wenn es sehr dringend ist, wählen Sie die Nummer 999. Oder Sie gehen direkt zum nächsten Polizeirevier und melden den Zwischenfall dem diensthabenden Polizeibeamten.

Es gibt andere Telefonnummern für weniger dringende Meldungen, wenn etwa ein nicht mehr zugelassenes Auto auf der Straße steht. Oder man wählt die Nummer des **Safe Neighbourhood Teams** *Nachbarschafts-Sicherheitsteams*, wenn die Nachbarn mal wieder zu laut sind. Diese Teams bestehen normalerweise aus einem **Sergeant** *Wachtmeister*, zwei **Constables** *Konstablern* und drei **Support Officers** *Unterstützungsbeamten*, die in einem Bezirk arbeiten, den sie sehr gut kennen. Sie müssen sich sehr oft mit asozialem Benehmen, Vandalismus, zurückgelassenen Autos oder Graffiti beschäftigen.

Kulturtipp

▪▪ Was können Sie schon? ☺ ☺ ☹

		→ Ü1
▪ etwas genau beschreiben		
▪ über abgeschlossene und zeitnahe Handlungen berichten		
▪ einen Verlust oder Diebstahl melden		→ Ü2 → Ü3
▪ falsche Angaben korrigieren		→ Ü2
▪ ein Gespräch auf einem Polizeirevier führen		→ Ü3

Reise

In dieser Lektion lernen Sie:

- Vorschläge zu machen und Möglichkeiten zu besprechen
- um Bestätigung und Zustimmung zu bitten
- Vorlieben und Abneigung zu äußern

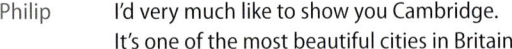

Exploring new places

2/15

Philip	I'd very much like to show you Cambridge. It's one of the most beautiful cities in Britain.
Paula	You didn't study there, did you?
Philip	No, I went to Manchester University. Good place. I liked living there.
Paula	When do you suggest going?
Philip	How about this Saturday? It's better to go by train, then you don't have any parking problems.
Paula	Tell me about the University. It's very old, isn't it?
Philip	Yes, the first college, Peterhouse, was founded in the 13th century. The best way to see everything is just to walk round the centre of town. Or go on a guided tour.
Paula	I don't like going on guided tours, do you?
Philip	Well, you can learn a lot, and we only have one day. Are you interested in seeing King's College Chapel – and the Backs and the Market?
Paula	Yes, of course. But what are the Backs?
Philip	Well, the backs of the colleges, by the river. You can take a punt and punt along the river and see all the most famous colleges.
Paula	And what's a punt, Philip?
Philip	It's a boat and you use a long pole to push the boat and yourself along.
Philip	Oh, I know. They have punts on the river near Stuttgart. And sometimes you fall in the water, don't you?
Philip	I don't, Paula. I must look up the times of the trains.

⠿ Fragen zum Dialog

Streichen Sie, was nicht zutrifft.

1. Philip studied *at Cambridge University | at Manchester University*.
2. The first college was founded *in the 12th century | in the 13th century*.
3. Paula *likes | doesn't like* guided tours.

Neue Orte erkunden

Philip	Ich würde dir sehr gerne Cambridge zeigen. Es ist eine der schönsten Städte in Großbritannien.
Paula	Du hast dort nicht studiert, oder?
Philip	Nein, ich ging zur Universität Manchester. Guter Ort. Ich wohnte gern dort.
Paula	Wann schlägst du vor (dahin) zu gehen?
Philip	Wie wäre es mit diesem Samstag? Es ist besser mit dem Zug zu fahren, dann hat man keine Parkprobleme.
Paula	Erzähl mir über die Universität. Sie ist sehr alt, nicht wahr?
Philip	Ja, das erste College, Peterhouse, wurde im 13. Jahrhundert gegründet. Die beste Art und Weise alles zu sehen, ist einfach im Stadtzentrum herumzuspazieren. Oder an einer Führung teilzunehmen.
Paula	Ich nehme nicht so gerne an Führungen teil, magst du (das)?
Philip	Nun, du kannst eine Menge lernen und wir haben nur einen Tag. Bist du interessiert daran, King's College Chapel zu sehen – und die Backs und den Markt?
Paula	Ja, natürlich. Aber was sind die Backs?
Philip	Nun, die Rückseiten der Colleges, am Fluss. Du kannst ein *punt* nehmen und den Fluss entlang staken und all die berühmtesten Colleges sehen.
Paula	Und was ist ein *punt*, Philip?
Philip	Es ist ein Stakkahn und du benutzt einen langen Staken, um das Boot und dich selbst fortzubewegen.
Philip	Oh, ich weiß. Sie haben Stochertakähne auf dem Fluss in der Nähe von Stuttgart. Und manchmal fällst du ins Wasser, oder?
Philip	*Ich* nicht, Paula. Ich muss die Zeiten der Züge nachschlagen.

Reise

21 Ein Ausflug

:: Lernwortschatz

beautiful	schön	most	am meisten
by	hier: am	parking	Park-
by (train)	mit (dem Zug)	pole	(der) Staken
century	Jahrhundert	punt	Stocherkahn
chapel	Kapelle	punt	staken
college	College, Akademie	push	schieben, hier: fortbewegen
explore	erkunden, auskundschaften	river	Fluss
		study	studieren
fascinating	faszinierend	suggest	vorschlagen
(was) founded	(wurde) gegründet	take	hier: dauern
go on	hier: teilnehmen	than	als
guided tour	Führung	town	(Klein-)Stadt
interested in	interessiert an	university	Universität
less	weniger	use	benutzen
long	lang	way	hier: Art und Weise
look up	nachschlagen		

Ausdrücke der Vorliebe und Abneigung mit dem Gerund	
be crazy about	verrückt sein nach
be good at	gut sein in
be fond of	sehr gern haben
be keen on	sehr mögen
can't stand	nicht ausstehen können
don't mind	nichts dagegen haben
enjoy	mögen, genießen
prefer	vorziehen
like	mögen, gern haben
dislike	nicht mögen
love	sehr/liebend gern machen
hate	hassen, überhaupt nicht mögen

:: Grammatik und Redemittel

▪ Das Gerund → §11

Sie haben in Lektion 10 gelernt, dass ein Verb mit der Endung **-ing** zu einem Substantiv wird, das **gerund** heißt. Sie wissen auch bereits, dass das **gerund** Subjekt oder Objekt im Satz sein kann und nach Verben des Mögens und Nicht-Mögens (z. B. **like**/**not like**) verwendet wird.

In der folgenden Übersicht haben wir für Sie weitere Wendungen zusammengestellt, mit denen Sie eine Vorliebe oder Abneigung ausdrücken können. Sie sehen, dass das nicht nur Verben sind (z. B. **enjoy**, **prefer**, **love**, **hate**), sondern auch Adjektive mit Präpositionen (z. B. **good at**, **keen on**). Auf alle diese Wendungen folgt im Englischen ein **gerund**.

> **Verben des Mögens und Nicht-Mögens + _gerund_:**
> like, love, hate, enjoy, prefer, …
> **Verben des Beginnens, Fortsetzens, Beendens + _gerund_:**
> begin, start, finish, stop, …
> **Sonstige Verben + _gerund_:**
> suggest, imagine _sich vorstellen_, practise _üben_, …
> **Alleinstehende Präpositionen + _gerund_:**
> after, before, without _ohne_, instead of _(an)statt_, …
> **Verb + Präposition + _gerund_:**
> look forward to, thank for, think about/of, …
> **Adjektiv + Präposition + _gerund_:**
> crazy about, good/bad at, famous for, interested in, …

▪ Frageanhängsel → §9.6

Wenn Sie die Zustimmung oder Bestätigung Ihres Gesprächspartners suchen, hängen Sie im Deutschen an eine Aussage _oder?_ bzw. _nicht wahr?_ an. Im Englischen brauchen Sie dazu ein **question tag** _Frageanhängsel_. Beachten Sie, dass bei einem bejahten Aussagesatz ein verneintes Frageanhängsel und bei einem verneinten Aussagesatz ein bejahtes Frageanhängsel angehängt wird.

It's very old, **isn't** it?   _Es ist sehr alt, nicht wahr?_
She can see us, **can't** she?   _Sie kann uns sehen, oder?_
You didn't study there, **did** you?   _Du hast dort nicht studiert, oder?_

Reise

21 Ein Ausflug

:: Übungen

1 Ergänzen Sie das passende Frageanhängsel.
1. It's nice there, _____ ?
2. It isn't very far, _____ ?
3. I don't like baked beans with everything, _____ ?
4. You didn't go to Cambridge, _____ ?
5. There is a train every hour, _____ ?
6. There are guided tours of the city centre, _____ ?

2 Lesen Sie den Werbetext über Cambridge und setzen Sie die passenden Verbformen (Gerund oder Infinitiv) ein. Es kann mehrere Lösungen geben.

| walk | punt | go (x2) | visit | explore | see (x3) | learn |

Cambridge is one of the most beautiful cities in Britain. It is fascinating _____ (1.) new places, so why not go to Cambridge. It's better _____ (2.) by train from London, then you don't have any parking problems. It takes less than an hour from King's Cross or Liverpool Street. The University is very old. The first college, Peterhouse, was founded in the thirteenth century. The best way _____ (3.) everything is just _____ (4.) round the centre of town. Or go on a guided tour. You can _____ (5.) a lot on a guided tour if you only have one day. Are you interested in _____ (6.) King's College Chapel and _____ (7.) to the Market in the city centre? Or you can enjoy _____ (8.) along the river and _____ (9.) all the most famous colleges from the Backs. Look up the times of the trains now. We're sure you'll really love _____ (10.) Cambridge.

3 Hören Sie das Gespräch zwischen Hazel und Kevin und notieren Sie die wichtigsten Informationen in Stichpunkten.

2/16

Where?	When?	What?
____	____	____
____	____	____
____	____	____

:: Cambridge

Die Universität **Cambridge** besteht aus verschiedenen **Colleges**, die zusammen die Universität bilden. Das erste **College** (**Peterhouse**) wurde 1284 gegründet. Und **Cambridge** ist immer noch hauptsächlich eine Stadt des Studiums und des Forschens, nicht eine Stadt der Touristen.
Touristen müssen häufig Eintritt zahlen, um die **Colleges** zu besuchen. Dabei geht es den **Colleges** aber nicht darum, Geld zu verdienen, sondern vielmehr die Zahl der Touristen zu reduzieren, um so die Ruhe für die Studierenden zu erhalten.
Sie können die Stadt am besten kennenlernen, wenn Sie im Zentrum spazieren gehen. Dort befinden sich die meisten **Colleges** und Sie können die ehrwürdige Atmosphäre tief einatmen: **Kings Parade**, **Trinity Street** bis hin zu **Castle Hill** und **Castle Mound**. Diese sind die höchsten Punkte mit einer guten Aussicht auf die Stadt. Oder Sie mieten sich ein **punt**, einen *Stakkahn* mit flachem Boden und Staken. Manchmal fallen **punters** in den Fluss, da sie mit dem Staken nicht umgehen können!
King's College Chapel *Kapelle*, das berühmteste Gebäude in **Cambridge**, wurde 1547 fertiggestellt. Wenn Sie die Stadt lieber geführt kennenlernen wollen, können Sie an einem zweistündigen Rundgang und einer 45-minütigen Stakkahntour (mit erfahrenem **punter**!) teilnehmen.

i Kulturtipp

Reise

:: Was können Sie schon?

😊 😐 ☹

um Bestätigung oder Zustimmung bitten				→ Ü1
einen Werbetext verstehen und ergänzen				→ Ü2
Die Bekleidung einer Person beschreiben Vorlieben und Abneigung ausdrücken				→ Ü3

:: Hier wiederholen Sie:

- Informationen für eine Reise einzuholen
- Fahrpläne zu lesen und Fahrkarten zu kaufen
- eine Reservierung vorzunehmen und ein Zimmer zu buchen
- im Hotel ein Problem mitzuteilen
- nach dem Weg zu fragen und ihn zu beschreiben
- körperliche Beschwerden zu formulieren
- ärztliche Ratschläge zu verstehen

:: Übungen

1 Welches Wort passt?

1.	_____ problems.	*park | parking | pavement*
2. A	_____ tour.	*grocer | go-ahead | guided*
3. A	_____ pole.	*long | luggage | lonely*
4. For	_____ reasons.	*speciality | security | sightseeing*
5. A	_____ license.	*drink | drinker's | driver's*
6. A	_____ officer.	*people | police | please*
7. I'm	_____ sorry.	*typically | tidily | terribly*
8. A	_____ wallet.	*later | leather | lady*

2 Hören Sie die Zeitangaben auf CD und schreiben Sie die genannten Uhrzeiten auf.

2/17

1. _____
2. _____
3. _____
4. _____
5. _____

6. _____
7. _____
8. _____
9. _____
10. _____

3 Im Reisebüro: Verwenden Sie die Vorgaben und ergänzen Sie die Antworten des Kunden.

Man   We'd like to take a holiday on the Continent.

Clerk   Where would you like to go, sir?

Man   (been / France and Spain / think we'd like / Italy)

Clerk   Do you want to see the old cities or to stay at the seaside?

Man   (seaside / interesting cities / not far away)

Clerk   How about Pisa. It's very near the sea and you can go and visit Florence.

Man   (sounds fi ne / how / get there?)

Clerk   It couldn't be easier. There are direct flights from Manchester to Pisa.

Man   (how much / cost?)

Clerk   They're very cheap. Our flights are only £32 there and back.

Man   (sounds very good / talk about it / family / come back tomorrow / thank)

Clerk   We look forward to seeing you, sir.

Man   Goodbye.

4 Bilden Sie Sätze im *present perfect*.

1. Philip / try out / shower.

   Philip has tried out the shower.

2. Paula and Philip / unpack / suitcases.

   _____

3. Philip / call / reception.

   _____

4. They / not find / breakfast room yet.

   _____

5. They / not meet / people / conference yet.

   _____

6. Paula / not take / photos yet.

   _____

7. They / not have / American breakfast yet.

   _____

8. They / not be / Manhattan yet.

   _____

Reise

5 Was sagen Sie in den folgenden Situationen?

1. Sie sagen, dass jemand nicht viel Zeit hat.
2. Sie fragen, wo die Mietwagenbüros sind.
3. Sie fragen, ob jemand die ganzen Materialien überprüft hat.
4. Sie sagen, dass Ihnen etwas wirklich sehr leid tut.
5. Sie fragen, ob Sie einen Arzt rufen sollen.

2/18

6 Hören Sie die Wörter auf der CD und sprechen Sie sie nach. Achten Sie auf die unterschiedliche Aussprache des *e*.

beef	clerk	women	decide	wallet
vegetable	friend	year	emergency	agree
expensive	beer	there	were	where
market	prefer	jewels	begin	evening

2/19

7 Hören Sie zunächst das Gespräch im Hotel und reagieren Sie in den Sprechpausen. Verwenden Sie die folgenden Aussagen.

That's no problem. Reception is open all night.
Good. I've booked that for you.   Do you want a view of the sea?
What is your name, please?   Which nights will that be, please?
That's £70 in all, including breakfast.   Single or double?

8 Familie Elton: Ergänzen Sie die passenden *gerunds*.

tidy see meet walk do skateboard cook visit (2x) explore play

1. _____ new places is always fascinating.
3. Sheila enjoys _____ in the park.
4. Philip is not very good at _____ badminton.
5. Andy is crazy about _____ .
6. He can't stand _____ up his room at home.
7. Paula likes _____ new places.
8. She is looking forward to _____ Cambridge very much.
9. Philip is not very good at _____ but he sometimes does the Sunday roast.
10. They all dislike _____ the boring chores at home.
11. Sheila is fond of _____ new people in Islington and on the Internet.

9 Am Bahnhof: Schauen Sie sich den Stadtplan genau an und wiederholen Sie die Wegbeschreibungen, die Sie hören.

2/20

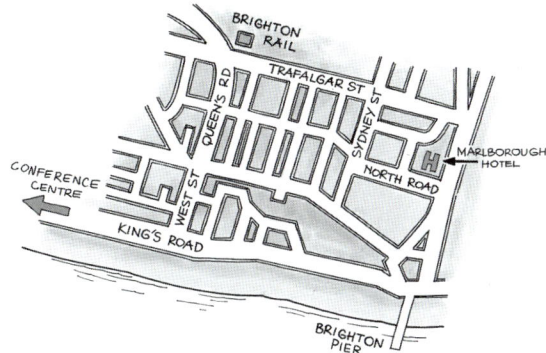

 10 Ein schwerer Unfall in Upper Street. Lesen Sie den Zeitungsbericht und beantworten Sie die Fragen mündlich.

Mrs Jenny Price was shopping in Upper Street, Islington, with a friend yesterday afternoon when she was knocked down from behind by a young skateboarder. Her leg and her wrist were hurt. "I wasn't skating very fast," the skateboarder said. He was very sorry, but the other people said that he shouldn't be skating on the pavement. Luckily there was a doctor there. He looked at Mrs Price's leg. Her leg was broken and her wrist was very painful. The doctor called an ambulance and Mrs Price was taken to hospital. Skateboarding on the pavement is a real problem. Most people say that skateboarders should stay at their halfpipe and not skate where there are other people who do not know that they are coming from behind. The police have talked to the young man who is honestly sorry about the accident.

1. What was Mrs Price doing yesterday afternoon?
2. What happened then?
3. Was her leg broken?
4. Did they have to call a doctor?
5. What else was hurt?
6. What did the doctor do?
7. What have the police done?
8. What is a real problem?

Reise

11 *Present perfect* **oder einfache Vergangenheit – welche Zeitform brauchen Sie?**

1. This morning Sheila _____ (go) to the park at 10 o'clock.
2. She thinks that someone _____ (steal) her wallet.
3. This _____ (never happen) to her before.
4. She _____ (go) to the corner shop to buy some biscuits.
5. She _____ (take) the wallet out in the park.
6. Maybe she _____ (leave) it on the park bench.
7. Mr West: I _____ (just find) a black leather wallet.

2/21

12 Hören Sie das Gespräch zwischen Jenny und Chris einmal vollständig an. Unterstreichen Sie beim zweiten Hören, was zutrifft.

1. Jenny and Chris are going *on a trip to Italy | on a business trip to Germany.*
2. Mr Fraser will give the go-ahead *next week | next month.*
3. They are going for *three days | four days.*
4. Some of the hotels are *very expensive | cheap enough.*
5. Jenny and Chris know *a lot about Berlin | only a little about Berlin.*
6. They have to *get information for Mr Fraser | confirm the trip.*

13 Lesen Sie den Text und schreiben Sie sechs Dinge auf, die Sie in New York City machen möchten.

New York is a wonderful city. Life is very fast there. There is always something happening in the streets. There are so many different people from so many countries around the world. And it is a great place for tourists, too. You can just walk round and look up at the skyscrapers, the Empire State Building for example. Or you can go for a walk in Central Park. Or perhaps a guided tour is the best idea because you can see a lot and learn a lot in a short time. On another day you can take a boat across to the Statue of Liberty and Ellis Island, and visit the museum there. Or if you want to you can go to Little Italy or Chinatown. And of course go shopping, too. Even if you just have one day, New York City is a great place to be!

1. _____
2. _____
3. _____
4. _____
5. _____
6. _____

14 *What were they doing?* Ergänzen Sie die passende Vergangenheitsform.

| drink | wait | walk | talk | skate | sit | do |

1. Paula and Sheila _____ some shopping in Islington.
2. They _____ along the street.
3. Maybe the young man _____ too fast.
4. Sheila and Paula _____ at home and they _____ some tea.
5. Paula _____ about the accident in Upper Street.
6. They _____ for Philip and Andy to come home.

15 Im Hotel: Hören Sie den Dialog auf der CD und beanworten Sie die Fragen.

2/22

1. What is the shower like?
2. Is everything new?
3. Are all the lights working?
4. Will they repair the lights immediately?
5. Is the breakfast room on the second floor?
6. Do they go for a walk in the hotel garden?

16 Füllen Sie das Kreuzworträtsel aus. Wie lautet das Lösungswort?

1. The place where you catch your plane.
2. You can walk … the river.
3. You can sit on this in a park.
4. Boring work in the house.
5. England and Germany are … in Europe.
6. You need this to buy things.
7. To take things out of your suitcase.
8. You eat this when you get up in the morning.
9. Now, very quickly.
10. Not from your country.
11. You need this to take you to hospital if there is an accident.
12. Where you can catch a train or the Underground.

Reise

Lösungswort information that you need is an _____ .

1 Bilden Sie Fragen mit *will/won't* zu diesen Antworten.

1. Yes, the trip will be in September.

_____

2. No, the hotel won't be very expensive.

_____

3. Yes, the conference will last two days.

_____

4. No, they won't have time for everything.

_____

5. Yes, the information will be ready in an hour.

_____

6. Yes, I'll have a coffee after that.

__/6 _____

2 Welches modale Hilfsverb passt? Kreuzen Sie es an.

1. We're late. We
   a) ☐ may
   b) ☐ can
   c) ☐ must
   hurry.

2. You
   a) ☐ mustn't
   b) ☐ should
   c) ☐ must
   do that! It's dangerous.

3. We
   a) ☐ should
   b) ☐ needn't
   c) ☐ could
   see everything in one day. It's too much.

4. We
   a) ☐ mustn't
   b) ☐ would
   c) ☐ should
   get the information Mr Butler wants.

5. What
   a) ☐ would
   b) ☐ needn't
   c) ☐ should
   you like to see?

6. We
   a) ☐ can't
   b) ☐ needn't
   c) ☐ have to
   check in over there. Come on, it's late.

__/6

3 Ergänzen Sie die passenden Frageanhängsel.

1. The university is very old, _____?
2. There's a lot to see in New York, _____?
3. The conference isn't in New York, _____?
4. Paula can't find a flat, _____?
5. It would be better to take a taxi, _____?

___/6　6. That was much better, _____?

4 Was ist richtig? Kreuzen Sie an.

1. a) ☐ Explore b) ☐ Explored c) ☐ Exploring new places is fun.
2. I am looking forward to a) ☐ see b) ☐ seeing c) ☐ saw Cambridge.
3. Philip enjoys a) ☐ visiting b) ☐ visited c) ☐ visit new places.
4. I'd like a) ☐ going b) ☐ to go c) ☐ go on a guided tour.
5. I want a) ☐ taking b) ☐ takeaway c) ☐ to take a punt out on the river.
6. We must a) ☐ to look up b) ☐ look up c) ☐ looking up the train times on

___/6　　the Internet.

5 Sie hören drei Dialoge. Notieren Sie die Stadt, um die es geht und eine der Sehenswürdigkeiten, die erwähnt werden.

2/23

Stadt	Sehenswürdigkeit
1. _____	_____
2. _____	_____
3. _____	_____

___/6

6 Welche Form ist richtig? Kreuzen Sie an.

1. Paula's leg hurts	a) ☐ awful	b) ☐ awfully	c) ☐ most awful.
2. The young man is	a) ☐ terrible	b) ☐ more terrible	c) ☐ terribly sorry.
3. He was skating very	a) ☐ fast	b) ☐ faster	c) ☐ fastest.
4. Paula will walk	a) ☐ slower	b) ☐ slow	c) ☐ slowly.
5. She plays badminton	a) ☐ fantastic	b) ☐ fantastically	c) ☐ fascinating.
6. She speaks English very	a) ☐ good	b) ☐ better	c) ☐ well.

___/6

Reise

7 Lesen Sie den Text und notieren Sie die Informationen.

Flights from London go to Terminal 7 of John F. Kennedy International Airport. It is a very big airport. In America the first thing to do is to pick up your rental car. You have to ask where the car rental counters are. There you have to show your voucher and your driver's license. Then you take the shuttle that runs from AirTrain Station C. The rental car offices are on the Van Wyck Expressway, which is near the entrance to the airport. There you can pick up your car keys. They will show you your car and answer any questions you have. All the cars have a navigation system, so it is easy to find your hotel or the place where you want to go.

1. Pick up what?
2. Show what?
3. Shuttle from where?
4. Rental car offices where?
5. Pick up what there?
___/6 6. How to find your hotel?

8 Was sagen Sie, wenn ...

1. ... Sie fragen möchten, ob wir das nicht jetzt machen könnten?
2. ... Sie sagen wollen, dass wir nur einmal umsteigen müssen?
3. ... Sie sagen wollen, dass wir dort drüben einchecken müssen?
4. ... Sie fragen möchten, wohin man hingehen soll?
5. ... Sie sagen möchten, dass wir ein Mietauto abholen möchten?
6. ... Sie sagen möchten, dass Sie noch nie in einem solchen Hotel übernachtet haben?
7. ... Sie sagen wollen, dass Sie sich auf ein richtiges amerikanisches Frühstück freuen?
8. ... Sie sagen möchten, dass Sie eine Tasse Tee mit viel Zucker machen
___/8 werden?

___/50

Beruf

23 Telefonieren

⠿ In dieser Lektion lernen Sie:

- Gespräche am Telefon zu führen
- nach Informationen zu fragen
  und Auskunft zu geben
- Namen zu buchstabieren

An ordinary day

2/24

Paula	*(rings)* Paula Schneider speaking. Hello, Dave. I saw your name on the display. What's new?
Dave	Hi, Paula. I'm very sorry, but I can't come to the conference in Brighton. I've broken my leg badly.
Paula	I'm very sorry about that, Dave. How did it happen? (…) *(rings)* InterChip UK. This is Paula Schneider.
Peter	This is Peter Fisher of HIT. I'd like to order some components. We need them most urgently. Am I speaking to the right person?
Paula	You need to talk to Sandra Zrzavy in Sales.
Peter	Could you say that more clearly?
Paula	That's Z–R–Z–A–V–Y. I'll put you through. Hold on a moment.
Peter	Thank you very much.
Paula	*(rings)* Hey, Philip. What are you doing on the phone?
Philip	My car has broken down. I'm stuck on the M1 just south of Sheffield. Can you tell Mr Butler I won't be back in the office today?
Paula	OK, I'll do that. But you'll be back home this evening, won't you?
Joyce	*(coming in)* What's new, Paula?
Paula	One phone call after another. Dave Reece phoned me from New Brunswick. He says that he can't come to the conference. He's broken a leg badly. Then there was a phone call about some components. I passed that on to Sales. And Philip phoned. He says his car has broken down on the M1.
Joyce	In other words, just an ordinary day, Paula!

▪▪ Fragen zum Dialog

Streichen Sie, was nicht zutrifft.

1. Peter Fisher wants to order something *most urgently* | *most carefully*.
2. Philip's *computer* | *car* has broken down.

Ein ganz normaler Tag

Paula	*(klingelt)* Hier spricht Paula Schneider. Hallo, Dave. Ich sah Ihren Namen auf dem Display. Was gibt's Neues?
Dave	Hallo, Paula. Es tut mir sehr leid, aber ich kann nicht zur Konferenz in Brighton kommen. Ich habe mein Bein schlimm gebrochen.
Paula	Das tut mir sehr leid, Dave. Wie ist es passiert? (…) *(klingelt)* InterChip UK. Hier ist Paula Schneider.
Peter	Hier ist Peter Fisher von HIT. Ich möchte einige Komponenten bestellen. Wir brauchen sie sehr dringend. Spreche ich mit der richtigen Person?
Paula	Sie sollten mit Sandra Zrzavy im Verkauf sprechen.
Peter	Könnten Sie das deutlicher sagen?
Paula	Das ist Z–R–Z–A–V–Y. Ich stelle Sie durch. Bleiben Sie einen Moment am Apparat.
Peter	Vielen Dank.
Paula	*(klingelt)* He, Philip. Was machst du am Telefon?
Philip	Ich habe eine Autopanne. Ich stecke auf der M1 fest, etwas südlich von Sheffield. Kannst du Herrn Butler sagen, dass ich heute nicht mehr ins Büro werde?
Paula	O. K., das werde ich machen. Aber du wirst heute Abend zu Hause (zurück) sein, oder?
Joyce	*(kommt herein)* Was gibt's Neues, Paula?
Paula	Ein Anruf nach dem anderen. Dave Reece hat mich aus New Brunswick angerufen. Er sagt, dass er nicht zur Konferenz kommen kann. Er hat sich sein Bein schlimm gebrochen. Dann gab es einen Anruf wegen einigen Komponenten. Den habe ich an den Verkauf weitergeleitet. Und Philip rief an. Er sagt, dass er eine Autopanne auf der M1 hat.
Joyce	Mit anderen Worten, einfach ein ganz normaler Tag, Paula!

Beruf

⸬ Lernwortschatz

component	*Bestandteil, Komponente*	phone	*telefonieren*
department	*Abteilung*	right	*richtig*
hold (on)	*halten, (am Apparat) bleiben*	Sales (Department)	*Verkauf (-sabteilung)*
moment	*Moment*	soon	*bald*
order	*bestellen*	speak	*sprechen*
ordinary	*gewöhnlich, ganz normal*	stick	*feststecken*
		urgent	*dringend*
other	*ander(r,s)*	(a) while	*(eine) Weile*
pass (on)	*weiterleiten*	worse	*schlechter*

Das Alphabet

A	[eɪ]	J	[dʒeɪ]	S	[es]
B	[biː]	K	[keɪ]	T	[tiː]
C	[siː]	L	[el]	U	[juː]
D	[diː]	M	[em]	V	[viː]
E	[iː]	N	[en]	W	[ˈdʌbljuː]
F	[ef]	O	[ɛʊ]	X	[eks]
G	[dʒiː]	P	[piː]	Y	[waɪ]
H	[eɪtʃ]	Q	[kjuː]	Z	[zed]
I	[aɪ]	R	[ɑː]		

Rund um das Telefonieren

Hello, I'd like to talk to …	*Hallo? Ich möchte mit … sprechen.*
Who's speaking?	*Wer ist am Apparat?*
One moment, please.	*Einen Augenblick bitte.*
Please hold on.	*Bitte bleiben Sie am Apparat.*
I'll connect you.	*Ich stelle Sie durch.*
I'll put you through right away.	*Ich verbinde Sie sofort.*
Sorry, wrong number.	*Entschuldigung, ich habe mich verwählt.*
Please leave a message after the tone/beep.	*Bitte hinterlassen Sie eine Nachricht nach dem Signalton.*

▪▪ **Grammatik und Redemittel**

▪ **Die indirekte Rede (I)** → § 14, § 14.1

Sie können eine Aussage direkt oder indirekt an eine dritte Person weitergeben.

Aussage	"I can't come to the conference. I've broken my leg."
Direkte Wiedergabe	He says, "I can't come the conference."
	He says, "I've broken my leg."
Indirekte Wiedergabe	He says (that) he can't come to the conference.
	He says (that) he has broken his leg.

Bei der indirekten Wiedergabe müssen Sie Ihre Aussage verändern:

1. Sie leiten Ihren Satz mit einem Verb wie **say**, **tell**, **think** usw. ein.
2. Sie setzen nach dem Verb **that** (ohne Komma!) ein oder schließen Ihren Bericht direkt an.
3. Sie verändern die Pronomen, z. B. **I** zu **he/she**, **my** zu **his/her** usw.
   Steht das Verb im Einleitungssatz in der Gegenwart oder der Zukunft, werden die Zeitformen der Verben in der indirekten Rede beibehalten.

Gegenwart	"I'm very depressed."
	She thinks (that) she's very depressed.
Futur	"We need money."
	I'll tell her (that) they need money.

▪ **Die Steigerung der Adverbien** → § 4.1

Alle einsilbigen Adverbien sowie **early** *früh* werden durch Anhängen von **-er/-est** gesteigert. Wie bei den Adjektiven (→ L11) entfällt ein stummes **-e** am Ende und ein **-y** wird zu **-i-**. Mehrsilbige Adverbien werden genau wie mehrsilbige Adjektive (→ L12) mit **more/most** gesteigert:

fast – fast**er** – fast**est**	*schnell – schneller – am schnellsten*
late – lat**er** – lat**est**	*spät – später – am spätesten*
early – earli**er** – earli**est**	*früh – früher – am frühesten*
happily – **more** happily – **most** happily	*glücklich – glücklicher – am glücklichsten*

Folgende Adverbien sind unregelmäßig. Merken Sie sich die Formen gut!

well *gut* – better – best	badly *schlecht* – worse – worst
much *viel* – more – most	little *wenig* – less – least
far *weit* – further/farther – furthest/farthest	

:: Übungen

1 Buchstabieren Sie diese Abkürzungen. Können Sie auch sagen, was sie bedeuten?

1. UK	3. SMS	5. IT	7. TV	9. VIP
2. GB	4. EU	6. NYC	8. USA	10. GPS

2 Berichten Sie, was diese Personen sagen.

1. "I've broken my wrist." – Jenny says …
2. "I can't come to the conference." – Mr Reece says …
3. "I'll write you an e-mail." She says …
4. "I need to order some components." Mr Fisher says …
5. "It's very urgent." He tells me …
6. "I've had a breakdown on the M1." Philip says …
7. "I hope to have another car soon." He has told me …
8. "I won't be back in the office today." He thinks …

3 Hören Sie drei Anrufe und notieren Sie in einem Satz, wo jeweils das Problem liegt.

2/25

1. _____
2. _____
3. _____

4 Adjektiv oder Adverb? Ergänzen Sie die passenden Wörter in der richtigen Form.

fast	careful	clear	good	early	hard

1. This is a really _____ question. We're working _____ on it.
2. That is a _____ answer. But could you say the name _____ , please?
3. You will have to get up _____ . It's a very _____ train.
4. I know. But it's also a very _____ train. It's the _____ train to London.
5. Paula's English is very _____ . She speaks it very _____ .
6. Philip drives very _____ . He is a _____ driver.

:: Telefonieren

Telefonieren ist nicht immer leicht, besonders wenn der Gesprächspartner eine fremde Sprache spricht und man weder seinen Mund noch seinen Gesichtsausdruck sehen kann. Die verschiedenen Varianten des Englischen machen es noch schwieriger, z. B. die Dialekte in Großbritannien oder amerikanisches, südafrikanisches, australisches oder indisches Englisch.

In einer Firma ist es wichtig, dass alle Telefonate richtig entgegengenommen und Termine und Informationen genau notiert werden. Es ist immer gut, sich mit Vor- und Nachnamen zu melden. Aber Sie sollten nicht überrascht sein, wenn ein unbekannter Gesprächspartner Sie gleich mit dem Vornamen anspricht.

Vor einem eigenen Anruf hilft es, sich einige, ruhig auch etwas ausführlichere Notizen zu machen. Schließlich möchten Sie ja immer ein positives Bild von sich und Ihrem Unternehmen vermitteln. Die Stimme allein liefert bereits sehr viele Informationen: Freundlichkeit, Vertrauen, wirkliches Interesse – oder auch das Gegenteil. Auch ein Lächeln kann man am Telefon „hören". Es ist oft gut, Telefongespräche im Stehen oder Gehen zu führen, da die Dynamik der Körpersprache und die Gestik mit übertragen werden.

i Kulturtipp

:: Was können Sie schon?

☺ ☺ ☹

■ Wörter und Eigennamen buchstabieren				→ Ü1
■ Informationen an dritte Personen weitergeben				→ Ü2
■ Anrufe verstehen und die Inhalte schriftlich festhalten				→ Ü3
■ Aussagen und Tätigkeiten näher bestimmen				→ Ü4

Beruf

▪▪ In dieser Lektion lernen Sie:

- ▪ E-Mails zu lesen und zu schreiben
- ▪ Telekommunikationsmittel und Bürogeräte zu benennen
- ▪ über Computerprobleme und das Internet zu sprechen

2/26

Dealing with e-mails

Hello,

I have been looking at your website and see that, among other things, you offer software and services connected with ecology and general science. I'd like to find out more about how these services are provided, in particular for use in schools. And are there discounts for schools and colleges?

I look forward to hearing from you.

John Lodge

Science Teacher, Bradford Sixth Form College

Hi Paula,

We've been discussing new business ideas for the past few weeks, mainly environmental health and safety. I hear that this is your speciality in Germany. I need some information on recent developments. Could you pass on any information you have? I need to get started quickly.

Thanks, Wendy

Telephone 01386 57 33 28

Well, the first e-mail is a standard inquiry about software programs. I'd write a short mail saying that you are passing their e-mail on to our Sales Department.

The second e-mail? Hm, send them a friendly answer and say that you are forwarding their mail to your company in Germany.

:: Fragen zum Dialog

Welche Sätze sind richtig? Kreuzen Sie an.

1. a) ☐ Mr Lodge works in London.   b) ☐ Mr Lodge works in Bradford.
2. a) ☐ He works at a college.   b) ☐ He works at a school.
3. a) ☐ Wendy is interested in ecology.   b) ☐ Wendy is interested in health.

E-Mails erledigen

Hallo,
ich habe Ihre Website angeschaut und sehe, dass Sie unter anderem Software und Dienstleistungen in Verbindung mit Ökologie und Naturwissenschaft allgemein anbieten. Ich möchte mehr über die Art und Weise herausfinden, wie diese Dienstleistungen zur Verfügung gestellt werden, insbesondere für die Verwendung an Schulen. Und gibt es Preisnachlässe für Schulen und Colleges? Ich freue mich darauf, von Ihnen zu hören.
John Lodge
Lehrer für Naturwissenschaft, Bradford Oberstufen-College

Hallo Paula,
wir diskutieren schon seit einigen Wochen neue Geschäftsideen, hauptsächlich Umwelt fragen zu Gesundheit und Sicherheit. Ich höre, dass dies dein Fachgebiet in Deutschland ist. Ich brauche Informationen über die neuesten Entwicklungen. Könntest du alle Informationen weiterleiten, die du hast? Ich muss da schnell einsteigen.
Danke, Wendy
Telefon 01386 57 33 28

Beruf

Nun, die erste E-Mail ist eine Standardanfrage über Software-Programme. Ich würde eine kurze Mail schreiben und sagen, dass du die E-Mail an unsere Verkaufsabteilung weiterleitest.

Die zweite E-Mail? Hm, schick ihr eine freundliche Antwort und schreibe, dass du ihre Mail an deine Firma in Deutschland weiterleitest.

⚏ Lernwortschatz

among	*zwischen, inmitten*	past	*vergangen*
connect	*verbinden*	provide	*beschaffen, ausstatten*
deal (with)	*(be)handeln,*	receive	*erhalten*
	hier: erledigen	recent	*kürzlich,*
deliver	*liefern*		*hier: neueste*
development	*Entwicklung*	require	*benötigen*
discount	*Rabatt, Preisnachlass*	safety	*Sicherheit*
discuss	*besprechen,*	science	*Wissenschaft*
	diskutieren	send	*schicken*
ecology	*Ökologie*	short	*kurz*
environmental	*Umwelt-*	since	*seit*
for	*hier: seit*	sure	*sicher*
forward	*weiterleiten*	teacher	*Lehrer(in)*
friendly	*freundlich*	use	*Gebrauch, Nutzung*
general	*allgemein,*	write	*schreiben*
	generell		
health	*Gesundheit*		
in particular	*insbesondere*		
inquiry	*Anfrage*		
mainly	*hauptsächlich*		
normally	*normalerweise*		
offer	*anbieten*		

E-Mail-Adressen	
@	**at** *bei*
-	**minus** *Minus*
	oder **hyphen** *Bindestrich*
.	**dot** *Punkt*
_	**underscore** *Unterstrich*

▪▪ Grammatik und Redemittel

▪ Telefonnummern

Die Ziffern in Telefonnummern werden einzeln gesprochen, es sei denn, eine Ziffer kommt doppelt vor, dann brauchen Sie das Wörtchen **double**. Sie wissen bereits aus Lektion 3, dass die Ziffer 0 in Telefonnummern **oh** gesprochen wird. 0049 711 644 3297 lesen Sie: **double oh four nine – seven double one – six double four – three two nine seven**.

▪ Die Verlaufsform der vollendeten Gegenwart → § 8.7

In Lektion 18 haben Sie die einfache Form des **present perfect** kennengelernt. Wenn Sie betonen wollen, dass ein Zustand zwar in der Vergangenheit begonnen hat, aber ununterbrochen bis zur Gegenwart andauert, brauchen Sie die Verlaufsform des **present perfect**.

Die Verlaufsform wird mit **has**/**have been** und der Grundform eines Verbs mit der Endung **-ing** gebildet. Sie übersetzen diese Form im Deutschen meist mit der Gegenwart und dem Wörtchen *schon*.

Aussage	I've been waiting for a long time.	*Ich warte schon lange.*
Frage	Have you been waiting long?	*Wartest du schon lange?*
Verneinung	No, I haven't been waiting long.	*Nein, ich warte noch nicht lange.*

▪ Der Gebrauch von *since* und *for* → § 8.7

Bei der Verlaufsform des **present perfect** finden Sie oft die Wörter **since** und **for**. Beide bedeuten im Deutschen *seit*, wobei **since** den Zeitpunkt und **for** die Zeitdauer angibt.

She's been dealing with her e-mails **since** nine o'clock in the morning.
Sie erledigt ihre E-Mails schon seit 9 Uhr morgens.
We've been discussing new business ideas **for** the past few weeks.
Wir diskutieren schon seit einigen Wochen neue Geschäftsideen.

Beruf

24 E-Mails

Übungen

1 Buchstabieren Sie die E-Mail-Adressen und lesen Sie die Telefonnummern dieser Visitenkarten vor.

Paula Schneider InterSoft GmbH Motorenstrasse 10 **D-70197 Stuttgart** Tel. 0711/47 89 23 p.schneider@isoft.de	**David Reece** InterChip USA 849 Union Road **New Brunswick, NJ** Tel. 001 733 874 1822 d_reece@i-chip.com	**Peter Fisher** 14 Market Road Camden EC1D 3SE **Tel. 020 6899 7646** peter_fisher@hit.uk

 2 Ergänzen Sie *since* oder *for*.

1. Peter Fisher has lived in London _____ many years.
2. Paula has been dealing with her e-mails _____ nine o'clock.
3. She has been working in London _____ two months.
4. They have been talking about e-mails _____ half an hour.

  3 Hören Sie den Telefonanruf auf der CD und korrigieren Sie die folgenden Aussagen.

2/27

1. John Lodge makes the phone call.
2. Sylvia Tan is from InterChip Manchester.
3. John only has one offer.
4. He discusses the software and services with his family.
5. Someone can come to the college in three weeks.

 4 Stellen Sie Fragen zu diesen Aussagen.

1. I've been learning English for two years.
   How long have you been learning English?
2. I began to learn English because I need it for my job.
   _____
3. I've been living in Berlin for five years.
   _____
4. I had breakfast at seven o'clock this morning.
   _____

E-Mail-Etikette

Nur wenige Leute schreiben heutzutage noch Briefe per Hand, auch im Geschäftsalltag überwiegen inzwischen die E-Mails. Im angelsächsischen Raum wird die Begrüßung **Dear Mr Elton** *Lieber Herr Elton* bei Personen benutzt, die man noch nicht kennt. Weit verbreitet ist **Hello**, während mit **Hi** Personen angesprochen werden, die man gut kennt. Die Sprache ist meist leger und es werden die Kurzformen (**I'm**, **we're**) gebraucht, die sonst überwiegend im gesprochenen Englisch anzutreffen sind. Manchmal werden Sie auch umgangsprachlichen Wendungen begegnen (z. B. **I need to get started quickly**).

Lassen Sie im geschäftlichen Umgang alle Informationen weg, die nicht notwendig sind. Das spart Zeit und erhöht die Effizienz. Für Anfragen, die häufig vorkommen, können Sie Standard-Antworten benutzen, eventuell mit einigen persönlichen Worten abgewandelt. Die typischen Grußformeln am Ende einer E-Mail lauten **Regards**, … **With best wishes**, … oder einfach nur **Best**, … . Achten Sie darauf, immer eine Telefonnummer anzugeben, damit der Empfänger Sie zurückrufen kann, ohne lange nach der Nummer zu suchen.

Und noch ein guter Rat: Lesen Sie jede E-Mail oder SMS noch einmal durch, bevor Sie sie abschicken. Rechtschreib-, Grammatik- und Interpunktionsfehler machen keinen guten Eindruck, weder geschäftlich noch privat!

Kulturtipp

Was können Sie schon?

🙂 😐 🙁

	🙂	😐	🙁	
■ Telefonnummern und E-Mail-Adressen lesen				→ Ü1
■ den Zeitpunkt oder Zeitraum einer Handlung benennen				
■ ein Telefongespräch verstehen				→ Ü3
■ falsche Aussagen korrigieren				
■ Fragen in verschiedenen Zeitformen stellen				→ Ü4

Beruf

∷ **In dieser Lektion lernen Sie:**

- ■ eine geschäftliche Besprechung vorzubereiten
- ■ Termine zu vereinbaren und Nachrichten zu übermitteln
- ■ über Ereignisse in der Vergangenheit zu sprechen

Appointments

2/28

The conference in Brighton is getting closer. Paula is responsible for planning it.

Mr Butler	Come in, Paula. Sit down and tell me about the preparations for the conference.
Paula	This morning I've just been dealing with my mails, but yesterday various people phoned. Roger Holland said that he wouldn't be able to give that talk on sales trends. He said he would be in Australia at the time.
Mr Butler	That's a great pity. His talks are always very interesting.
Paula	However, he told me he would send me the material as a data file.
Mr Butler	Well, at least that is good news. We can either hand it out or use it in one of the workshops.
Paula	Then, Liz Bailey said she couldn't make it to our meeting next week. We agreed on a new appointment the following week.
Mr Butler	That doesn't really matter very much. We've still got enough time.
Paula	I made an appointment with Jenny Wells. She's coming on Tuesday afternoon. Oh, yes, and Philip phoned and said that his trip to Manchester had only been partly successful. Two of the people had accepted our invitation to the conference, two had decided not to come.
Mr Butler	Yes, things are really not going as well as I had hoped.
Paula	This afternoon I'm going to phone about ten more people.
Mr Butler	Well, I think we'll wait two more days and then we must have a meeting to decide whether to hold the conference or whether to call it off. But that would be a disaster, Paula! Please do your best!

:: Fragen zum Dialog

Unterstreichen Sie, was zutrifft.
1. Paula is responsible for the conference *in Bristol | in Brighton*.
2. Roger Holland *will give a talk | will be in Australia*.

Termine

Die Konferenz in Brighton kommt näher. Paula ist dafür verantwortlich, sie zu planen.

Herr Butler	Kommen Sie rein, Paula. Setzen Sie sich und erzählen Sie mir von den Vorbereitungen für die Konferenz.
Paula	Heute Vormittag habe ich nur meine Mails erledigt, aber gestern riefen verschiedene Leute an. Roger Holland sagte, dass er den Vortrag über Verkaufstendenzen nicht halten können wird. Er sagte, dass er zu der Zeit in Australien sein wird.
Herr Butler	Das ist sehr schade. Seine Vorträge sind immer sehr interessant.
Paula	Er sagte jedoch, dass er mir das Material als Datei schicken wird.
Herr Butler	Nun, das ist wenigstens eine gute Nachricht. Wir können es entweder aushändigen oder es in einem der Workshops benutzen.
Paula	Dann sagte Liz Bailey, dass sie es zu unserem Treffen nächste Woche nicht schaffen kann. Wir haben einen neuen Termin in der nächsten Woche vereinbart.
Herr Butler	Das macht wirklich nicht viel aus. Wir haben noch genug Zeit.
Paula	Ich habe einen Termin mit Jenny Wells ausgemacht. Sie kommt am Dienstagnachmittag. Ah ja, und Philip rief an und sagte, dass seine Reise nach Manchester nur teilweise erfolgreich gewesen ist. Zwei der Leute haben unsere Einladung zur Konferenz angenommen, zwei haben beschlossen, nicht zu kommen.
Herr Butler	Ja, die Dinge laufen wirklich nicht so gut, wie ich gehofft hatte.
Paula	Heute Nachmittag werde ich noch etwa zehn weitere Leute anrufen.
Herr Butler	Nun, ich denke, wir werden zwei weitere Tage warten und dann müssen wir eine Besprechung haben, um zu entscheiden, ob wir die Konferenz halten oder ob wir sie absagen. Aber das wäre eine Katastrophe, Paula! Bitte tun Sie Ihr Bestes!

Beruf

25 Terminvereinbarungen

▪▪ Lernwortschatz

accept	*annehmen*	invitation	*Einladung*
agree (on)	*übereinkommen, vereinbaren*	make	*machen*
		more	*mehr*
appointment	*Termin*	news	*Nachricht(en), Neuigkeit(en)*
be able	*in der Lage sein*		
call off	*absagen*	partly	*teilweise*
data	*Daten, Angaben*	pity	*schade*
disaster	*Katastrophe*	preparation	*Vorbereitung*
doesn't matter	*macht nichts*	responsible	*verantwortlich*
either … or	*entweder … oder*	successful	*erfolgreich*
file	*Datei*	talk	*Vortrag, Referat*
following	*nächste(r,s)*	trend	*Tendenz*
hand out	*aushändigen*	various	*diverse, verschiedene*
however	*jedoch*		
interesting	*interessant*	whether	*ob*

Rund um die Termine

I'd like to make an appointment.	*Ich würde gerne einen Termin vereinbaren.*
When would it suit you?	*Wann hätten Sie denn Zeit?*
Preferably after three o'clock.	*Am besten nach 15 Uhr.*
Can you manage Wednesday?	*Können Sie Mittwoch einrichten?*
I'm sorry. I can't make it then.	*Tut mir leid, da kann ich leider nicht.*
I'm sorry but I can't come to the meeting.	*Ich kann leider nicht zu der Besprechung kommen.*
Could we make a new appointment right away?	*Können wir gleich einen neuen Termin ausmachen?*

▪▪ **Grammatik und Redemittel**

▪ **Die vollendete Vergangenheit** → § 8.8

In Lektion 18 haben Sie das **present perfect** – die vollendete Gegenwart
– kennengelernt. Jetzt geht es um das **past perfect**, die vollendete
Vergangenheit (z. B. *ich hatte gemacht, ich war gegangen*). Auch hier gibt es
wieder zwei Formen: die einfache Form und die Verlaufsform (**-ing**-Form). Sie
lernen zunächst die einfache Form. Das **past perfect** wird mit dem Hilfsverb
had (Kurzform **'d**) und dem Partizip Perfekt des Verbs gebildet:

Aussage	Kurzform	Verneinung/Kurzform
I had checked in.	I'd checked it.	I had not/hadn't called him.
He had checked in.	He'd checked it.	He had not/hadn't called him.
We had checked in.	We'd checked in.	We had not/hadn't called him.

Das **past perfect** brauchen Sie, wenn Sie von einer Handlung sprechen, die vor
einer anderen Handlung in der Vergangenheit stattgefunden hat.
Sheila **had** already gone to bed when Philip got home last night.
Sheila war bereits zu Bett gegangen, als Philip gestern Abend nach Hause kam.

▪ **Die indirekte Rede (II)** → § 14.2, § 14.4

Aus Lektion 23 wissen Sie, dass sich die Zeitform nicht ändert, wenn das
Einleitungsverb in der Gegenwart steht. Steht das Einleitungsverb aber in der
Vergangenheit, kommt es zu einer Zeitverschiebung:

Gegenwart   "**I'm** very unhappy."   She **says** (that) she's very unhappy.
Vergangenheit   "**I'm** very unhappy."   She **said** (that) she was very unhappy.
Die Zeitverschiebung erfolgt unterschiedlich, je nach Ausgangszeit:
Gegenwart → Vergangenheit   **present perfect → past perfect**
Zukunft mit **will → would**   Vergangenheit → **past perfect**
Sie wissen bereits, dass die Pronomen bei der indirekten Rede geändert
werden (z. B. **I** zu **he/she**, **my** zu **his/her**). Wenn die Perspektive geändert wird,
müssen Sie auch die Zeit- und Ortsangaben entsprechend abändern:

today	→ that day	yesterday	→ the day before
a week ago	→ a week before	next week	→ the following week
now	→ then	here	→ there

Beruf

▪▪ Übungen

 **1 Lesen Sie die E-Mail und notieren Sie vier Probleme bei den Konferenz-
vorbereitungen.**

Hi Kevin,
How are things going in Bristol? We've still got lots of problems with the
conference. I talked to Mr Butler this morning and he says that we must have a
meeting to decide whether to hold the conference or not. Calling it off would be a
disaster. Roger Holland has said that he can't come and give his talk on sales trends.
But at least he's going to send me the material so that we can use it in a workshop.
Liz Bailey can't come this week. And Philip phoned from Manchester to say that
only two of the people he invited are able to come. And we haven't got a keynote
speaker* yet. I just hope everything goes well in Bristol. I need some good news
today, but mail me even if it's bad news!
See you tomorrow, Paula

*keynote speaker: *Eröffnungsredner(in)*

1. _____
2. _____
3. _____
4. _____

**2 Ergänzen Sie die Verben in Klammern in der einfachen Vergangenheit
oder im *past perfect*.**

1. Paula and Philip _____ (drive) to Brighton together after they
_____ (pick up) the company car on Thursday.

2. They _____ (make) many new contacts in Brighton after they
_____ (arrive) at the conference.

3. After they _____ (have) a meal in Brighton, they _____
(drive) back to London.

4. Sheila _____ (go) to bed before Philip _____ (get) home.

3 Was passt zusammen?

1. Come in and sit down.
2. Roger Holland will be in Australia.
3. Roger will send me the material.

a) At least that's good news.
b) Tell me about the problems.
c) That's a great pity.

Brighton

Brighton liegt an der Südküste Englands und ist nur eine knappe Auto-stunde von London entfernt. Es ist eines der beliebtesten und lebendigs-ten Seebäder in England. Brighton hat ein großes Konferenzzentrum. Im **Brighton Centre** gibt es Plätze für etwa 5000 Konferenzteilnehmer. Die Stadt ist in den letzten Jahren restauriert worden und die vielen Touristen-attraktionen und schönen Strände ziehen mehr als acht Millionen Touris-ten jährlich an.

Die Hauptattraktionen sind der **Brighton Royal Pavilion**, ein sehr schönes und ungewöhnliches Gebäude, der weltberühmte **Brighton Pier**, an dem es Lokale, Stände, Geschäfte und einen **Funfair** *Rummelplatz* gibt, das **Beachy Head**, von dem man einen wunderschönen Ausblick über den Ärmelkanal genießen kann, und natürlich der Brighton **Clock Tower**, der im Jahr 1888 erbaut wurde, um das goldene Jubiläum – den 50. Jahrestag der Krönung – von Königin Victoria zu feiern, und vieles mehr.

Brighton ist zwar etwas wärmer als die meisten anderen Orte in Großbri-tannien, aber die Durchschnittstemperaturen liegen im Juli nur bei etwa 23 °C. Sie können also keine Temperaturen wie am Mittelmeer erwarten. Trotzdem gibt es hier viele Badegäste, nicht nur aus Großbritannien, son-dern aus der ganzen Welt.

i Kulturtipp

Was können Sie schon?   ☺ ☹ ☺

- über vergangene Ereignisse berichten   → Ü1

- über Terminprobleme sprechen   → Ü2
- die Kernaussagen einer Ankündigung verstehen

- auf Aussagen angemessen sprachlich reagieren   → Ü3

Beruf

26 Kontakte knüpfen

In dieser Lektion lernen Sie:

- Kundenkontakte zu pflegen
- sich über geschäftliche Dinge auszutauschen
- Small Talk am Rande einer Veranstaltung zu führen

Socializing

2/29

Alison	Great to see you. Just over from the States, are you?
Susan	Yes, I arrived at Heathrow this afternoon.
Alison	Would you like another drink? I'll get you one.
Susan	That would be lovely. Mine's a gin and tonic. Make it a small one, please.
Tim	I know you. But I can't remember your name.
Alison	Alison Warner. I'm down from Scotland.
Tim	Did you drive down, or fly?
Alison	I flew from Edinburgh and then took the train.
Tim	Looks like a very interesting conference.
Alison	Yes, I'm looking forward to the keynote speech on the new technologies. I'm going to talk to the speaker afterwards.
Tim	Yes, and I want to talk to her too.
Philip	My name's Philip Elton. I'm with InterChip in London.
Bruce	Oh, yes, I know about you. I want to talk to you about the new software that you're marketing.
Philip	You're from Australia, aren't you?
Bruce	Yes, I'm Australian, but I've been living in London for three years now. What's your special interest?
Philip	Well, I'm in Research and Development.
Bruce	I'm going for a walk along the seafront afterwards.
Philip	Good idea. We can get some real fresh sea air!

Fragen zum Dialog

Richtig oder falsch? Kreuzen Sie an.

	right	wrong
1. Susan has just arrived by train.	☐	☐
2. Alison has just driven down from Scotland.	☐	☐
3. The keynote speech is about the new technologies.	☐	☐
4. Bruce has just arrived from Australia.	☐	☐

Kontaktpflege

Alison	Prima, Sie zu sehen. Gerade aus den Staaten herübergekommen, nicht wahr?
Susan	Ja, ich kam heute Nachmittag in Heathrow an.
Alison	Möchten Sie noch einen Drink? Ich werde Ihnen einen holen.
Susan	Das wäre nett. Mein Drink ist ein Gin&Tonic. Machen Sie mir (es) einen kleinen, bitte.
Tim	Ich kenne Sie. Aber ich kann mich nicht an Ihren Namen erinnern.
Alison	Alison Warner. Ich bin von Schottland heruntergekommen.
Tim	Sind Sie mit dem Auto heruntergefahren oder geflogen?
Alison	Ich flog von Edinburgh und nahm dann den Zug.
Tim	Sieht nach einer sehr interessanten Konferenz aus.
Alison	Ja, ich freue mich auf den Eröffnungsvortrag über die neuen Technologien. Ich werde hinterher mit der Rednerin sprechen.
Tim	Ja, und ich will auch mit ihr sprechen.
Philip	Ich heiße Philip Elton. Ich bin bei InterChip in London.
Bruce	Oh, ja, ich weiß über Sie Bescheid. Ich will mit Ihnen über die neue Software sprechen, die Sie gerade auf den Markt bringen.
Philip	Sie sind aus Australien, nicht wahr?
Bruce	Ja, ich bin Australier, aber ich lebe jetzt schon seit drei Jahren in London. Was ist Ihr Fachgebiet (besonderes Interesse)?
Philip	Nun, ich bin in der Forschung und Entwicklung.
Bruce	Ich habe vor, hinterher einen Spazierung die Strandpromenade entlang zu machen.
Philip	Gute Idee. Wir können etwas echt frische Seeluft schnappen.

Beruf

░ Lernwortschatz

acquaintance	*Bekannte(r)*
afterwards	*danach, hinterher*
air	*Luft*
each other	*einander, gegenseitig*
economic	*ökonomisch, wirtschaftlich*
fly	*fliegen*
get some fresh air	*frische Luft schnappen*
keynote speech	*Eröffnungsvortrag*
lovely	*reizend, nett*
market	*vertreiben, absetzen*
remember	*sich erinnern*
research	*Forschung*
sea	*Meer, (die) See*
seafront	*Strandpromenade*
small	*klein*
socializing	*Kontaktpflege*
speaker	*Sprecher(in), Redner(in)*
special interest	*hier: Fachgebiet*
straight	*direkt, gerade(aus)*
technological	*technologisch*
technology	*Technologie*

Rund um (Geschäfts-)Kleidung

(rain)coat	*(Regen-) Mantel*
suit	*Anzug; Kostüm*
jacket	*Jackett, Blazer*
shirt	*Hemd*
trousers	*Hose*
tie	*Krawatte*
scarf	*Schal, Halstuch*
dress	*Kleid*
blouse	*Bluse*
skirt	*Rock*
jumper	*Pullover*
cardigan	*Strickjacke*
tights	*Strumpfhose*
shoes	*Schuhe*

Rund um den Vortrag

overhead projector	*Tageslichtprojektor*
data projector	*Beamer*
flip chart	*Flipchart*
board	*Tafel*
transparency	*Folie*
handout	*Handzettel*
paper	*Papier*
diagram	*Grafik*

:: Grammatik und Redemittel

■ Die verschiedenen Zukunftsformen im Überblick → § 8.5

Sie haben bisher drei verschiedene Möglichkeiten kennengelernt, um Handlungen in der Zukunft auszudrücken. Hier ist eine Übersicht zur Wiederholung:

Zukunftsform	Sprechabsicht
going to → L9	Absicht, Plan, Vorhaben; Gewissheit, dass etwas eintreten wird
-ing-Form (Verlaufsform) → L11	konkrete Planung, meist mit Zeitangabe
will → L15	Vorhersage; spontaner Entschluss, Angebot

Die jeweilige Sprechabsicht entscheidet, welche der drei Zukunftsformen Sie für Ihre Aussage benötigen. Vergleichen Sie die folgenden Beispiele:

I'm going to meet him tomorrow. *Ich werde ihn morgen treffen.*
(Ich habe die Absicht, ihn morgen zu treffen.)
I'm meeting him tomorrow. *Ich treffe ihn morgen.*
(Ich habe das Treffen mit ihm schon verabredet.)
I'll phone her back later. *Ich werde sie später zurückrufen.*
(Ich habe mich spontan entschlossen, sie später zurückzurufen.)
I talked to Paula yesterday. **I'm going to phone** her again later.
Ich sprach gestern mit Paula. Ich werde sie später nach einmal anrufen.
(Ich habe mir vorher schon überlegt, dass ich Paula später noch einmal anrufen werde.)

■ Das Stützwort *one/ones* → § 3.3

Wenn Sie ein bereits genanntes Substantiv nicht wiederholen wollen, können Sie es durch **one** *eine(r,s)* ersetzen. Anstelle eines Substantivs im Plural verwenden Sie die Pluralform **ones**:

Can I get you another **drink**? *Kann ich Ihnen noch einen Drink holen?*
Make it a small **one**, please. *Machen Sie mir bitte einen kleinen.*
I'm going to talk to her about the technological **problems**. *Ich werde mit ihr über die technologischen Probleme sprechen.*
And I want to talk to her about the economic **ones**. *Und ich will mit ihr über die wirtschaftlichen sprechen.*

Beruf

⬛ Übungen

1 Ergänzen Sie *one* oder *ones*.
1. Would you like a small beer or a big _____ ?
2. Gin and tonic? Can I get you another _____ ?
3. We've got these lovely apples and also some cheap _____ .
4. Which shirt do you want – the red or the green _____ ?
5. I'm looking at my latest e-mails. These are the business _____
   and those are the personal _____ .

2/30

2 Hören Sie die CD und beantworten Sie die Fragen.
1. What does Klaus like to drink?
2. How did Tom Walker get to London?
3. What is the keynote speech about?
4. How long has Anand been living in the USA?
5. What is Anita Baumgartner's special interest?
6. What does Anand suggest?

3 Lesen Sie die Konferenzankündigung. Sie kennen nicht alle Wörter, werden den Inhalt aber trotzdem verstehen. Fassen Sie die wichtigsten Informationen auf Deutsch zusammen.

Annual Conference on Health and the Environment June 23rd-25th
For more than 10 years CHE has brought together companies and their representatives. It offers an excellent opportunity for experts to meet and exchange information and opinions on health and the environment. There will be a keynote speech on developments in the past year and the future trends in software and services. There will also be workshops on health questions and developments in the field of the environment. There will be over 25 companies from the European Union and other countries and representatives from all over the world. This is a sector that promises great business in the future. Don't miss the conference. Mail now to register for this year's CHE: jenny.owen@che.uk

:: Kontaktaufnahme auf Konferenzen

Nicht jeder ist kontaktfreudig und stürzt sich auf einer internationalen Konferenz sofort in die Menge. Es gibt aber viele Themen, mit denen Sie ein Gespräch anfangen können. Auf Englisch heißt das **breaking the ice** *das Eis brechen.* Das Problem ist nur, dass nicht alle das Wetter so faszinierend finden wie die Engländer!

Fangen Sie einfach mit leichten Themen an und gehen Sie dann allmählich zu interessanteren Fragen über. In die erste Kategorie gehören Fragen nach der Arbeit, der Firma, dem Forschungsbereich oder dem Fachgebiet. Dann kommen die interessanteren Fragen wie: **Where do you come from?** *Woher kommen Sie?* **What's your favourite sport?** *Welches ist Ihre Lieblingssportart?* **Have you heard the latest news about …?** *Haben Sie schon die letzten Neuigkeiten über … gehört?* Jetzt können Sie langsam zu persönlicheren Fragen übergehen: **And what about your family?** *Und was ist mit Ihrer Familie?* **Have you got any children?** *Haben Sie Kinder?*

Es gibt drei Themen, die Sie am ersten Abend auf einer Konferenz vermeiden sollten, und das sind: Politik, Religion und Liebe! Aber die einfachste Methode **of breaking the ice** ist: **Smile and say hello!** *Lächeln Sie und sagen Sie Hallo!* Die Briten sind durchaus nicht so steif und reserviert, wie man oft denkt.

Kulturtipp

i

Beruf

:: Was können Sie schon?

😊 😐 😞

■ unschöne Wiederholungen vermeiden	→ Ü1
■ auf einer Konferenz verstehen ■ Verständnisfragen beantworten	→ Ü2
■ eine Konferenzankündigung verstehen ■ wesentliche Inhalte auf Deutsch zusammenfassen	→ Ü3

27 Eine Besprechung

▪▪ **In dieser Lektion lernen Sie:**

- ▪ eine Besprechung zu eröffnen
- ▪ ein Gespräch zu moderieren
- ▪ einen Gesprächsverlauf
  zusammenzufassen

A meeting

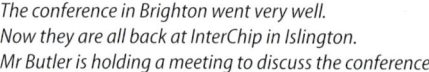

The conference in Brighton went very well.
Now they are all back at InterChip in Islington.
Mr Butler is holding a meeting to discuss the conference.

Mr Butler	Good morning, everyone. Well, that was a very good and stimulating weekend and there is a lot to do to follow up the contacts. Joyce, perhaps you could start.
Joyce	We've made good new contacts with people in the USA, Spain, Australia, China and especially Germany. This means that if things go well, we would be expanding a lot in the near future. But that also means employing more sales reps in the various areas, basically on all five continents. Paula, perhaps you could help me a bit on the German side.
Paula	Of course. Our Spanish guest Mr Ramos asked me to call him this week and give him some more information.
Mr Butler	When you have got some ideas together about what we should do and what this means for the company, we should have a meeting later in the week. Just the three of us: Joyce, Paula and me. Philip, what about you?
Philip	The keynote speech was excellent. I'm sure that she is right that the future lies in software and services for the environmental sector. I will compare notes with Hazel today. Then I'll report back to you with our proposals.
Mr Butler	Good.

▪▪ Fragen zum Dialog

Unterstreichen Sie, was zutrifft.

1. They have got new contacts especially in *England | Germany*.
2. They will need more sales reps *everywhere | in London*.
3. Mr Ramos wants *a meeting in Spain | more information*.
4. Philip will *compare notes with Hazel | write notes with Hazel*.

Eine Sitzung

Die Konferenz in Brighton lief sehr gut. Jetzt sind sie alle zurück bei InterChip in Islington. Herr Butler hat eine Sitzung einberufen, um die Konferenz zu besprechen.

Herr Butler	Guten Morgen, allerseits. Tja, das war ein sehr gutes und sehr anregendes Wochenende und es gibt eine Menge zu tun, um die Kontakte aufzuarbeiten. Joyce, vielleicht könnten Sie anfangen.
Joyce	Wir haben gute neue Kontakte mit Leuten aus den USA, Spanien, Australien, China und besonders Deutschland geknüpft. Das bedeutet, falls die Dinge gut laufen, dass wir in nächster Zukunft stark expandieren würden. Aber das bedeutet auch, mehr Verkaufsvertreter in den verschiedenen Gebieten einzustellen, im Grunde in allen fünf Kontinenten. Paula, vielleicht könnten Sie mir mit der deutschen Seite ein bisschen helfen.
Paula	Selbstverständlich. Unser spanischer Gast Herr Ramos bat mich, ihn diese Woche anzurufen und ihm etwas mehr Informationen zu geben.
Herr Butler	Wenn Sie einige Ideen darüber zusammengetragen haben, was wir tun sollten und was das für das Unternehmen bedeutet, sollten wir später in dieser Woche eine Besprechung haben. Nur wir drei: Joyce, Paula und ich. Philip, was ist mit Ihnen?
Philip	Der Eröffnungsvortrag war ausgezeichnet. Ich bin sicher, sie hat recht, dass die Zukunft in Software und Dienstleistungen für den Umweltsektor liegt. Ich werde heute mit Hazel Ideen austauschen. Dann werde ich Ihnen über unsere Vorschläge berichten.
Herr Butler	Gut.

Beruf

:: Lernwortschatz

area	*Gegend, Region*	guest	*Gast*
basically	*im Grunde*	lie	*liegen*
compare	*vergleichen*	note	*Notiz, hier: Idee,*
contact	*Kontakt*		*Meinung*
continent	*Kontinent*	proposal	*Vorschlag*
employ	*einstellen,*	rep(resentative)	*Vertreter(in)*
	beschäftigen	report	*berichten*
especially	*besonders,*	sales rap	*Verkaufs-*
	vor allem		*Vertreter*
everyone	*jede(r,s)*	sector	*Bereich,*
excellent	*ausgezeichnet*		*Sektor*
expand	*ausdehnen,*	stimulate	*anregen,*
	expandieren		*stimulieren*
follow (up)	*folgen, hier:*	success	*Erfolg*
	aufarbeiten	thank	*danken*

Rund um die Besprechung

Ladies and Gentlemen.	*Verehrte Damen und Herren.*
Welcome to today's meeting.	*Ich begrüße Sie zur heutigen Sitzung.*
What do you think about this?	*Was meinen Sie dazu?*
What's your opinion on this question?	*Wie ist Ihre Meinung zu dieser Frage?*
I can agree to that.	*Ich bin damit einverstanden.*
You're right.	*Sie haben recht.*
I can't agree with you on that point.	*Hier kann ich Ihnen nicht zustimmen.*
Please summarize the points.	*Bitte fassen Sie die Punkte zusammen.*
Thank you for bearing with me.	*Danke, dass Sie mir zugehört haben.*
Many thanks for coming today.	*Vielen Dank, dass Sie heute gekommen sind.*

:: Grammatik und Redemittel

■ Die Fragepronomen → § 5.6
Sie kennen bereits viele Fragepronomen:

How?	What?	When?	Where?	Who?	Why?	Which?
Wie?	*Was?*	*Wann?*	*Wo?*	*Wer?*	*Warum?*	*Welche(r,s)?*

Wenn Sie sich jetzt noch das Fragepronomen **whose?** *wessen?* merken, können Sie nach allen Dingen fragen, die Sie interessieren.

■ Fragen in der indirekten Rede → § 14.6
Wenn Sie eine Frage in der indirekten Rede wiedergeben wollen, müssen Sie zwischen Fragen mit Fragewort und Fragen ohne Fragewort unterscheiden.

Bei Fragen mit Fragewort wird das Fragewort in der indirekten Rede beibehalten:
"**What** do you think of London?" – Sheila asks her **what** she thinks of London.
„Was denkst du über London?" – Sheila fragt sie, was sie über London denkt.
"**Why** did you do that?" – John asked him **why** he had done that.
„Warum hast du das getan?" – John fragte ihn, warum er das getan hatte.
Beachten Sie die Zeitverschiebung im zweiten Beispiel!

Bei Fragen ohne Fragewort (Ja/Nein-Fragen) wird die Frage in der indirekten Rede mit **if** oder **whether** *ob* eingeleitet:
"Do you speak Spanish?" – Mr Butler asked **if**/**whether** Paula spoke Spanish.
„Sprechen Sie Spanisch?" – Herr Butler fragte, ob Paula Spanisch spricht.

■ Bitten und Aufforderungen in der indirekten Rede → § 14.3
Sie können nicht nur Fragen, sondern auch Bitten und Aufforderungen in der indirekten Rede wiedergeben. Eine Bitte leiten Sie mit **ask** ein, eine Aufforderung mit **tell**. Daran schließen Sie (**not**) **to** + **Infinitiv** des Verbs an:
"Please open the window." – He asked me **to** open the window.
„Bitte öffnen Sie das Fenster." – Er bat mich, das Fenster zu öffnen.
"Don't take the Underground!" – She told me **not to** take the Underground.
„Nehmen Sie nicht die U-Bahn!" – Sie empfahl mir, nicht die U-Bahn zu nehmen.

Beruf

:: Übungen

1 Welches Fragewort brauchen Sie hier?

Who?   Whose?   When?   Why?   Which?   Where?   How?   What?

1. _____ did the conference take place – in London?
2. _____ did they discuss?
3. _____ did they start?
4. _____ problems did the speaker talk about?
5. _____ came from the United States?
6. _____ did they get from the airport to the Brighton Centre?
7. _____ did Mr Butler thank Paula in particular?
8. _____ office should they go to if they have a problem?

2 Geben Sie die Fragen und Aufforderungen an eine dritte Person weiter.

1. "Do you speak French?"   Paula asked me …
2. "Does Mr Aziz drink wine?"   Hazel asked Kevin …
3. "Have you checked all your e-mails?"   Mr Butler asked Paula …
4. "What did you do this morning?"   Sheila asked Andy …
5. "Where did you buy your car?"   Paula asked Philip …
6. "Why are you looking at these pictures?"   Sheila asked Philip …
7. "Andy, go and tidy up your room."   Sheila told …
8. "Close all the windows."   The teacher told them …

3 Hören Sie den Dialog auf der CD. Lesen Sie jetzt die Fragen. Hören Sie das Gespräch noch einmal und beantworten Sie die Fragen.

2/32

1. Where did they hold the conference?
2. Where have they made new contacts?
3. Does Dave speak good German and Russian?
4. Who is going to have a meeting later in the week?
5. What does Mr Romano want?
6. What was the keynote speech about?
7. And what does Dr Gerard want?

▪▪ England ist nicht nur England!

In vielen Ländern benutzt man die Bezeichnung England für Großbritannien oder, wie es offiziell heißt, das **United Kingdom of Great Britain and Northern Ireland**. England ist natürlich London, Cambridge, Brighton, der Norden mit Manchester und dem **Lake District** *Seengebiet* und vieles andere mehr. Aber sobald man nach **Wales** fährt, sieht die Welt anders aus.

Wales ist zweisprachig, wobei Walisisch (eine keltische Sprache) gleichgestellt ist mit Englisch. Die Waliser sind ein sehr freundliches Volk. Es ist gut, einige walisische Ausdrücke zu lernen (z. B. **Bore da!** *Guten Morgen!* oder **Diolch yn fawr!** *Vielen Dank!*), auch wenn die Aussprache anfangs ein bisschen schwierig erscheint. **Snowdonia** im Norden von Wales mit den Bergen und Seen ist landschaftlich wunderschön.

In Schottland gibt es dagegen nur wenige Menschen, die noch die keltische Sprache sprechen. Dafür ist der schottische Dialekt so ausgeprägt, dass Sie manchmal nicht erkennen werden, dass überhaupt Englisch gesprochen wird. Viele Besucher machen in Schottland eine Rundreise: **Edinburgh**, die Hauptstadt, **Glasgow**, die wunderschöne Westküste, die **Lochs** *Seen*, die **Highlands** *das Hochland*, **Aberdeen**, **Dundee** und zurück nach **Edinburgh**. Am besten mit Wanderungen zwischendurch. Probieren Sie es aus – es lohnt sich!

i Kulturtipp

▪▪ Was können Sie schon?

☺ ☺ ☹

▪ nach allem Fragen, was Sie interessiert	→ Ü1
▪ berichten was andere gesagt oder gefragt haben	→ Ü2
▪ mitteilen, worum Sie gebeten oder aufgefordert wurden	
▪ eine Geschäftsbesprechung verstehen	→ Ü3
▪ Notizen über Besprechungsinhalte machen	

Beruf

:: In dieser Lektion lernen Sie:

- Ereignisse zusammenzufassen
- nach zukünftigen Plänen zu fragen
- über Erfahrungen in der Vergangenheit zu berichten

The decision

Paula is going back to Stuttgart soon and she is talking to Philip about her plans.

Paula	I can't believe that I've been here in London for six months already.
Philip	Well, I can. I haven't enjoyed myself so much for a long time. Remember that boat trip we went on in June?
Paula	Oh, that was great. Lovely English weather too! But Philip, I've got a big surprise. You must help me to decide what to do.
Philip	Come on. I can't wait to hear it.
Paula	I was called into Mr Butler's office this morning and offered a job at the London office.
Philip	And have you accepted the offer?
Paula	No, I haven't. He asked me to consider it carefully and to give him an answer by the end of the month. It's great, but I don't know what to do.
Philip	And would you like to take the job? You know that everyone at the office and at home likes you. Mum is very fond of you.
Paula	I know. I'm very fond of you too.
Philip	Are you really fond of me, Paula? … You know, Mum had a great idea: that you could come and live with us. Our attic room has been repainted and it's very nice now. It's much better than your B&B.
Paula	Yes, I know. But my life would be changed completely by all this. It's just too much for me to decide in one day. I've got to sleep on it a while.

▀▀ Fragen zum Dialog

Welche Sätze sind richtig? Kreuzen Sie an.

1. a) ☐ Paula has got a surprise.   b) ☐ Philip has got a surprise.
2. a) ☐ They all like Paula.   b) ☐ Only Philip likes Paula.

Die Entscheidung

Paula kehrt bald nach Stuttgart zurück und sie spricht mit Philip über ihre Pläne.

Paula	Ich kann es nicht glauben, dass ich schon seit sechs Monaten hier in London bin.
Philip	Nun, ich kann's. Ich habe schon seit langem keine so gute Zeit mehr gehabt. Erinnerst du dich noch an die Bootsfahrt, die wir im Juni gemacht haben?
Paula	Oh, das war prima. Wunderschönes englisches Wetter noch dazu! Aber Philip, ich habe eine große Überraschung. Du musst mir helfen zu entscheiden, was ich tun soll.
Philip	Komm schon. Ich kann es nicht abwarten, es (sie) zu hören.
Paula	Ich wurde heute Morgen ins Büro von Herrn Butler gerufen und mir wurde eine Stelle im Londoner Büro angeboten.
Philip	Und hast du das Angebot angenommen?
Paula	Nein, habe ich nicht. Er bat mich, es sorgfältig zu überlegen und ihm bis Ende des Monats eine Antwort zu geben. Es ist großartig, aber ich weiß nicht, was ich tun soll.
Philip	Und möchtest du die Stelle annehmen? Du weißt, dass alle im Büro und zu Hause dich mögen. Mama hat dich sehr gern. Und Andy mag dich auch.
Paula	Ich weiß. Ich hab dich auch sehr gern.
Philip	Hast du mich wirklich gern, Paula? … Weißt du, Mama hatte eine großartige Idee: dass du zu uns kommen und bei uns wohnen könntest. Unser Mansardenzimmer ist neu gestrichen worden und es ist sehr schön jetzt. Es ist viel besser als deine Pension.
Paula	Ja, ich weiß. Aber mein Leben würde komplett verändert werden durch all das. Es ist einfach zu viel für mich, um es an einem Tag zu entscheiden. Ich muss eine Weile darüber schlafen.

Beruf

▪▪ Lernwortschatz

believe	*glauben*	sleep	*schlafen*
completely	*vollständig*	surprise	*Überraschung*
consider	*überdenken*	weather	*Wetter*
customer	*Kunde/*		
	Kundin		

Die Jahreszeiten	
spring	*Frühling*
summer	*Sommer*
autumn	*Herbst*
winter	*Winter*

decision	*Entscheidung*
fond of	*gern haben,*
	mögen
life	*Leben*
month	*Monat*
offer	*Angebot*
past	*hier:*
	Vergangenheit
perfectly	*perfekt*
prepare	*vorbereiten*
present	*Gegenwart*
repaint	*neu streichen*

Die Himmelsrichtungen	
north	*Nord(en)*
east	*Ost(en)*
south	*Süd(en)*
west	*West(en)*
northeast	*Nordost(en)*
southwest	*Südwest(en)*

Rund um das Wetter	
It's a lovely day today.	*Heute ist ein wunderbarer Tag.*
There's not a cloud in the sky.	*Es ist keine Wolke am Himmel.*
The sunshine is beautiful.	*Die Sonne scheint herrlich.*
There's a strong wind (blowing).	*Es bläst ein starker Wind.*
It's just pouring down.	*Es regnet ununterbrochen.*
That was a real thunderstorm.	*Das Gewitter war sehr heftig.*
This autumn was rainy and foggy.	*Dieser Herbst war regnerisch und neblig.*
But we had plenty of sun in the summer.	*Aber wir hatten reichlich Sonne im Sommer.*
There was a lot of snow this winter.	*Es gab eine Menge Schnee diesen Winter.*
It was freezing cold.	*Es war eiskalt.*

Grammatik und Redemittel

■ Die wichtigsten Konjunktionen → § 13

Konjunktionen sind Bindewörter, die dazu dienen, zwei oder mehr Wörter, Satzteile oder Sätze miteinander zu verbinden. Die häufigsten Konjunktionen im Englischen sind **and** *und*, **but** *aber* und **or** *oder*. Mit diesen Wörtern verbinden Sie zwei Hauptsätze. Wenn Sie einen Haupt- und einen Nebensatz verbinden wollen, brauchen Sie die folgenden Konjunktionen:

after	*nachdem*	**if**	*falls/wenn*
although	*obwohl*	**since**	*seitdem*
because	*weil*	**so**	*also, deshalb*
before	*bevor*	**so that**	*damit*

■ Das Passiv → § 12

In der Grammatik unterscheidet man zwischen Aktiv- und Passivsätzen. In einem Aktivsatz wird gesagt, dass jemand etwas tut. In einem Passivsatz wird dagegen gesagt, was mit jemandem oder mit etwas getan wird. Auch in einem Passivsatz kann die handelnde Person genannt werden. Sie wird dann mit **by** *von, durch* angeschlossen.

Aktiv	Passiv
Mr Butler offered Paula a job.	Paula was offered a job (by Mr Butler).
Herr Butler bot Paula eine Stelle an.	*Paula wurde (von Herrn Butler) eine Stelle angeboten.*

Das Passiv bilden Sie im Englischen mit einer Form von **be** und dem Partizip Perfekt. Es kann in allen Zeitformen gebildet werden:

Gegenwart	The chores **are done** by everyone. *Die Hausarbeiten werden von allen erledigt.*
Vergangenheit	Paula **was knocked** down by a skateboarder. *Paula wurde von einem Skateboarder umgefahren.*
present perfect	Our attic room **has been repainted.** *Unser Mansardenzimmer ist neu gestrichen worden.*
past perfect	The conference **had been prepared** perfectly. *Die Konferenz war perfekt vorbereitet worden.*

Beruf

:: Übungen

1 Ergänzen Sie das passende Verb im Passiv.

> sell   plan   eat   check   cook   answer

What is **usually** done **every day**?
1. Fruit _____ at Chapel Market.
2. Chips _____ with fish or hamburgers.
3. Baked beans _____ by Paula's landlady.

What was done **yesterday** at Philip's office?
4. The e-mails _____ in the morning.
5. The phone was ringing all morning and it _____ every time.
6. The new project _____ in the afternoon.

2 Hören Sie das Gespräch zwischen Paula und Herrn Butler. Lesen Sie danach die Aussagen und unterstreichen Sie die Fehler. Notieren Sie die richtige Antwort.

2/34

1. Mr Butler wants to offer Paula a job at the Brighton Centre. _____
2. Paula is going back to Stuttgart in two days. _____
3. Paula accepts the offer immediately. _____
4. Paula speaks three foreign languages. _____
5. Everyone in Islington likes Paula very much. _____

3 Welche Konjunktion passt hier?

> after   because   so that   until/till   when   while   and

1. _____ he had tidied up his room, Andy went out to the halfpipe for a while.
2. Philip prepared the meat in the kitchen _____ he could cook the Sunday lunch.
3. _____ she was working in the kitchen, Sheila did some household chores.
4. Paula arrived a bit late _____ she wanted to finish some work at home.
5. They all waited _____ she arrived.
6. _____ she arrived, they all sat at the table _____ talked about Paula's future.

:: Die Engländer reden ständig über das Wetter!

Vor 250 Jahren sagte Dr. Johnson (Autor des berühmten **Dictionary of the English Language** *Wörterbuch der englischen Sprache*): **When two Englishmen meet, their first talk is of the weather**. *Wenn sich zwei Engländer begegnen, geht ihr erstes Gespräch um das Wetter*. Das ist auch heute noch so. Aber es wäre falsch anzunehmen, dass Gespräche über das Wetter wirklich Gespräche über das Wetter sind! Wenn Engländer sagen: **Lovely day, innit?** *Schöner Tag heute, nicht wahr?* oder **Oh, isn't it nippy this morning?** *Oh, ist es nicht kalt heute Morgen?* oder **Still raining?** *Regnet es noch?*, wollen sie keine Informationen über das Wetter erhalten. Dies ist nur eine freundlichere Form der Begrüßung am Morgen. Oder die Äußerungen dienen dazu, **to break the ice** *das Eis zu brechen*, damit man danach über andere Themen sprechen kann.

Viele werden sagen, dass das englische Wetter eigentlich uninteressant ist, aber es ändert sich sehr schnell. Jemand könnte aus dem Fenster schauen und sagen: **Raining again**. *Es regnet schon wieder*. Eine geläufige Antwort darauf wäre: **Just wait two minutes and the sun'll come out again**. *Warten Sie einfach zwei Minuten und die Sonne wird wieder herauskommen*.

Und noch ein Tipp: Die Engländer jammern über das englische Wetter, aber Sie als Ausländer sollten das nicht tun – eben weil das Wetter englisch ist!

Kulturtipp

:: Was können Sie schon?

	☺	😐	☹	
▪ ausdrücken, was mit jemandem getan wird				→ Ü1
▪ falsche Angaben berichtigen				→ Ü2
▪ Aussagen richtig miteinander verbinden				→ Ü3

Beruf

:: **In dieser Lektion lernen Sie:**

- ■ jemandem einen Vorschlag zu machen
- ■ direkte und indirekte Einladungen auszusprechen
- ■ über verschiedene Möglichkeiten zu sprechen

2/35

Happily ever after!

Paula and the Eltons are sitting at the table eating Paula's favourite Sunday lunch.

Philip	I can't wait to hear what you said to Mr Butler. Have you accepted the job or not?
Paula	Well, we talked about it and he's given me some more time to decide. I'm going back to Stuttgart next week and I'm going to talk it all over with my parents and my brother and sister. Just think: If I hadn't read the advertisement in Stuttgart, I wouldn't have come to London at all!
Sheila	We'd love you to take the job here.
Philip	And it's only an hour or so from Stuttgart to London by plane.
Paula	Flying's not a problem at all. I don't mind flying.
Andy	And if you want some company on the plane, Lisa and I will come with you!
Paula	That would be great, Andy. And maybe you can come to Germany too, Philip.
Philip	Yes, if I didn't have to work all the time, I could go on trips to Germany.
Paula	Well, it looks as if InterChip UK is going to expand worldwide. That would mean journeys all around the world. I've never been to China or Australia.
Philip	And I've never been to Spain.
Sheila	If you accepted the job at InterChip, you could come and live with us … Oh, I do love fairy tales: And they all lived happily every after!

▪▪ Fragen zum Dialog

Streichen Sie, was nicht zutrifft.
1. Paula is going back to Stuttgart *next month* | *next week*.
2. *Flying is a problem for Paula.* | *Paula doesn't mind flying*.

Glücklich bis ans Ende ihrer Tage!

Paula und die Eltons sitzen am Tisch und essen Paulas Lieblings-Sonntagsmittagessen.

Philip	Ich kann es nicht abwarten zu hören, was du Herrn Butler gesagt hast. Hast du die Stelle angenommen oder nicht?
Paula	Nun, wir haben darüber gesprochen und er hat mir etwas mehr Zeit gegeben, um zu entscheiden. Ich fahre nächste Woche nach Stuttgart zurück und habe vor, alles mit meinen Eltern und mit meinem Bruder und meiner Schwester zu besprechen. Überlege nur: Wenn ich die Anzeige in Stuttgart nicht gelesen hätte, wäre ich überhaupt nicht nach London gekommen!
Sheila	Wir würden uns riesig freuen, wenn du die Stelle hier nehmen würdest.
Philip	Und es ist nur eine Stunde oder so von Stuttgart nach London mit dem Flugzeug.
Paula	Fliegen ist überhaupt kein Problem. Ich habe nichts gegen das Fliegen.
Andy	Und wenn du Gesellschaft im Flugzeug willst, werden Lisa und ich mit dir kommen!
Paula	Das wäre prima, Andy. Und vielleicht kannst du auch nach Deutschland kommen, Philip.
Philip	Ja, wenn ich nicht die ganze Zeit arbeiten müsste, könnte ich Reisen nach Deutschland unternehmen.
Paula	Nun, es sieht aus, als ob InterChip UK weltweit expandieren wird. Das würde Reisen rund um die Welt bedeuten. Ich bin noch nie in China oder Australien gewesen.
Philip	Und ich bin noch nie in Spanien gewesen.
Sheila	Wenn du die Stelle bei InterChip annehmen würdest, könntest du kommen und bei uns wohnen … Oh, ich liebe Märchen: Und so lebten sie glücklich bis ans Ende ihrer Tage!

Beruf

Lernwortschatz

advertisement	*Anzeige*	favourite	*Lieblings-*
around	*um … herum*	I don't mind	*es macht*
company	*Gesellschaft*		*mir nichts aus*
each	*jede(r,s)*	laughter	*Gelächter*
	einzelne	read	*lesen*
ever	*je(mals), immer*	though	*obwohl*
fairy tale	*Märchen*	world	*Welt*

Rund um Familie und Familienstand			
mother	Mutter	niece	Nichte
father	Vater	nephew	Neffe
son	Sohn	wife	Ehefrau
daughter	Tochter	husband	Ehemann
brothers and sisters	Geschwister	widow	Witwe
brother	Bruder	widower	Witwer
sister	Schwester	single/unmarried	ledig
aunt	Tante	married	verheiratet
uncle	Onkel	divorced	geschieden
parents	Eltern	widowed	verwitwet
cousin	Cousin/Cousine	separated	getrennt

▪▪ Grammatik und Redemittel

■ Die Konditionalsätze, Typ 2 und 3 → § 15.2, § 15.3

In Lektion 16 haben Sie die Konditionalsätze des Typs 1 kennengelernt. Sie wissen, dass bei dem Typ 1 im **if**-Satz die einfache Gegenwart steht und in der Folge **will/won't**. Mit Typ 1 werden tatsächliche Ereignisse in Gegenwart und Zukunft ausgedrückt:

If you **write** her an e-mail, **she will pass** on the information.   *Wenn Sie ihr eine E-Mail schreiben, wird sie die Informationen weiterleiten.*

Mit den Konditionalsätzen des Typs 2 drücken Sie keine tatsächlichen Ereignisse aus, sondern Sie spekulieren darüber, wie die Gegenwart oder Zukunft aussehen könnte (aber in Wirklichkeit nicht aussieht):

If **I had** a lot of money, **I would buy** this wonderful house.
Wenn ich viel Geld hätte, würde ich dieses wunderbare Haus kaufen.
(Aber leider habe ich kein Geld.)

Bei den Konditionalsätzen des Typs 2 steht im **if**-Satz die einfache Vergangenheit (obwohl Sie über die Gegenwart sprechen!) und in der Folge **would** + Infinitiv oder ein modales Hilfsverb.

! Achten Sie darauf, dass Sie nie **would** im **if**-Satz verwenden. Das wird häufig falsch gemacht, u. a. weil in der deutschen Übersetzung oft das Wort *würde* steht:
If Paula **accepted** the job, she **could live** with Philip.
Wenn Paula die Stelle annehmen würde, könnte sie bei Philip wohnen.
(Aber Paula weiß gar nicht, ob sie sie annehmen möchte.)

Während die Konditionalsätze des Typs 2 etwas über die Gegenwart oder Zukunft aussagen, befasst sich Typ 3 mit der Vergangenheit. Hier geht es um die Frage: Was wäre gewesen, wenn die Dinge (damals) anders gewesen wären? Die Vergangenheit ist aber bekannt, d. h. es geht immer um Bedingungen, die irreal sind und niemals mehr Wirklichkeit werden können.

If Paula **hadn't read** the advertisement, she **wouldn't have come** to London.
Wenn Paula die Anzeige nicht gelesen hätte, wäre sie nicht nach London gekommen.
(Aber sie hat sie in der Vergangenheit ja gelesen.)

Bei den Konditionalsätzen des Typs 3 steht im **if**-Satz das **past perfect** (**had** + Partizip Perfekt) und in der Folge **would have** + Partizip Perfekt.

Beruf

▪▪ Übungen

1 Ergänzen Sie in diesen Konditionalsätzen (Typ 2) die Verben und verbinden Sie die passenden Satzhälften.

1. If Paula *went* (go) to Stuttgart,
2. If Philip _____ (not have) to work all the time,
3. If Paula _____ (accept) the job,
4. If Paula _____ (want) some company,
5. If Philip _____ (come) to Germany,
6. If InterChip UK _____ (work) worldwide,

a) she could come and live with them.
b) one of them could come with her.
c) she could discuss it with her family.
d) Paula could show him lots of beautiful places.
e) they could go on journeys all around the world.
f) he could go on trips to Germany.

2 Vervollständigen Sie diese Konditionalsätze (Typ 3).

1. If Paula hadn't read the advertisement, *she wouldn't have come to London*.
2. If Paula hadn't come to London, she …
3. If Paula hadn't worked at the Islington office, she …
4. If Paula hadn't liked excursions, she …
5. If Paula hadn't liked sports, she …
6. If Paula hadn't been fond of flying, she …

3 Was würden Sie tun, wenn …?
What would you do …

1. … if you found a wallet in a park?
   If I found a wallet in a park, I would take it to the next police station.
2. … if someone offered you a job in New York?
4. … if your meat at a restaurant was tough?
5. … if you missed your plane to London?
6. … if you hurt yourself at the office?
7. … if your car broke down?

4 Was denken Sie?

1. What do you think about Paula Schneider?
2. And what do you think about Sheila?
3. And Andy? What do you think about him?
4. What do you think about Islington and London?
5. What was your English like at the beginning of this course?
6. And what is your English like now?

Englisch weltweit

Jetzt sind Sie fast schon am Ende Ihres Englischkurses angekommen und haben eine ganze Menge Englisch gelernt. **Well done!** *Gut gemacht!* Vielleicht wollen Sie ja – genau wie Paula Schneider – Ihr Englisch weiter verbessern und dann das Gelernte in Großbritannien oder den USA anwenden? Sie müssen deshalb ja nicht gleich nach London ziehen! Versuchen Sie es doch einfach mit einem weiterführenden Englischkurs.

Englisch ist eine **global language** *globale Sprache*. Die Verbreitung der englischen Sprache begann zur Zeit von **William Shakespeare** (1564–1616) mit den ersten Kolonien auf dem nordamerikanischen Kontinent. Heutzutage kann man sich fast überall auf der Welt mit Englisch verständigen. Nicht nur in den ehemaligen Kolonien, sondern auch in Ländern wie Russland, Japan oder China kommen Sie oft mit Englisch weiter, wenn Sie die Landessprache nicht sprechen.

Es gibt eine Empfehlung, dass alle Menschen drei Sprachen beherrschen sollten: die eigene, eine Sprache ihrer Wahl und eine **global language**. Das ist zur Zeit ohne Zweifel Englisch!

i Kulturtipp

Beruf

Was können Sie schon?

	☺	☺	☹
▪ über verschiedene Bedingungen spekulieren				→ Ü1 → Ü3
▪ ausdrücken, was Sie unter bestimmten Bedingungen tun würden				→ Ü2
▪ Ihre Meinung über Ihren Englischkurs äußern				→ Ü4

⁙ Hier wiederholen Sie:

- geschäftliche Telefonate zu führen
- auf E-Mails zu reagieren
- Small Talk mit Geschäftspartnern zu führen
- nach Informationen zu fragen
- sich über Termine und Besprechungen auszutauschen
- über vergangene und zukünftige Handlungen zu sprechen

Übungen

1 Was passt zusammen? Verbinden Sie.

1. Philip Elton	a) department
2. all around	b) sector
3. keynote	c) development
4. environmental	d) centre
5. conference	e) the world
6. special	f) file
7. research and	g) interest
8. data	h) service
9. sales	i) speech
10. breakdown	j) speaking

2 Essen und Trinken: Finden Sie die richtigen Antworten?

1. Paula doesn't like these every day: b _ _ ed be _ _ _
2. But she likes this drink in a pub: g _ _ _ n _ to _ _ _
3. These are both good for your health: fr _ _ _ and ve _ _ _ _ _ _ _ _
4. In a pub, many people like to drink a: p _ _ _ o_ b _ _ _
5. The Italians like pasta but the English like: po _ _ _ _ _ s
6. You have this early in the morning: br _ _ _ _ _ _
7. You can eat these with coffee: bi _ _ _ _ _ s
8. Meat for a Sunday roast: b _ _ _
9. The Americans like it for breakfast: h _ _ _ br _ _ _ s

3 Was sagen Sie in diesen Situationen auf Englisch?

1. Sie sagen, dass Sie sich riesig freuen, jemanden zu sehen.
2. Sie sagen, dass Sie schon seit drei Jahren in London wohnen.
3. Sie fragen, ob jemand noch einen Drink haben möchte.
4. Sie sagen, dass es Ihnen leid tut, dass Sie sich nicht an den Namen Ihres Gesprächspartners erinnern können.
5. Sie sagen, dass Sie mit jemandem über die neuen Technologien sprechen wollen.
6. Sie sagen, dass Sie sich auf den Eröffnungsvortrag freuen.
7. Sie fragen, was für ein Spezialgebiet jemand hat.
8. Sie fragen, ob jemand mit dem Auto oder mit dem Flugzeug gekommen ist.

4 Was machen diese Personen schon seit einiger Zeit? Bilden Sie Sätze und ergänzen Sie *since* oder *for*.

1. Sheila, Philip and Andy / eat / breakfast / eight o'clock.
   Sheila, Philip and Andy have been eating breakfast since eight o'clock.
2. Paula and Philip / walk / Islington / two hours.

   _____
3. Philip / work / at home / six o'clock.

   _____
4. They / sit / in the garden / all afternoon.

   _____
5. They / discuss / future / three hours.

   _____
6. They / look at / Globe Theatre / two hours.

   _____
7. Paula / take / photos of Philip / all day.

   _____
8. They / look at / sights of London / nine o'clock.

   _____

Beruf

2/36

5 Hören Sie die Wörter auf der CD und sprechen Sie sie nach. Achten Sie auf die Aussprache von *i* und *u*.

wine   stimulate   painful   suppose   Italian

wrist   security   luggage   friendly   uniform

expensive   menu   urgent   pier   fruit

usually   inquiry   biscuit   uncomfortable   begin

6 Sie kennen nicht alle Wörter, aber Sie werden diese E-Mail trotzdem verstehen. Beantworten Sie sie auf Englisch.

Dear Mr Lodge,
Since the beginning of the year we have had a number of new products on the market. These are mainly software programmes for schools and colleges and after-sales service that includes courses in the use of the programs and support if you have any problems. The courses are given at your school, the support is given online or by phone. We specialize in ecology and general science, which I think would be of interest to you. The programs are delivered very quickly: online almost immediately and by post within two days. There are discounts if you are a regular customer. We could phone you later this week to discuss anything else of interest to you.
We look forward to hearing from you.

Sylvia Tan,
InterChip UK

_____
_____
_____
_____
_____
_____
_____
_____
_____
_____

7 Wie hätte sich das Verhältnis zwischen Paula und den Eltons unter diesen Bedingungen entwickelt oder wie würde es sich noch entwickeln?

1. If Paula took the job in London, …
2. If she moved to the attic room at the Eltons' house, …
3. If she had the job at the London office, …
4. If the company expanded a lot, …
5. If Philip's wife hadn't died five years ago, …
6. If Sheila hadn't been fond of Paula, …
7. If Philip hadn't taken her to Cambridge, …
8. If Paula hadn't liked London so much, …

8 Eine geschäftliche Besprechung: Verbinden Sie die passenden Satzhälften.

1. That means employing	a) with ideas and proposals.
2. Perhaps you could help me	b) later in the week.
3. Mr Ramos wants	c) notes with Hazel.
4. We should have a meeting	d) you have a problem.
5. The future lies	e) on the German side.
6. Philip will compare	f) in the environmental sector.
7. He will report to Mr Butler	g) some more information.
8. Drop in any time	h) more sales reps.

Beruf

9 Lesen Sie diesen Artikel über Brighton und beantworten Sie die Fragen.

Brighton is on the south coast of England, only an hour from London by train. It is one of the most popular and most interesting seaside towns in Britain.

More than eight million tourists from Britain and other countries come every year to see the attractions and to relax on the beaches.

It is perfect for a one-day excursion from London. The temperatures there are not as high as in Italy and Spain in the summer, but it is warmer than most other places in Britain. The most famous attraction is Brighton Royal Pavilion, which looks like a palace in India.

Then there is the world-famous Brighton Pier, where there is something for everyone. And from Brighton you can go for lovely walks to Beachy Head where there are fantastic views across the Channel towards France.

Brighton is also a centre for conferences and the Brighton Centre can take about 5000 conference participants.

1. Where is Brighton?

2. How many tourists go to Brighton every year?

3. What do they like to do?

4. Is it warmer or colder than other parts of Britain?

5. What is the most famous attraction?

6. Where do people go for walks?

7. What can you see from there?

8. What else is Brighton famous for?

10 Hören Sie das Gespräch auf der CD und beantworten Sie danach diese Fragen.

1. When did Keith go to Cambridge?

2/37   2. Where did he stay?

3. Where did he study?

4. What is the best way to see everything?

5. Where did Keith go?

6. What did he do?

11 Wie gut kennen Sie Paula Schneider? Korrigieren Sie diese Aussagen.

1. Paula speaks Russian and Italian.
2. Paula's family lives in the USA.
3. She likes coffee with sugar and without milk.
4. She has found a cheap flat in Islington.
5. Paula likes German red wine.
6. Paula doesn't like taking photos.
7. She plays cricket for a club in England.
8. Paula can cook specialities from the south of England.

12 Ergänzen Sie die Verben in Klammern in der passenden Zeitform.

1. They are all _____ (eat) their Sunday lunch.
2. Have you _____ (accept) the job?
3. The flight only _____ (take) about one hour.
4. I don't mind _____ (fly).
5. Some people _____ (commute) from the north every day.
6. Perhaps InterChip is going to _____ (expand) worldwide.
7. I've never _____ (be) to China.
8. Sheila _____ (love) fairy tales.
9. Philip _____ (go) to the North of England last week.
10. Paula _____ (see) her family when she is back in Stuttgart.

Beruf

13 Neue Kontakte knüpfen: Lesen Sie den Text und notieren Sie acht Themen, über die Sie bei einer ersten Begegnung mit Geschäftspartnern sprechen können.

Not everyone is good at making new friends and acquaintances. But there are so many things you can talk about at a reception before a conference. Perhaps the English are not so good at this, but they are not as "cold and reserved" as many people think. You can always start with the really easy things: "What's your job?" or "Which company do you work for?" or "What is your special interest?" or "Are you doing any research at the moment?" Then there are questions connected with the conference: "Where do you come from?" and "How did you get here?" and "Did you fly or drive?" And then a little later on, if you like the person, you can ask more personal questions: "What's your favourite sport?" "And what about your family?" However, do not talk about politics, religion or love until you know the other person better. Getting to know people at a conference is really no problem at all because, even if you are shy*, the others will break the ice for you.

*shy: *schüchtern*

1. _____
2. _____
3. _____
4. _____
5. _____
6. _____
7. _____
8. _____

14 Hören Sie den Dialog auf der CD and berichten Sie, was gesagt wurde.

2/38

1. Tim said _____ meeting.
2. He said _____ well.
3. He also said _____ for two or three days.
4. Jane said _____ urgently.
5. She asked if _____ right person.
6. Kevin said _____ just outside Bristol.
7. He said _____ the breakdown service.
8. He also said _____ by one o'clock.

15 **Füllen Sie das Kreuzworträtsel aus. Wie lautet das Lösungswort?**

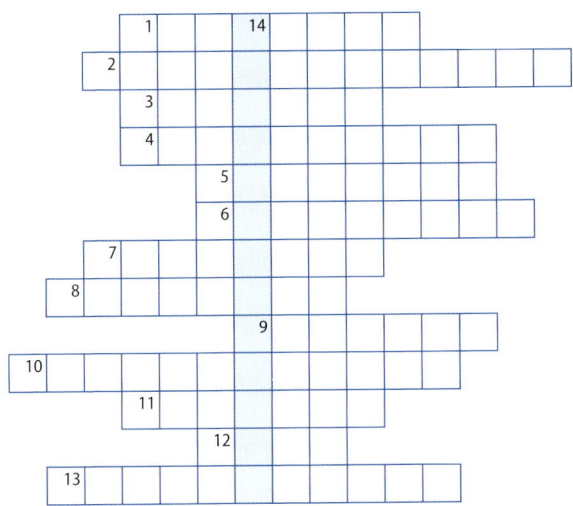

1. Finding out new things for science.
2. To do with technology.
3. To offer and supply.
4. Asking someone to come to your home, office, etc.
5. Giving someone a good idea or suggestion.
6. Everywhere in the world.
7. Being nice to a person.
8. To do with money and business.
9. The science of the environment.
10. Someone you know but who is not a friend (yet).
11. English people like talking about the … .
12. Not the present and not the future.
13. Meeting people.
14. To do with the world we live in: _____

1 Kleine Wörter haben es in sich! Vervollständigen Sie die Sätze.

about   along   around   at   by   from   on   through

1. Paula and Philip have arrived _____ their hotel.
2. It's better to go to Cambridge _____ train.
3. They walked _____ the park, from one side to the other.
4. Shall we go for a walk _____ the seafront afterwards?
5. I'm going to talk to her _____ the new technologies.
6. Perhaps you could help me _____ the German side.
7. We could go on journeys all _____ the world.
8. It's only an hour _____ Brighton to London.

__/8

2 Welches Wort passt? Kreuzen Sie an.

1. He wants to
   a) ☐ office
   b) ☐ officer
   c) ☐ offer
   her a job in London.

2. Will you
   a) ☐ address
   b) ☐ accept
   c) ☐ accent
   the job?

3. Shall we
   a) ☐ call
   b) ☐ corner
   c) ☐ call off
   the conference?

4. They are
   a) ☐ looking at
   b) ☐ looking forward to
   c) ☐ looking up
   the excursion.

5. I will
   a) ☐ foreign
   b) ☐ behind
   c) ☐ forward
   the e-mail.

6. Will they
   a) ☐ confirm
   b) ☐ connect
   c) ☐ commute
   the invitation?

__/6

Abschlusstest

3 Unregelmäßige Verben: Ergänzen Sie die fehlenden Formen.

1. _____	broke	_____
2. _____	_____	made
3. _____	drank	_____
4. see	_____	_____
5. _____	bought	_____
6. _____	_____	paid
__/14 7. begin	_____	_____

4 Adjektiv oder Adverb? Ergänzen Sie die passenden Formen.

perfect	crazy	early	fast	environmental	careful

1. Hazel is a _____ driver. She drives _____ than most people.
2. Tim is a _____ skateboarder. He skates _____ than anyone else.
3. Paula speaks English very _____ now. She is very _____ at English.
4. Timmy gets up _____ , Tommy gets up _____ than Timmy, but Tammy gets up _____ of them all.
5. We want to order some components _____ . Please deal with this e-mail now – _____ .
6. They work in the _____ sector. They make _____ friendly products.
7. The conference was prepared _____ .
8. This train is slow, but this one is _____ and the ICE is the _____ train of all.

__/16

5 Was mögen diese Personen, und was nicht?

1. Sheila likes a) ☐ going for walks. b) ☐ running in the park.
2. Paula is fond of a) ☐ playing football. b) ☐ playing badminton.
3. Philip enjoys a) ☐ going to a pub with friends. b) ☐ working at home.
4. Paula likes a) ☐ eating baked beans. b) ☐ eating good food.
5. Paula enjoys a) ☐ going on excursions. b) ☐ staying at home.
6. Andy prefers a) ☐ cricket. b) ☐ skateboarding.

__/6 **6 In welcher Situation verwenden Sie diese Aussagen? Kreuzen Sie an.**

Abschlusstest

	E-Mail	Telefon	Small Talk
1. I look forward to hearing from you.	☐	☐	☐
2. Great to see you.	☐	☐	☐
3. I saw your number on the display.	☐	☐	☐
4. Would you like another drink?	☐	☐	☐
5. I see in your mail that you provide services for schools.	☐	☐	☐
6. Paula Schneider speaking.	☐	☐	☐

__/6

7 Gerund oder Infinitiv? Setzen Sie die richtige Form ein.

sleep   commute   prepare   give   fly   see   hear   decide

1. Paula is good at _____ meetings and conferences.
2. I can't wait _____ about the job.
3. Mr Butler has given me some more time _____.
4. He wants me _____ him an answer by the end of the month.
5. I've got _____ on it for a while.
6. I enjoy _____, so that's no problem.
7. _____ from the north of England takes two or three hours each way.
8. There are lots of beautiful places _____ in Germany.

__/8

8 Wie sagen Sie es auf Englisch, wenn ...

1. ... Sie sich freuen, jemanden kennenzulernen?
2. ... Sie sagen wollen, dass Sie sich einfach sehr deprimiert fühlen?
3. ... Sie fragen wollen, ob jemand heute Abend Zeit hat auszugehen?
4. ... Sie sagen möchten, dass die Kneipe um zwölf zumacht?
5. ... Sie sagen möchten, dass jemand den Aufenthalt in London genießen soll?
6. ... Sie sagen möchten, dass Sie einige Fotos machen möchten?
7. ... Sie fragen wollen, welches die typischen englischen Sportarten sind?
8. ... Sie sagen möchten, dass das Fleisch zäh ist und die Kartoffeln zu weich?

__/8

Abschlusstest

9 Setzen Sie die angegebenen Verben in der richtigen Zeitform ein.

1. They _____ (fly) to New York tomorrow.
2. Peterhouse _____ (found • passive) in the thirteenth century.
3. Philip's car _____ (break down) on the M1 yesterday.
4. I _____ (deal) with my e-mails since nine o'clock this morning.
5. They _____ (look forward) to the keynote speech.
6. He _____ (live) in London for three years now.
7. I _____ (not enjoy) myself so much for a long time.

__/8   8. Paula _____ (not accept) the job in London yet.

10 Lesen Sie den Text und notieren Sie sechs Gründe, warum Englisch eine wichtige Sprache ist.

Today the English language does not just belong to the English
or the Americans. It is a global language. And although many people
who learn English want to go to Britain or the United States to get a better
feeling for the language, English can be used as a lingua franca*
in most countries in the world. English began to expand at about
the time of Shakespeare when the Mayflower and other ships crossed the
Atlantic and people made new homes in America. But now you can use
English in Canada, large parts of Africa, Australia, New Zealand and also in
Russia and China, for example. Many people there learn German
as a foreign language, but English is even more important. In countries
around the world children in kindergarten and school are learning English.
It may not be perfect English, but it is good enough to understand English-
language songs, video games and to use the Internet. And later on, English
is important for business and international conferences. Maybe Chinese will
become a global language but at the moment the language most widely
used is English.

*lingua franca *(lat.): Verkehrssprache*

1. _____
2. _____
3. _____
4. _____
5. _____

__/6   6. _____

Abschlusstest

11 Hören Sie drei Stellenbeschreibungen und notieren Sie die Sprach-kenntnisse, die erwartet werden, und den Ort, an dem sich der Arbeits-platz befindet.

	Sprachkenntnisse	Arbeitsplatz
1.	_____	_____
2.	_____	_____
3.	_____	_____

__/6

12 At Salvatore's: Lesen Sie den Dialog und übernehmen Sie die Rolle des Kellners.

Hazel and Kevin are at a new Italian restaurant in London.

Kevin	Table for two, please.
Waiter	1. (Vielleicht dort drüben am Fenster, mein Herr.)
Hazel	Yes, that table over there is very nice.
Waiter	2. (Die Speisekarte, bitte schön.)
Kevin	Thank you. What would you like, Hazel?
Hazel	This salad looks very good.
Kevin	Yes, good idea. And some wine?
Hazel	Yes, I like Italian red wine. How about some Montepulciano?
Waiter	3. (Bitte schön?)
Kevin	We'd like this salad here – for two. And a bottle of Montepulciano.
Waiter	4. (Den Salat und eine Flasche Montepulciano. Noch etwas?)
Hazel	And a bottle of water, please, and some bread.
Waiter	5. (Gerne, die Dame. Danke schön.)
Hazel	I like it here – and it's very international.
Waiter	6. (Bitte sehr, meine Herrschaften. Und hier etwas Brot und eine Flasche Wasser.)
Hazel	Thank you very much.

__/6

214 two hundred and fourteen

Abscchlusstest

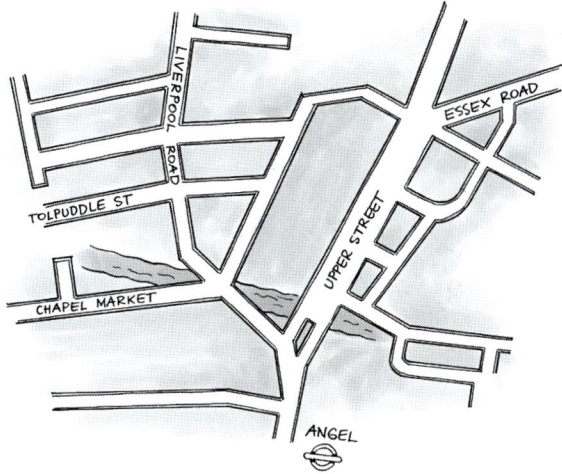 _(Note: icon)_

13 Hören Sie die Gespräche am Fahrkartenschalter und notieren Sie die Reiseziele, die Anzahl der Personen und die Preise.

2/40

Reiseziel	Personenzahl	Preis
1. _____	_____	_____
2. _____	_____	_____
3. _____	_____	_____
4. _____	_____	_____

__/4

14 Sie sind an der U-Bahn-Station Angel in Islington und werden nach dem Weg gefragt. Erklären Sie den Passanten anhand des Stadtplans, wie sie ihr Ziel erreichen.

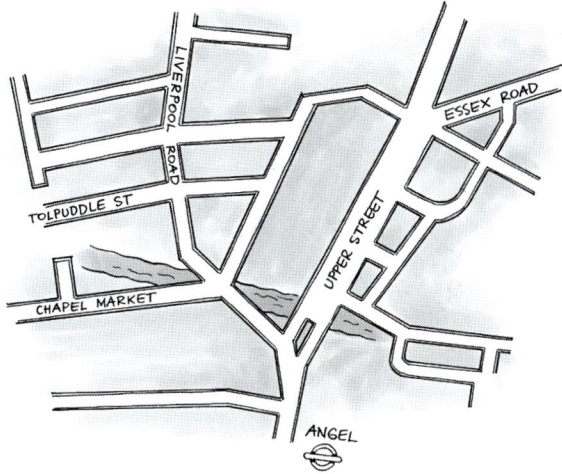

1. Man: How do I get to Chapel Market?
   You: …
   Man: That sounds easy. Thank you very much.
2. Woman: Can you tell me where Essex Road is?
   You: …
   Woman: Thanks very much.

__/2

__/104

Grammatische Fachausdrücke

Fachausdruck	Deutsche Bezeichnung	Beispiel
Adjektiv	Eigenschaftswort	a **big** car
Adverb	Umstandswort	**now**, **here**
Adverb der Art und Weise	Umstandswort, die Art und Weise ausdrückt	He speaks **slowly**.
bestimmter Artikel	bestimmtes Geschlechtswort	**the** car, **the** woman
Demonstrativpronomen	hinweisendes Fürwort	**this** car
direktes Objekt	Ausdruck im 4. Fall	I can hear **you**.
Diphthong	Doppellaut	**au**, **ei**, **eu**
Fragepronomen	Fragewort	**What?**, **How?**
Frageanhängsel	angehängte Kurzfrage	It's great, **isn't it**?
Futur	Zukunft	I'**ll open** the window. It's **going to** rain.
Gerund	von einem Verb abgeleitetes Substantiv	I like **swimming**.
Grundzahl		**one**, **two**, **three**
Imperativ	Befehlsform	**Call** me any time.
Imperfekt	Vergangenheit	We **went** home.
Indefinitpronomen	unbestimmtes Fürwort	**some/any**
indirektes Objekt	Ausdruck im 3. Fall	You can go with **him**.
Infinitiv	Grundform des Tätigkeitsworts	**to go**
Komparativ	1. Steigerungsstufe des Eigenschaftsworts	**better**, **more expensive**
Konditional	Bedingungsform	She **would** if she could.
Konjunktion	Bindewort	**and**, **but**
Konsonant	Mitlaut	**b**, **c**, **d**, **f**
Modalverb	Tätigkeitswort der Art und Weise	**can**, **must**
Objekt	Ausdruck im 3. oder 4. Fall	**me**, **him**
Ordnungszahl		**first**, **second**, **third**
Partizip Perfekt	Mittelwort der Vergangenheit	**worked**, **been**

Grammatische Fachausdrücke

Fachausdruck	Deutsche Bezeichnung	Beispiel
Passiv	Leideform	it **was built**
Perfekt		he **has worked**
Personalpronomen	persönliches Fürwort	**I, you**, he
Plural	Mehrzahl	three **cars**
Possessivpronomen	besitzanzeigendes Fürwort	**my** friend
Präposition	Verhältniswort	**by, for, in**
Präsens	Gegenwart	I usually **get** up at six.
reflexives Verb	rückbezügliches Tätigkeitswort	**hurt oneself, enjoy oneself**
Relativpronomen	bezügliches Fürwort	**who, which**
Singular	Einzahl	one **car**
Subjekt	Satzgegenstand	**I, the man**
Substantiv	Hauptwort	**car, house**
Superlativ	2. Steigerungsstufe des Eigenschaftsworts	**best, most expensive**
unbestimmter Artikel	unbestimmtes Geschlechtswort	**a/an**
Verb	Tätigkeitswort	**go, come, buy**
Verlaufsform	-ing Form des Tätigskeitsworts	I'm **reading** a book.
Vokal	Selbstlaut	**a, e, i, o, u**

Anhang

Kurzgrammatik

⬛ § 1 Der Artikel

Der Artikel wird im Englischen ähnlich benutzt wie im Deutschen.

§ 1.1 Der bestimmte Artikel → L2
Der bestimmte Artikel lautet im Englischen **the**. Er kann vor allen Substantiven stehen, unabhängig davon, ob sie im Deutschen männlich, weiblich oder sächlich sind oder im Singular oder Plural verwendet werden.

the man	*der Mann*	**the** car	*das Auto*
the woman	*die Frau*	**the** cars	*die Autos*

§ 1.2 Der unbestimmte Artikel → L2
Der unbestimmte Artikel **a** steht vor Wörtern, deren Aussprache mit einem Konsonanten beginnt. Dies gilt auch für den Vokal **u**, der mit [j] gesprochen wird, z. B. **unit** [ˈjuːnɪt]. Vor Wörtern, die mit einem Vokal beginnen, wird **a** zu **an** erweitert. Diese Erweiterung erfolgt auch bei einem nicht gesprochenen **h**, z. B. **hour** [ˌaʊə].

a computer	*ein Computer*	**an** hour	*eine Stunde*
a problem	*ein Problem*	**an** office	*ein Büro*

⬛ § 2 Das Substantiv

Substantive treten in der Regel im Singular und Plural auf. Sie werden im Englischen – mit Ausnahme von Eigennamen – kleingeschrieben.

§ 2.1 Der Plural → L3
Der Plural der Substantive wird in der Regel durch Anhängen von **-s** gebildet. Endet ein Substantiv auf **-s**, **-z**, **-sh**, **-ch** und **-x**, wird **-es** statt **-s** angehängt. Endet ein Substantiv mit einem **-y** nach einem Konsonanten, wird das **-y** im Plural zu **-ies**. Steht dagegen ein **-y** nach einem Vokal, wird einfach ein **-s** angehängt.

house → house**s**	hobby → hobb**ies**
bus → bus**es**	day → day**s**

Daneben gibt es noch einige unregelmäßige Pluralformen:

- ◾ Substantive auf **-f/-fe** erhalten im Plural die Endung **-ves**:
  wife → wives, knife → knives, life → lifes.
- ◾ Einige Substantive auf **-o** enden im Plural auf **-oes**:
  potato → potatoes, tomato → tomatoes.
- ◾ Die Pluralformen von **man** und **woman** lauten **men** und **women**.
- ◾ Aus **child** und **person** werden **children** und **people**.
- ◾ Bei den Körperteilen bilden **foot** und **tooth** unregelmäßige Plurale:
  foot → feet, tooth → teeth.
- ◾ Und aus **mouse** wird **mice**.
- ◾ Dafür bilden **fish** und **sheep** keinen Plural, hier gibt es nur die Singularformen.

§ 2.2   Der Genitiv → L4

Der Genitiv wird bei Personen durch Anhängen von **'s** gebildet. Er zeigt den Besitz oder die Zugehörigkeit an. Wenn die Personen im Plural stehen oder ein Name auf **-s** endet, steht der Apostroph nach dem **-s**. Bei Dingen wird der Genitiv in der Regel mit **of** gebildet.

This is Philip**'s** mother.   *Das ist Philips Mutter.*
The Elton**s'** car is fast.   *Das Auto der Eltons ist schnell.*
I know the name **of** the pub.   *Ich kenne den Namen der Kneipe.*

§ 3   Das Adjektiv

Adjektive haben nur eine Form, unabhängig davon, ob sie sich auf männliche, weibliche oder sächliche Wörter im Singular oder Plural beziehen, z. B. a **nice** boy, a **nice** girl, a **nice** car, **nice** cars.

§ 3.1   Die Steigerung der Adjektive → L11, L12

Einsilbige Adjektive werden durch Anhängen von **-er/-est** gesteigert.
Ein einzelner Endkonsonant nach einem kurzen Vokal wird verdoppelt und an ein stummes **-e** am Ende wird **-r/-st** hinzugefügt. Zweisilbige Adjektive auf **-y** werden ebenfalls mit **-er/-est** gesteigert, dabei wird das **-y** zu **-i-**.

loud → loud**er** → loud**est**	nice → nic**er** → nic**est**
big → bigg**er** → bigg**est**	happy → happ**ier** → happ**iest**

Anhang

He's **nicer** than his brother. *Er ist netter als sein Bruder.*

This is the **biggest** burger I've ever seen! *Das ist der größte Hamburger, den ich je gesehen habe.*

Die anderen mehrsilbigen Adjektive werden in der Regel durch Voranstellen von **more**/**most** gesteigert.

comfortable *bequem* ➜ **more** comfortable ➜ **most** comfortable

Unregelmäßige Steigerungen:

good *gut* ➜ better ➜ best	far *weit* ➜ further/farther ➜ furthest/farthest
bad *schlecht* ➜ worse ➜worst	little *wenig* ➜ less ➜ least
much/many *viel* ➜ more ➜ most	

§ 3.2   Vergleiche ➜ L11

Um zwei Dinge zu vergleichen, benötigt man entweder **as … as** *so … wie* oder **than** (*Komparativ + als*).

You're **as** old **as** Kevin. *Du bist (genau) so alt wie Kevin.*

You're older **than** her. *Du bist älter als sie.*

§ 3.3   Das Stützwort *one* ➜ L26

Mit **one**/**ones** (Singular/Plural) vermeidet man die Wiederholung von Substantiven.

My car is old. I need a new **one**. *Mein Auto ist alt. Ich brauche ein neues.*

§ 4   Das Adverb ➜ L19

Ein Adverb beschreibt die Art und Weise einer Handlung. Es kann aber auch ein Adjektiv, ein anderes Adverb oder einen ganzen Satz bestimmen.

Philip drives **carefully**.	*Verb + Adverb*
Paula is **very** nice.	*Adverb + Adjektiv*
It hurts **quite badly**.	*Adverb + Adverb*
Luckily she didn't break her leg.	*Adverb + Satz*

Viele Adverbien werden von Adjektiven abgeleitet. Dabei wird die Endung **-ly** an das Adjektiv angehängt. Beachten Sie die folgenden Besonderheiten: **-le** wird zu **-ly**, **-y** wird zu **-ily** und **-ic** wird zu **-ically**.

terrib**le** ➜ terrib**ly**   happ**y** ➜ happ**ily**   fantast**ic** ➜ fantast**ically**

Einige Adverbien haben die gleiche Form wie die Adjektive, z. B. **fast**, **late**, **hard**.
Sie erhalten eine neue Bedeutung, wenn **-ly** angehängt wird.
It's **hard** work. = Adjektiv   She worked **hard**. = Adverb

hard *hart, schwer* → hardly *kaum*	near *nah* → nearly fast, *beinahe*

§ 4.1   Die Steigerung der Adverbien → L23
Alle einsilbigen Adverbien sowie **early** *früh* werden durch Anhängen von
-er/**-est** gesteigert. Wie bei den Adjektiven wird ein auslautendes stummes **-e**
mit **-r**/**-st** gesteigert und ein **-y** zu **-i**.

fast → fast**er** → fast**est**	schnell → schneller → am schnellsten
late → lat**er** → late**st**	spät → später → am spätesten
early → earl**ier** → earl**iest**	früh → früher → am frühesten

Mehrsilbige Adverbien werden wie mehrsilbige Adjektive mit **more**/**most**
gesteigert:

happily glücklich → more happily → most happily

Unregelmäßige Steigerungen:

well *gut* → better → best	far *weit* → further/farther → furthest/farthest
badly *schlecht* → worse → worst	little *wenig* → less → least
much *viel* → more → most	

§ 4.2   Vergleiche
Vergleiche mit **as … as** und **than** werden wie bei den Adjektiven gebildet.

§ 4.3   Die Wortstellung bei adverbialen Bestimmungen → L3, L13
Adverbien, die sich auf eine Handlung beziehen, stehen bei Verben mit Objekt
vor dem Vollverb, nach dem ersten Hilfsverb oder nach dem Objekt. Bei Verben
ohne Objekt stehen sie nach dem Verb.
He **quickly** wrote the e-mail. *Er schrieb schnell die E-Mail.*
She walked home **slowly**. *Sie ging langsam nach Hause.*
Adverbiale Bestimmungen des Ortes oder der Zeit stehen entweder am
Satzende oder am Satzanfang. Adverbien der Häufigkeit (**always**, **sometimes**,

Anhang

often, **usually**, **never**) stehen dagegen in der Regel vor dem Vollverb, aber nach dem Verb **be**.

I'm going **home soon**. *Ich gehe bald nach Hause.*

At weekends he **often** plays basketball **late in the evenings**.

Am Wochenende spielt er oft spät am Abend Basketball.

Wenn mehrere Adverbien im Satz auftreten, gilt in der Regel die Reihenfolge:

Art und Weise vor Ort,

Ort vor Zeit (anders als im Deutschen),

genaue Zeitangabe vor allgemeiner Zeitangabe.

§ 5 Das Pronomen

§ 5.1 Das Personalpronomen → L2, L8

Die Personalpronomen können im Singular und Plural sowohl als Subjekt als auch als Objekt gebraucht werden. Die Anrede lautet **you**. Es steht sowohl für *du* und *ihr* als auch für die höfliche Anrede *Sie*.

Subjekt	Objekt	Subjekt	Objekt
I *ich*	**me** *mich, mir*	**we** *wir*	**us** *uns*
you *du/Sie*	**you** *dich, dir/Sie, Ihnen*	**you** *ihr/Sie*	**you** *euch/Sie, Ihnen*
he *er*	**him** *ihn, ihm*	**they** *sie*	**them** *sie, ihnen*
she *sie*	**her** *sie, ihr*		
it *es*	**it** *es, ihm*		

§ 5.2 Das Possessivpronomen → L3

Possessivpronomen sind im Singular und Plural für alle Geschlechter und in allen Fällen gleich.

Singular	Plural
my *mein(e)*	**our** *unser(e)*
your *dein(e)/Ihr(e)*	**your** *euer(e)/Ihr(e)*
his *sein(e)*, **her** *ihr(e)*, **its** *sein(e)*	**their** *ihr(e)*

Kurzgrammatik

§ 5.2.1 Die alleinstehenden Possessivpronomen → L20

Alleinstehende Possessivpronomen ersetzen ein Possessivpronomen und ein Substantiv, z. B. **his car**. Mit Ausnahme von **mine**, **its** und **his** werden sie durch Anhängen von **-s** an das Possessivpronomen gebildet.

Singular	Plural
mine *mein(e)*	**ours** *unser(e)*
yours *dein(e)/Ihr(e)*	**yours** *euer(e)/Ihr(e)*
his *sein(e)*, **hers** *ihr(e)*, **its** *sein(e)*	**theirs** *ihr(e)*

I can't find **my** book! *Ich kann mein Buch nicht finden.*
Is this **yours**? *Ist dies deines/Ihres?*
No, that's not **mine**! *Nein, das ist nicht meines!*

§ 5.3 Das Reflexivpronomen → L10

Reflexivpronomen verwendet man, wenn sich eine Handlung auf die Person selbst bezieht. Die Endungen **-self/-selves** (Singular/Plural) werden an das Pronomen angehängt.

Singular	Plural
myself *mir/mich (selbst)*	**ourselves** *uns (selbst)*
yourself *dir/dich (selbst)*	**yourselves** *euch, sich (selbst)*
himself/herself/itself *sich (selbst)*	**themselves** *sich (selbst)*

I hurt **myself**. *Ich verletzte mich (selbst).*
They do the cooking **themselves**. *Sie kochen selbst.*

Beachten Sie, dass einige Verben, die im Deutschen reflexiv sind, im Englischen nicht reflexiv sind, z. B. **to meet** *sich treffen*, **to remember** *sich erinnern*, **to sit down** *sich setzen*, **to hurry up** *sich beeilen*, **to look forward to** *sich freuen auf*, **to move** *sich bewegen*.

§ 5.4 Das Demonstrativpronomen → L8

Demonstrativpronomen können alleine oder vor einem Substantiv stehen. Die Entscheidung für **this**/**these** oder **that**/**those** ist häufig subjektiv.

Anhang

	Singular	**Plural**
in der Nähe	**this**	**these**
in der Ferne	**that**	**those**

This salad looks very good. *Dieser Salat sieht sehr gut aus.*
I like **that** café there. *Jenes Café gefällt mir.*
These apples are lovely. *Diese Äpfel sind schön.*
Look at **those** people over there. *Schaut euch jene Leute dort drüben an.*

§ 5.5   Das Relativpronomen → L17

Die Relativpronomen lauten bei Personen **who** und bei Dingen **which** oder **that**
der/die/das = welche(r,s). Manchmal wird **that** auch bei Personen verwendet,
allerdings ist **who** gebräuchlicher.
The woman **who** is sitting at the counter can help us.
Die Frau, die am Schalter sitzt, kann uns helfen.
Let's go to the counter **which**/**that** is on the right there.
Gehen wir zum Schalter, der sich dort rechts befinden.

§ 5.6   Das Fragepronomen → L27

How?	**What?**	**When?**	**Where?**	**Which?**
Wie?	*Was?*	*Wann?*	*Wo?*	*Welche(r,s)?*

Who?	**Who(m)?**	**Whose?**	**Why?**	
Wer?	*Wen?/Wem?*	*Wessen?*	*Warum?*	

§ 5.7   Das Indefinitpronomen → L7, L15

Das unbestimmte Pronomen **some** verwendet man bei positiven Aussagen und
höflichen Aufforderungen in der Bedeutung von *irgendein, einige, ein paar, etwas*.
Das Pronomen **any** steht in verneinten Sätzen und in Fragen in der Bedeutung
von *jeder(r,s) (beliebige), irgendein(e,s)*. Die Zusammensetzungen (**somebody/
anybody**, **someone/anyone**, **something/anything**, **somewhere/anywhere**)
verhalten sich wie **some** und **any**.
I just want **some** bread. *Ich möchte nur (etwas) Brot.*
There aren't **any** potatoes. *Es gibt keine Kartoffeln.*
Have you got **any** beans? *Haben Sie (irgendwelche) Bohnen?*

▪ § 6   Mengenangaben → L7

Die Adverbien **a lot of**/**lots of** *viel(e)* dienen als Mengenangaben. Außerdem verwendet man vor unzählbaren Substantiven **much** *viel*, vor zählbaren **many** *viele* oder **few** *wenige*. Mit der Präpoisition **of** fragt man nach einer bestimmten Menge:

A pound **of** pork, please. *Ein Pfund Schweinefleisch, bitte.*

▪ § 7   Das Verb

§ 7.1   Der Infinitiv
Der Infinitiv ist die Grundform des Verbs: (**to**) **go** *gehen*, (**to**) **do** *tun, machen*.

§ 7.2   Der Imperativ → L7
Mit dem Imperativ wird jemand aufgefordert, etwas zu tun. Es gibt im Singular und Plural nur eine Form. Sie entspricht dem Infinitiv des Verbs (ohne **to**). Bei negativen Aufforderungen steht **don't** vor dem Verb. Bezieht man sich selbst in die Aufforderung mit ein, verwendet man **let's** (= **let us**).

Listen to me. *Hör(t)/Hören Sie mir zu!*

Don't ask me! *Frag(t) mich nicht!/Fragen Sie mich nicht!*

Let's talk about the trip now. *Lass(t) uns jetzt über die Reise sprechen.*

▪ § 8   Die Zeiten

Die Zeiten kommen im Englischen immer in der einfachen Form und der Verlaufsform (**-ing**-Form) vor.

§ 8.1   Die Gegenwart → L3, L4, L10
Bei der einfachen Gegenwart steht das Verb im Infinitiv. Nur in der 3. Person Singular (**he/she/it**) wird ein **-s** angehängt. Bei Verben auf **-s**, **-z**, **-sh**, **-ch** und **-x** bildet man die 3. Person Singular mit **-es**. Endet ein Verb mit **-y** nach einem Konsonanten, lautet die 3. Person Singular **-ies**. Steht das **-y** nach einem Vokal, wird nur ein **-s** angehängt.

write ➜ he writ**es**	carry ➜ he carr**ies**
watch ➜ she watch**es**	say ➜ she say**s**

Anhang

Ausnahmen:

be → he **is**	do → he **does**
have → she **has**	go → she **goes**

Fragen und Verneinungen werden bei Vollverben mit dem Hilfsverb **do/does** bzw. **don't/doesn't** gebildet.

Where **do** you live?	I **don't** speak English.
What **does** she like?	She **doesn't** drink tea.

Das Verb **have** wird mit **don't/doesn't** verneint, das Verb **be** nur mit **not**.

I **don't** have any work.	He **isn't** from London.

Die einfache Gegenwart beschreibt Handlungen, die wiederholt und regelmäßig stattfinden:

I usually **have** breakfast at eight. *Ich frühstücke gewöhnlich um acht.*

§ 8.2   Die Verlaufsform der Gegenwart   → L8, L10

Die Verlaufsform wird aus einer Form von **be** und dem Infinitiv des Verbs mit der Endung **-ing** gebildet. Ein nicht gesprochenes **-e** am Ende entfällt. Ein einfacher Konsonant nach kurzem und betontem Vokal wird verdoppelt. Die Endung **-ie** wird zu **-ying**. Steht am Ende des Verbs ein **-y**, bleibt es unverändert. Ein **-l** am Ende wird nach einfachem Vokal verdoppelt, aus **-c** wird **-ck**.

walk → I'm walk**ing**	lie → you're l**ying**
drive → he's driv**ing**	buy → they're buy**ing**
run → we're run**ning**	travel → he's travel**ling**
visit → she's visit**ing**	picnic → We're picnic**king**

Fragen werden durch Umkehrung gebildet. Die Verneinungen lauten **isn't/aren't**.

What **is** he reading?	He **isn't** reading.

Die Verlaufsform der Gegenwart beschreibt Handlungen, die im Moment des Sprechens oder Schreibens stattfinden. Sie steht vor allem bei Verben, die eine Tätigkeit ausdrücken:

He's hav**ing** breakfast. *Er frühstückt (gerade).*

§ 8.3 Die einfache Vergangenheit → L12, L13, L20

Bei der einfachen Vergangenheit unterscheidet man wie im Deutschen zwischen regelmäßigen und unregelmäßigen Verben. Bei den regelmäßigen Verben wird **-ed** an den Infinitiv angehängt. Auch hier entfällt wieder ein nicht gesprochnes **-e** am Ende und ein Konsonant nach kurzem Vokal oder nach einem betonten einfachen wird verdoppelt. Eine Ausnahme bildet **-l**, das immer verdoppelt wird. Ein **-y** nach einem Konsonanten wird zu **-ied**, nach einem Vokal bleibt **-y** erhalten. Aus **-c** wird wieder **-ck**.

walk → walk**ed**	travel → travel**led**
live → live**d**	carry → carr**ied**
stop → stop**ped**	play → play**ed**
prefer → prefer**red**	picnic → picnic**ked**

Fragen und Verneinungen werden bei Vollverben mit dem Hilfsverb **did/didn't** gebildet.

What **did** you ask about?	I **didn't** ask about the flight.

Die einfache Vergangenheit beschreibt Handlungen, die in der Vergangenheit abgeschlossen sind und keine Auswirkung mehr auf die Gegenwart haben:
She play**ed** tennis last week. *Sie spielte letzte Woche Tennis.*
Die Liste mit den unregelmäßigen Vergangenheitsformen befindet sich auf S. 238.

§ 8.4 Die Verlaufsform der Vergangenheit → L19

Die Verlaufsform wird aus der Vergangenheit von **be** (**was**/**were**) und dem Infinitiv des Vollverbs mit der Endung **-ing** gebildet.

drive → I **was** driv**ing**	repair → we **were** repair**ing**

Die Verlaufsform der Vergangenheit beschreibt Handlungen, die zu einem bestimmten Zeitpunkt in der Vergangenheit gerade abliefen und somit noch nicht abgeschlossen waren.
They **were** walk**ing** in the park. *Sie gingen (gerade) im Park spazieren.*

Stehen beide Vergangenheitsformen in einem Satz, beschreibt die Verlaufsform eine Handlung, die bereits im Gange war, als eine neue Handlung (in der

Anhang

einfachen Vergangenheit) eintrat. Die Verlaufsform bildet die Hintergrundhandlung für die neu eintretende, zweite Handlung.

We **were** walk**ing** in the park **when** it started to rain.

Wir gingen (gerade) im Park spazieren, als es anfing zu regnen.

§ 8.5 Die Zukunft → L26

§ 8.5.1 Das *will*-Futur → L15

Das **will**-Futur wird bei allen Personen mit **will ('ll)** und dem Infinitiv des Vollverbs gebildet. Fragen werden wieder durch Umkehrung gebildet, bei Verneinungen wird **will** zu **won't**.

He**'ll** do it tomorrow.	She **won't** be back tonight.

Das **will**-Futur steht bei allgemeinen zukünftigen Aussagen, Voraussagen und Vermutungen. Außerdem drückt es spontane (nicht geplante) Absichten aus.

She**'ll** call this evening. *Sie wird heute Abend anrufen.*

I**'ll** have a cup of tea now. *Ich drinke jetzt eine Tasse Tee.*

§ 8.5.2 Das *going to*-Futur → L9

Das **going to**-Futur wird mit der Verlaufsform des Verbs **go** *gehen* gebildet. Daran werden **to** plus der Infinitiv eines Vollverbs angehängt.

I'm **going to** take some photos. *Ich werde einige Fotos machen.*

Das **going to**-Futur verwendet man bei geplanten zukünftigen Handlungen. Es steht auch, wenn man sicher ist, dass etwas in unmittelbarer Zukunft eintreten wird.

We're **going to** buy a new car. *Wir werden uns ein neues Auto kaufen.*

It's **going to** rain soon. *Es wird (mit Sicherheit) bald regnen.*

§ 8.5.3 Die Verlaufsform der Gegenwart für zukünftige Handlungen → L11

Mit der Verlaufsform der Gegenwart drückt man festgelegte Vereinbarungen aus. Meist macht eine Zeitangabe deutlich, dass es um eine Handlung in der

Zukunft geht.

He**'s going** to Bristol tomorrow. *Er fährt morgen nach Bristol.*

§ 8.5.4 Die einfache Gegenwart für zukünftige Handlungen
Die einfache Gegenwart wird nur selten zum Ausdruck einer zukünftigen Handlung benutzt. Sie steht nur bei Fahrplänen und Abfahrts- oder Öffnungszeiten.

The train **leaves** at 9.00 pm. *Der Zug fährt um 21.00 Uhr ab.*

§ 8.6 Die vollendete Gegenwart → L18, L20
Die vollendete Gegenwart heißt auf Englisch **present perfect**. Diese Zeitform verbindet Vergangenheit und Gegenwart. Die einfache Form des **present perfect** wird aus **has/have ('s/'ve)** und dem Partizip Perfekt (3. Verbform) gebildet.

read → I **have** read	buy → she **has** bought

Fragen werden durch Umkehrung gebildet, die verneinten Formen lauten **hasn't/ haven't**.

Have you **seen** him?	She **hasn't** arrived yet.

Das **present perfect** beschreibt Handlungen, die in der Vergangenheit begonnen haben und bis in die Gegenwart reichen, oder Handlungen, deren Ergebnis Auswirkungen auf die Gegenwart hat.

■ Das *present perfect* und die einfache Vergangenheit → L20
Beim **present perfect** wird kein Zeitpunkt genannt, da nur das Ergebnis heute wichtig ist. Ist ein Zeitpunkt oder eine Zeitspanne angegeben, steht immer die einfache Vergangenheit.

This **has** never **happened** before. *Das ist nie vorher geschehen.*

I **went** to the park at 10. *Ich bin um 10 in den Park gegangen.*

Signalwörter:

Present perfect (unbestimmte Zeitangaben)	Einfache Vergangenheit (bestimmte Zeitangaben)
ever, just, (not) yet, already, before, always, so far	yesterday, last …, … ago, at (+ Uhrzeit), on (+ Wochentag), in (+ Monat/Jahr)

§ 8.7 Die Verlaufsform der vollendeten Gegenwart → L24

Die Verlaufsform des **present perfect** wird mit **has/have been** und dem Infinitiv des Vollverbs mit der Endung **-ing** gebildet.

work → I **have been** work**ing**	do → she **has been** do**ing**

Fragen werden durch Umkehrungen gebildet, bei Verneinungen wird **has/have** zu **hasn't/haven't**.

Have you **been waiting** long?	She **hasn't** been phoning.

Die Verlaufsform des **present perfect** beschreibt Handlungen, die in der Vergangenheit angefangen haben und in der Gegenwart noch anhalten oder gerade abgeschlossen wurden.

Bei der Verlaufsform des **present perfect** finden Sie oft die Wörter **since** und **for**. Beide bedeuten im Deutschen *seit*, wobei since **den** Zeitpunkt und **for** die Zeitdauer angibt.
He's been living here **since** 2005. *Er wohnt hier seit 2005.*
We've been discussing it **for** hours. *Wir diskutieren das seit Stunden.*

§ 8.8 Die vollendete Vergangenheit → L25

Die vollendete Vergangenheit bezeichnet eine Handlung, die vor einer anderen Handlung in der Vergangenheit stattgefunden hat. Die einfache Form des **past perfect** setzt sich in allen Personen aus **had** (**'d**) und dem Partizip Perfekt (3. Verbform) des Verbs zusammen:

arrive → I **had** arrived	buy → she **had** bought

Fragen werden durch Umkehrung gebildet, die verneinte Form lautet **hadn't**.

Had the boat already left when you arrived?	She **hadn't** arrived yet.

Die einfache Form des **past perfect** wird fast immer zusammen mit einer zweiten Handlung in der Vergangenheit verwendet. Dabei steht die weiter zurückliegende Handlung im **past perfect** und die zweite Handlung in der einfachen Vergangenheit.
When I **got** home last night, he **had** already **gone** to bed.
Als ich letzte Nacht nach Hause kam, war er schon zu Bett gegangen.

Kurzgrammatik

⁝ § 9   Fragen und Verneinungen

§ 9.1   Fragen → L4

Fragen mit **be** und den Hilfsverben (z. B. **have**, **can**, **could**, **must**, **should**, **would**, **shall**, **will**, **need**) werden wie im Deutschen durch Umstellung von Subjekt und Hilfsverb gebildet. Anders als im Deutschen steht das Partizip/ Vollverb nicht am Ende des Satzes.

Is he there? *Ist er da?*   **Have** you seen Philip? *Hast du Philip gesehen?*

Bei allen anderen Verben wird die Frageform mit den Hilfsverben **do/does** (Gegenwart) und **did** (Vergangenheit) plus Infinitiv ohne **to** gebildet. Die übrige Wortstellung bleibt wie im Aussagesatz. Das gilt auch für Fragen mit Fragewörtern. Steht das Fragewort mit einer Präposition, so steht diese meist am Ende der Frage.

Where **do** you live? *Wo wohnst du?*

Who **did** you talk to? *Mit wem hast du gesprochen?*

§ 9.2   Verneinung → L2

Sätze mit **be** und den Hilfsverben (z. B. **have**, **can**, **could**, **must**, **should**, **would**, **shall**, **will**, **need**) bilden die Verneinung mit **not**.

She's **not** very happy. *Sie ist nicht sehr glücklich.*

I **can't** believe that. *Das kann ich nicht glauben.*

Bei anderen Verben wird die Verneinung durch **don't/doesn't** bzw. **didn't** plus Infinitiv ohne **to** gebildet. Das gilt auch, wenn **have** als Vollverb verwendet wird.

They **didn't have** a meeting. *Sie hatten keine Sitzung.*

§ 9.3   *have/have got*

Für **have** im Sinne von *haben/besitzen* gibt es in der Gegenwart zwei Formen: **have** und **have got**. **Have** benutzt man wie ein Vollverb (Frage/Verneinung mit **do/does** bzw. **did**), **have got** wie ein Hilfsverb (Frage durch Umstellung, Verneinung mit **not**).

She has two cars.	Does she have two cars?
No, she doesn't have two cars.	She has got two cars.
Has he got two cars?	No, he hasn't got two cars.

Anhang

§ 9.4   Die verneinte Frage

Bei verneinten Fragen wird **-n't** an das erste Verb (meist ein Hilfsverb) angehängt, **am I** wird dabei zu **aren't I**.

Does**n't** he speak English? *Spricht er kein Englisch?*
Have**n't** you got a car? *Hast du kein Auto?*
Are**n't** I nice today? *Bin ich nicht nett heute?*

§ 9.5   Kurzantworten → L4

Bei Kurzantworten wird das Hilfsverb des Fragesatzes wiederholt.

Can you help me?   Yes, I **can**.   **Do** you like him?   Yes, I **do**.

§ 9.6   Frageanhängsel → L21

Bei Fragen, auf die man Zustimmung erwartet (z. B. *nicht wahr?*, *oder?*), werden **be**, **have** und die Hilfsverben wiederholt. Bei einem bejahten Satz erscheint das Frageanhängsel verneint, bei einem verneinten Satz bejaht.
You**'re** a teacher, **aren't** you? *Sie sind doch Lehrer, nicht wahr?*
He **can't** speak Spanish, **can** he? *Er kann doch kein Spanisch, oder?*

Vollverben werden im Frageanhängsel durch **do/does** bzw. **did** ersetzt.
Auch hier wird das Anhängsel beim bejahten Satz verneint, beim verneinten Satz bejaht.
He **met** her in London, **didn't** he? *Er hat sie in London getroffen, oder?*
You **don't live** in Bristol, **do** you? *Sie wohnen nicht in Bristol, oder?*

§ 10   Die Hilfsverben

§ 10.1 Die vollständigen Hilfsverben → L2

Die Hilfsverben **be**, **have** und **do** werden mit einem Vollverb verwendet, um zusammengesetzte Zeit- und Passivformen zu bilden.

I**'m** sitting in my car.	**Have** you ever been to New York?
Did you read that e-mail?	Where **were** you born?

§ 10.2 Die unvollständigen Hilfsverben → L9, L15, L16

Die Hilfsverben (z. B. **can**, **could**, **may**, **must**, **should**, **would**, **shall**, **will**, **need**) haben einige Besonderheiten:

- ◼ Sie haben kein **-s** in der 3. Person Singular in der Gegenwart und bilden keine **-ing**-Form.
- ◼ Sie brauchen bei Fragen und Verneinungen keine Umschreibung mit **do/does** bzw. **did**. Sie werden mit **not** verneint.

Können – *can/could*
Mit **can/could** werden Fähigkeiten in Gegenwart (**can**) und Vergangenheit (**could**) ausgedrückt.
Paula **can** speak English. *Paula kann Englisch sprechen.*

Müssen – *must/have to*
Das Hilfsverb **must** drückt eine Verpflichtung oder eine Notwendigkeit aus. Kommt die Verpflichtung von außen, wird in der Regel **have to** verwendet.
I **must** see the film. *Ich muss diesen Film sehen.*
He **has to** do his homework. *Er muss seine Hausaufgaben machen.*

Nicht müssen/nicht brauchen – *do not have to*
Die Verneinung von müssen lautet in allen Zeitstufen **do not have to** *etwas nicht zu tun brauchen*.
You **don't have to** do this. *Sie brauchen das nicht zu tun.*

Nicht dürfen – *must not*
Die Verneinung **must not** ist ein Verbot und bedeutet *nicht dürfen*.
You **mustn't** be late. *Du darfst nicht zu spät kommen.*

Könnte – *may*
Drückt *können* eine Möglichkeit und keine Fähigkeit aus, steht in der Gegenwart **may**; es klingt höflicher als **can**.
May I open the window? *Könnte ich das Fenster öffnen?*

Sollen – *should*
Wenn mit *sollen* eine höfliche Aufforderung oder ein Vorschlag verbunden ist, verwendet man **should**.
We **should** write her an e-mail. *Wir sollten ihr eine E-Mail schreiben.*

Anhang

Werden/würde – *will*/*would*
Das Hilfsverb **will** wird vor allem für die Bildung der Zukunft verwendet
(**will**-Futur). In höflichen Fragen steht in der Regel **would**.
Would you like a cup of tea? *Hätten Sie gerne eine Tasse Tee?*

Brauchen/müssen – *need*
Das Verb **need** kann Hilfsverb oder Vollverb sein. Als Hilfsverb (ohne **to**) tritt es
häufig verneint auf.
You **needn't** drive so fast. *Du brauchst nicht so schnell zu fahren.*

⠿ § 11   Das Gerund → **L10**, **L21**

Ein Gerund ist ein Verb, das zu einem Substantiv geworden ist: **driving** *das Fahren*,
playing *das Spielen*. Es stimmt formal mit der **-ing**-Form des Verbs überein. Das
Gerund steht in der Regel nach Wendungen, die eine Vorliebe oder eine Abneigung ausdrücken. Das gilt nicht nur für Verben (z. B. **enjoy**, **prefer**, **love**, **hate**),
sondern auch für Adjektive mit Präpositionen (z. B. **good at**, **keen on**).
They **enjoy** play**ing** tennis. *Sie genießen (das) Tennisspielen.*
He's **good at** swimm**ing**. *Es ist gut im Schwimmen.*

Ein Gerund kann Subjekt oder Objekt in einem Satz sein.
Swimm**ing** is fun. *Schwimmen macht Spaß.*
I **hate** swimm**ing**. *Ich hasse (das) Schwimmen.*

⠿ § 12   Das Passiv → **L28**

Das Passiv braucht man, wenn von einer Handlung berichtet werden soll, ohne
die handelnde Person zu nennen. Im Mittelpunkt steht die Person oder die Sache,
mit der etwas geschieht. Das Passiv wird im Englischen mit einer Form von **be** in
der jeweiligen Zeitform und dem Partizip Perfekt (3. Verbform) gebildet:

is/are – Gegenwart	**was/were** – Vergangenheit
has/have been – **present perfect**	**had been** – **past perfect**

She **is invited** to lots of parties. *Sie wird zu vielen Partys eingeladen.*
My mobile **was stolen** yesterday. *Mein Handy wurde gestern gestohlen.*

My car **has** never **been stolen**. *Mein Auto ist noch nie gestohlen worden.*
The room **hadn't been cleaned** when I checked in. *Das Zimmer war noch nicht
gereinigt worden, als ich eincheckte.*

Soll die handelnde Person zusätzlich erwähnt werden, schließt man sie mit der
Präposition **by** *von* an:
He **was seen by** a neighbour. *Er wurde von einem Nachbarn gesehen.*

§ 13 Konjunktionen → L28

Mit Konjunktionen werden Wörter, Satzteile oder Sätze verbunden. Neben
and, **but** und **or**, die zwei Hauptsätze miteinander verbinden, dienen folgende
Konjunktionen zur Verbindung von Haupt- und Nebensätzen:

after	*nachdem*	if	*falls/wenn*	till/until	*bis*
although	*obwohl*	**since**	*seitdem*	**when**	*wenn/als*
because	*weil*	**so**	*also, deshalb*	**while**	*während*
before	*bevor*	**so that**	*damit*	**without**	*ohne*

§ 14 Die indirekte Rede → L23

Mit der indirekten Rede gibt man an eine dritte Person weiter, was jemand
gesagt hat. Die indirekte Rede besteht aus einem einleitenden Satz (**he says**)
und einem untergeordneten Satz, in dem die direkte Rede wiederholt wird.

§ 14.1 Die indirekte Rede ohne Änderung der grammatischen Zeit → L23
Steht das Verb im einleitenden Satz in der Gegenwart (**he says**) oder der
Zukunft (**he'll tell**), ändert sich die grammatische Zeit im untergeordneten
Satz nicht. Verändert werden nur die Personalpronomen.

"I'm unhappy."	She **says** she's unhappy.
"I need a drink."	I**'ll tell** him you need a drink.

§ 14.2 Änderung von Orts- und Zeitangaben → L25
Da sich bei der Wiedergabe einer Aussage in der indirekten Rede die Perspektive verändert, müssen Zeit- und Ortsangaben angepasst werden:

Anhang

today	→ that day	next week	→ the following week
yesterday	→ the day before	now	→ then
a week ago	→ a week before	here	→ there

§ 14.3 Befehle und Aufforderungen → L27

Befehle und Aufforderungen leitet man in der indirekten Rede mit **ask** oder **tell** ein. Darauf folgt das Objekt und (**not**) **to** plus Infinitiv:

He **asked** me **to** help him. *Er bat mich, ihm zu helfen.*

She told me **not to** take the car. *Sie riet mir, nicht das Auto zu nehmen.*

§ 14.4 Die indirekte Rede mit Änderung der grammatischen Zeit → L25

Steht das Verb im einleitenden Satz in der Vergangenheit (**he said**), kommt es im untergeordneten Satz zu einer Verschiebung der grammatischen Zeit:

"I**'m** very unhappy." She **said** she was **very** unhappy.

Die Zeitverschiebung ist abhängig von der Ausgangszeit:

Gegenwart	→ Vergangenheit	**present perfect**	→ **past perfect**
Zukunft mit **will**	→ **would**	Vergangenheit	→ **past perfect**

§ 14.5 Hilfsverben

Wenn der einleitende Satz in der Vergangenheit steht, kommt es in der indirekten Rede auch bei den Hilfsverben zu Zeitverschiebungen.

can	→ could	may	→ might	will/shall	→ would

Die Hilfsverben **could**, **needn't**, **should** und **would** bleiben in der indirekten Rede unverändert, **must** wird zu **had to**.

§ 14.6 Fragen → L27

Bei Fragen mit Fragewort ist die Wortstellung in der indirekten Rede wie im Aussagesatz. Bei Fragen ohne Fragewort (Ja/Nein-Fragen) wird die Frage in der indirekten Rede mit **if** oder **whether** *ob* eingeleitet.

"Why did you do that?" John asked him why he had done that.

"Do you like London?" He asks **if/whether** she likes London.

▪▪ § 15 Die Konditionalsätze

Es gibt drei verschiedene Typen von Konditionalsätzen (**if**-Sätze). Sie bestehen jeweils aus einem Nebensatz mit der Bedingung (**if** *wenn/falls*) und einem Hauptsatz, in dem die Folge der Bedingung genannt wird.

§ 15.1 Typ 1 → L16
Tatsächliche Ereignisse und Zustände in Gegenwart und Zukunft

if-Satz = Gegenwart	Folge = **will/won't**

If you begin at 9, you **will** be ready by lunchtime.
Wenn du um 9 anfängst, wirst du bis zum Mittagessen fertig sein.
You **will** be ready by lunchtime **if** you begin at 9.
Du wirst bis zum Mittagessen fertig sein, wenn du um 9 anfängst.

Wie im Deutschen kann der **if**-Satz am Anfang oder Ende des Satzgefüges stehen. Im **if**-Satz steht nie **will/won't** und vor **if** steht kein Komma.

§ 15.2 Typ 2 → L29
Unrealistische Ereignisse und Zustände in Gegenwart oder Zukunft

if-Satz = Vergangenheit	Folge = **would** + Infinitiv ohne **to**

If you began at 9, you **would** be ready by lunchtime.
Wenn du um 9 anfangen würdest, wärst du bis zum Mittagessen fertig.

§ 15.3 Typ 3 → L29
Unrealistische und nicht mehr erfüllbare Ereignisse und Zustände

if-Satz = **past perfect**	Folge = **would have** + Partizip Perfekt

If you had begun at 9, you **would have** been ready by lunchtime.
Wenn du um 9 angefangen hättest, wärst du bis zum Mittagessen fertig gewesen.

Anhang

Unregelmäßige Verben

In der folgenden Tabelle finden Sie eine Übersicht über die unregelmäßigen Verben, die Sie im Buch gelernt haben.

Infinitiv		Einfache Vergangenheit	Partizip Perfekt
be	*sein*	was/were	been
begin	*beginnen*	began	begun
break	*(zer)brechen*	broke	broken
buy	*kaufen*	bought	bought
catch	*fangen; erreichen*	caught	caught
come	*kommen*	came	come
do	*tun, machen*	did	done
drink	*trinken*	drank	drunk
drive	*fahren*	drove	driven
eat	*essen*	ate	eaten
fall	*fallen*	fell	fallen
feel	*fühlen*	felt	felt
find	*finden*	found	found
fly	*fliegen*	flew	flown
forget	*vergessen*	forgot	forgotten
get	*bekommen*	got	got
give	*geben*	gave	given
go	*gehen*	went	gone
have	*haben*	had	had
hear	*hören*	heard	heard
hurt	*weh tun*	hurt	hurt
keep	*behalten; weiter (tun)*	kept	kept
leave	*verlassen*	left	left
let	*lassen*	let	let
lie	*liegen*	lay	lain
lose	*verlieren*	lost	lost
make	*machen*	made	made
mean	*bedeuten*	meant	meant
meet	*treffen*	met	met

Unregelmäßige Verben

Infinitiv		Einfache Vergangenheit	Partizip Perfekt
pay	*(be)zahlen*	paid	paid
put	*setzen, stellen, legen*	put	put
read	*lesen*	read	read
ring	*klingeln*	rang	rung
run	*laufen*	ran	run
say	*sagen*	said	said
see	*sehen*	saw	seen
sell	*verkaufen*	sold	sold
send	*senden*	sent	sent
show	*zeigen*	showed	shown
sit	*sitzen*	sit	sit
sleep	*schlafen*	slept	slept
speak	*sprechen*	spoke	spoken
spend	*verbringen; ausgeben*	spent	spent
steal	*stehlen*	stole	stolen
stick	*feststecken*	stuck	stuck
take	*nehmen; bringen*	took	taken
tell	*erzählen*	told	told
think	*denken*	thought	thought
understand	*verstehen*	understood	understood
wear	*(Kleidung) tragen*	wore	worn
write	*schreiben*	wrote	written

Anhang

Lösungen und Hörtexte

Lektion 2

Fragen zum Dialog
1. Germany. – **2.** Stuttgart – **3.** isn't – **4.** isn't

1 **1.** you, I – **2.** She – **3.** It – **4.** He – **5.** They – **6.** We
2 **Hörtext**

Hazel	Hi, Kevin. How are you today?
Kevin	Gut, danke. Fine, thanks.
Hazel	This is Paula.
Kevin	Hello, Paula. Schön, Sie kennenzulernen. Nice to meet you.
Paula	Hello, Kevin.
Kevin	Woher kommen Sie? Where are you from?
Paula	I'm from Stuttgart – in the south of Germany.
Kevin	Oh, yes. Ich kenne Stuttgart. Es ist schön. I know Stuttgart. It's nice.
Hazel	And this is Jenny.
Jenny	Hi, Paula. Schön, Sie hier bei uns zu haben. Nice to have you with us.
Paula	Hello, Jenny. Nice to meet you, too.
Jenny	Willkommen in England! Welcome to England!
Paula	Thanks.

3 **1.** 're – **2.** 'm – **3.** 's – **4.** 's – **5.** 's – **6.** 's – **7.** 's – **8.** 's – **9.** 're – **10.** 'm – **11.** 're

Lektion 3

Fragen zum Dialog
1. projects – **2.** every day – **3.** never

1 **1.** your – **2.** our – **3.** – **4.** my – **5.** His – **6.** Her – **7.** their
2 **1.** a) – **2.** b) – **3.** a) – **4.** b)

Hörtext
1. ● Coffee?
   ▼ Yes, please.
   ● With milk?
   ▼ No, thanks.
2. ● Tea or coffee?
   ▼ Tea, please.
   ● Milk with your tea?
   ▼ Yes, please.
3. ● Sugar with your coffee?
   ▼ Yes, please.
   ● What about milk?
   ▼ No milk for me, thanks.
4. ● Tea with milk?
   ▼ No, thanks.
   ● And no sugar for you?
   ▼ No milk and no sugar.

3 **1.** drink – **2.** check – **3.** drink – **4.** talks – **5.** have – **6.** get – **7.** gets
4 **Individuelle Antworten**

Lösungen und Hörtexte

Lektion 4

Fragen zum Dialog
1. wrong – **2.** right – **3.** wrong

1 **1.** Yes, I have. – **2.** No, I can't. – **3.** Yes, she has. – **4.** Yes, he has. – **5.** No, they aren't. – **6.** Yes, I am. – **7.** No, you aren't. – **8.** No, he isn't.

2 **1.** son's – **2.** computers – **3.** colleague's – **4.** computers – **5.** Mum's – **6.** computers

3 **1.** Does, doesn't – **2.** Does, doesn't – **3.** Does, does – **4.** Do, Yes, I do./No, I don't. – **5.** Do, Yes, I do./No, I don't.

4 **1.** a) – **2.** b) – **3.** a) – **4.** a) – **5.** b) – **6.** a) – **7.** a) – **8.** b)

Lektion 5

Fragen zum Dialog
1. twelve – **2.** – isn't – **3.** cook

1 **1.** There is – **2.** There are – **3.** There are – **4.** There is – **5.** There are – **6.** There are

2 **1.** d) – **2.** c) – **3.** e) – **4.** a) – **5.** b)

3 **1.** a) – **2.** b) – **3.** a) – **4.** a) – **5.** b) – **6.** a)

Hörtext
1. Three o'clock in the morning. – **2.** Eleven o'clock in the evening. – **3.** Eight o'clock in the morning. – **4.** Five o'clock in the morning. – **5.** Nine o'clock in the evening. – **6.** Two o'clock in the morning.

4 **1.** Sekretärin – **2.** Elektronikfirma – **3.** Freizeit – **4.** Sport – **5.** Tennis – **6.** Basketball – **7.** Fußball – **8.** Tanzen – **9.** Disko – **10.** Einkaufen – **11.** Musik – **12.** Gitarre

Lektion 6

1 **1.** Everything's – **2.** Schneider's – **3.** I'm – **4.** Butler's – **5.** He's – **6.** They're – **7.** you're – **8.** everything's

2 **1.** isn't – **2.** isn't – **3.** I'm not – **4.** isn't – **5.** aren't – **6.** aren't – **7.** aren't – **8.** isn't

3 **1.** No, he doesn't. – **2.** Yes, she does. – **3.** Yes, she has. – **4.** Yes, I do. – **5.** No, he hasn't. – **6.** No, they don't.

Hörtext
1. Does Philip look very happy? – **2.** Does Philip's Mum feel lonely? – **3.** Has his Mum got a new computer? – **4.** Do you have time for your interests? – **5.** Has Philip got time to meet his friends? – **6.** Do they ever phone him?

4 **1.** Fine, thanks. – **2.** Hello, Paula. Nice to meet you. – **3.** Welcome to England, Paula. – **4.** Morning, Joyce. – **5.** You can just call me Joyce, Paula.

5 **1.** work – **2.** plan – **3.** work – **4.** have – **5.** talk – **6.** check – **7.** have – **8.** talk – **9.** get

6 **Individuelle Antworten**

7 **1.** Do – Yes, I do./No, I don't. – **2.** Do – Yes, they do. – **3.** Does – No, he doesn't. – **4.** Does – Yes, she does. – **5.** Do – Yes, I do./No, I don't. – **6.** Do – Yes, they do./No, they don't.

8 **1.** g) – **2.** f) – **3.** e) – **4.** b) – **5.** h) – **6.** c) – **7.** d) – **8.** a)

10 **1.** Philip's – **2.** He's – **3.** years – **4.** lives – **5.** feels – **6.** wants – **7.** She's – **8.** wants – **9.** interests – **10.** It's – **11.** meets – **12.** It's – **13.** She's – **14.** Everything's – **15.** landlady's – **16.** flats – **17.** Philip's

Anhang

11 **1.** It's like your work here. – **2.** I work for InterSoft in Stuttgart. – **3.** I plan new projects. – **4.** I usually work in a team. – **5.** We have meetings every week. – **6.** I check my e-mails and answer the phone. – **7.** I have lunch in our canteen. – **8.** I talk to my colleagues or my boss. – **9.** I never get home before six. – **10.** Yes, I do.

12 **1.** one project – **2.** four colleagues – **3.** five offices – **4.** twelve things – **5.** fifteen flats – **6.** twenty-one days – **7.** forty-four chips – **8.** fifty-five hours

13 **1.** What – **2.** Where – **3.** What – **4.** When – **5.** What – **6.** When

14 **1.** a) – **2.** b) – **3.** a) – **4.** a) – **5.** b) – **6.** b)

15 **1.** Good morning. – **2.** How are you (today)? – **3.** Nice to meet you. – **4.** Welcome to England! – **5.** You can just call me …

16 **1.** third, fourth – **2.** what, why – **3.** gin and tonic, coffee – **4.** Germany – **5.** thanks – **6.** never, often, usually – **7.** depressed – **8.** thirty, forty

17 **1.** No, there isn't a waiter. – **2.** You get your drinks at the bar. – **3.** You pay each time. – **4.** You pay before you leave. – **5.** She likes gin and tonic. – **6.** The German word *Handy* means *mobile*. – **7.** The English word *chef* means *cook*. – **8.** The pub closes at twelve o'clock.

18 **1.** coffee – **2.** people – **3.** usually – **4.** Welcome – **5.** meeting – **6.** Germany – **7.** England – **8.** hour – **9.** answer
Lösungswort: colleague

19 **1.** b) – **2.** b) – **3.** c) – **4.** b) – **5.** c) – **6.** a)

20 **Hörtext**

Philip	Drink, Paula?
Paula	Oh. Yes, please. Where's the waiter?
Philip	Waiter? There isn't a waiter in a pub! We go and get our drinks at the bar.
Paula	And when do you pay?
Philip	We pay when we get the drinks – at the bar. Each time, for the first, second, third drink …
Paula	Oh. It's different in Germany. We pay before we leave.
Philip	Really? Well, I'd like a pint. What about you?
Paula	I'd like a gin tonic, please.
Philip	A *gin and tonic*, we say.
Paula	But *gin tonic* is English!
Philip	Yes, but we don't say it like that. Just a minute.
Philip	Here you are, Paula, your G and T.
Paula	That's my handy.
Philip	What? What does that mean?
Paula	Don't you say that in English?
Philip	Oh, now I understand you. It's your mobile! That's English!
Paula	English is so difficult! When English words aren't real English. And there are English words like German words but they don't mean the same: *Chef* is a boss in German, and a cook in English.
Philip:	Hmm. And *beer*?
Paula	Ah, that's nearly the same: *Bier*.
Philip	One last drink, Paula!
Paula	Good idea! Cheers!

21 Individuelle Antworten

▪▪ Zwischentest 1

1 **1.** b) – **2.** c) – **3.** b) – **4.** c) – **5.** a) – **6.** b)
→ **L2**

2 **1.** Yes, I am. – **2.** No, she can't. – **3.** Yes, she does. – **4.** Yes, it is. – **5.** No, she can't. –
6. Yes, she has.
→ **L4**

3 **1.** b) – **2.** a) – **3.** a) – **4.** b) – **5.** b) – **6.** c)
→ **L3**

4 **1.** b) – **2.** b) – **3.** b) – **4.** a) – **5.** b) – **6.** a)
→ **L4**

5 **1.** a) – **2.** b) – **3.** b) – **4.** a) –**5.** b) – **6.** a)
Hörtext
1. Paula Schneider is from Stuttgart in the south of Germany. She works for
InterSoft. She plans new projects and usually works in a team. She has lunch in
their canteen. Her work is sometimes boring. She never gets home before six.
2. Philip Elton lives with his son Andy and his Mum. He works for InterChip UK. He
is not happy with his life. Philip doesn't have time for his interests. He hardly ever
meets friends.
3. Paula is depressed because everything is wrong. Her landlady's cooking is
terrible. Her little room is uncomfortable. She can't find a flat. They are all too
expensive. And she doesn't know anyone.
→ **L4**

6 **1.** doesn't look – **2.** doesn't like – **3.** feels – **4.** wants – **5.** doesn't feel – **6.** feels
→ **L4**

7 **1.** b) – **2.** a) – **3.** b)
→ **L5**

8 **1.** 020 5412 6094 – **2.** 7843 2361 – **3.** 020 9481 4638
Hörtext
1. ● Hazel! What's your phone number?
  ▼ It's 020 5412 6094.
  ● Thanks.
2. ● John! What's you home number?
  ▼ It's 7843 2361.
  ● Thanks a lot.
3. ● Philip, what's Paula's phone number at her B&B?
  ▼ I've got it here somewhere. Ah yes: 020 9481 4638.
  ● Thank you.
→ **L3**

9 **1.** Nice to meet you. – **2.** Welcome to England! – **3.** What's wrong? – **4.** Have you
got time to go out this evening? – **5.** Thank you very much. – **6.** That's a great idea. –
7. What does that word mean?
→ **L5**

Anhang

Lösungen und Hörtexte

Bewertung

Von 49 Punkten haben Sie _____ erreicht.

45 – 49: **Very good** *sehr gut*. Weiter so!

35 – 44**: Good** *gut*. Sie sind auf dem richtigen Weg.

25 – 34**: OK** *zufriedenstellend*. Üben Sie noch die Themen, die Ihnen Probleme bereitet haben. Sie haben aber schon viele Fortschritte gemacht.

weniger als 24**: You can do better** *Sie können es noch besser*. In den Lösungen finden Sie Verweise zu den Lektionen, in denen Sie den Stoff wiederholen können.

▪▪ Lektion 7

Fragen zum Dialog
1. wrong – **2.** right

1   **1.** any, some – **2.** any, some – **3.** any – **4.** some – **5.** any – **6.** some

2   ### Hörtext
Grocer	Good morning. How are you today?
Kevin	Fine, thanks. I'd like some oranges, please.
Grocer	The oranges aren't really fresh today. But we've got some lovely apples.
Kevin	Have you got any English apples?
Grocer	Yes, we've got some from the south of England.
Kevin	OK, I'll have some of those then. How much are they?
Grocer	£2.40 a pound.
Kevin	Give me two pounds then.
Grocer	That's £4.80.
Kevin	And a packet of tea, please.
Grocer	This one is very nice. It's £3.30. That's £8.10 altogether.
Kevin	Here's £10.
Grocer	And £1.90 for you. Thanks.
Kevin	Thank you very much, and goodbye.

3   … birthday is on the thirteenth of February. – My birthday is on the fifteenth of May. – John's birthday is on the fifth of December. – Hazel's birthday is on the second of March. – Joyce's birthday is on the twenty-first of August. – Mr Butler's birthday is on the seventeenth of May. – I don't know when Paula's birthday is.

▪▪ Lektion 8

Fragen zum Dialog
1. Italian red wine – **2.** a salad

1   **1.** these – **2.** those – **3.** these – **4.** this – **5.** that – **6.** That – **7.** This

2   **1.** is drinking – **2.** is having – **3.** is thinking – **4.** am enjoying – **5.** are doing – **6.** are talking

3   ### Hörtext
1. Where would you like to sit? Over there by the window. – **2.** What would you like to have? How about a starter? – **3.** And what would you like after that? This salad

Lösungen und Hörtexte

looks very good. – **4.** And would you like some wine? I like Italian red wines. – **5.** Can I have the bill, please? Yes, of course. Just a minute, please. – **6.** Would you like to go to a pub now? No, not today. It's late.

4 **1.** I'm drinking tea, too. – **2.** I'm not planning any new projects. – **3.** I'm not working at home, I'm working in an office. – **4.** I'm answering my e-mails, too.

Lektion 9

Fragen zum Dialog
1. right – **2.** wrong – **3.** right –

1 **1.** must – **2.** must – **3.** mustn't – **4.** can – **5.** must – **6.** can't – **7.** can – **8.** can – **9.** needn't

2 **1.** office – **2.** ticket – **3.** deck – **4.** inside – **5.** sights – **6.** Tower – **7.** keep – **8.** view – **9.** Theatre – **10.** performances – **11.** everything

3 **1.** Paula is going to check her e-mails tomorrow morning, too. – **2.** I'm not going to take photos tomorrow. – **3.** We aren't/We're not going to meet friends tomorrow evening. – **4.** Philip's going to stay at home on Saturday, too. – **5.** We're going to see the sights on Sunday, too. – **6.** I'm not going to learn Italian tomorrow.

Lektion 10

Fragen zum Dialog
1. b) – **2.** a) – **3.** b)

1 **1.** herself – **2.** themselves – **3.** itself – **4.** himself – **5.** myself – **6.** themselves – **7.** yourself

2 **1.** works, is working – **2.** checks, is checking – **3.** is ringing, rings and rings – **4.** are having, have – **5.** talks, is talking – **6.** feels, is feeling

3 **Hörtext**
1. What are the typical English sports? Football and cricket, I suppose. – **2.** Can you play badminton? I can play badminton, but not very well. – **3.** And what do you do, Sheila? I like going for walks and sometimes I play Bingo. – **4.** And what about you, Andy? Skateboarding is best. – **5.** And where do you go skateboarding? There's a halfpipe not far from here. – **6.** And what about at school? We have football and cricket at school.

Lektion 11

Fragen zum Dialog
1. upstairs – **2.** maths homework – **3.** nicer than– **4.** Indian

1 **1.** louder – **2.** quieter – **3.** nicer – **4.** better – **5.** biggest – **6.** loveliest – **7.** craziest

2 **2.** (On Friday) They're going to the cinema (on Friday). – **3.** (On Saturday) We're going shopping at one of the markets (on Saturday). – **4.** (On Sunday) She's going for a walk in one of the parks (on Sunday). – **5.** (On Monday) I'm having lunch with Mr Butler (on Monday). – **6.** (On Tuesday) Lisa is helping Andy with his homework (on Tuesday). – **7.** (On Wednesday) They're meeting at the Globe Theatre (on Wednesday).

Anhang

3 **1.** Friday – cinema – **2.** Sunday – boat trip on the Thames – **3.** Tuesday – maths homework – **4.** Thursday – skateboard at the halfpipe

Hörtext

Lisa	Let's go to the cinema on Friday. There's a new film on.
Andy	And what about Sunday? It would be nice to do something together on Sunday!
Lisa	We could go for a boat trip on the Thames. Perhaps to Greenwich.
Andy	Yes, great idea. I'd like to do that.
Lisa	And then on Tuesday evening you've got maths homework.
Andy	Ugh, yes. But you can help me with that.
Lisa	And on Thursday we can meet at the halfpipe and skateboard for an hour or so.
Andy	Yes, let's do that.

Lektion 12

Fragen zum Dialog

1. listened to a concert – **2.** has got lots of things to do

1 **1.** most uncomfortable/attractive – **2.** most expensive/attractive – **3.** more difficult/attractive – **4.** more difficult/attractive – **5.** more depressed

2 **1.** talked – **2.** enjoyed – **3.** preferred – **4.** liked – **5.** played – **6.** enjoyed – **7.** had – **8.** went – **9.** did

3 **Hörtext**

Mum	Who is going to do the boring chores in this house?
Lisa	I just haven't got the time, Mum.
Mum	I don't want to tidy up your room. It's an awful mess.
Lisa	And I don't want you to tidy up my things!
Mum	And who cleans the house? I need some help.
Lisa	Well, I could help you on Saturday.
Mum	And who does all the cooking?
Lisa	That's a better idea. I like cooking.
Mum	When was the last time you tidied up your room?
Lisa	Last week. OK, Mum, I can tidy it up a bit this evening.
Mum	At least do it before Andy comes to see you.
Lisa	Yes, Mum. Of course, Mum. He's coming tomorrow.

Lektion 13

Fragen zum Dialog

1. wrong – **2.** wrong – **3.** right – **4.** wrong

1 **1.** ten sixty-six – **2.** fifteen eighty-eight – **3.** sixteen sixteen – **4.** seventeen eighty-nine – **5.** eighteen twelve – **6.** nineteen forty – **7.** nineteen sixty-eight – **8.** nineteen ninety-nine – **9.** twenty ten/two thousand and ten – **10.** twenty thirty-two/two thousand and thirty-two

2 **1.** When was Sheila born? – **2.** When did she move? – **3.** Where was she born? – **4.** Why didn't she go back?

Lösungen und Hörtexte

3 Hörtext
1. Sheila was born in 1930. – No, she wasn't. She was born in 1940. – **2.** She lived in London then. – No, she didn't. She lived in the country then – **3.** Her dad bought the house in 1940. – No, he didn't. He bought the house in 1947. – **4.** They moved to Islington in 1945. – No, they didn't. They moved to Islington in 1947 – **5.** It was just the same then. – No, it wasn't. It was very different then. –
6. Sheila went back to the country. – No, she didn't. She stayed in Islington.

4 **1.** Andy never cooks the meals on Sundays. – **2.** He always checks his e-mails in the morning. – **3.** He often eats fruit from the market. – **4.** Andy usually does his homework at Lisa's place in the evening. – **5.** He tidied up his room yesterday morning.

▪▪ Lektion 14
1 **1.** from – **2.** to – **3.** to/with, in – **4.** to – **5.** on, on – **6.** in – **7.** at/in – **8.** about – **9.** with/in/at – **10.** in

2 **1.** Paula and Philip are sitting by the window. – **2.** They are having ravioli. – **3.** They are drinking red wine. – **4.** The people over there are speaking German. – **5.** The people in the corner are talking Spanish. – **6.** The waiter is coming (this way).

3 A pound of red apples. – Two oranges, please. – Have you got any coffee? – How much is it? – And a bottle of Chianti. – Here's twenty pounds.

4 **1.** Sunday – **2.** eighth / 8th – **3.** third / 3rd – **4.** tenth / 10th – **5.** Monday – **6.** fifth / 5th – **7.** sixth / 6th – **8.** April – **9.** fourth /4th – **10.** twelfth /12th

5 **2.** No, they aren't. They're drinking red wine – **3.** No, they aren't. They're eating ravioli. – **4.** No, they aren't. They're speaking Spanish. – **5.** No, they aren't. They're talking English. – **6.** Yes, they are. They're enjoying the meal very much.

6 **1.** must – **2.** must – **3.** can – **4.** can – **5.** can – **6.** can't/needn't – **7.** needn't – **8.** can – **9.** can – **10.** may – **11.** mustn't

7 Here's the menu. – Would you like a starter? – And after that? – And how about some wine? – The starter, the salad and a glass of Chianti. Anything else? – Yes, madam. Thank you.

8 Aussracheübung

9 **1.** is living, lives – **2.** feels, is not feeling – **3.** have, are having – **4.** works, is not working – **5.** is talking, talks – **6.** plays, is playing

10 **1.** breakfast – **2.** Mum – **3.** most – **4.** German, Indian – **5.** lamb – **6.** lovely – **7.** water, beer – **8.** themselves

11 Individuelle Antworten

12 **1.** awful – **2.** wonderful – **3.** Italian – **4.** quiet – **5.** terrible – **6.** open – **7.** Spanish

13 **1.** Where do you come from? – **2.** Where would you like to sit? – **3.** Have a lovely evening. – **4.** Would you like to play badminton tomorrow? – **5.** Take it easy!

14 **1.** louder – **2.** quieter – **3.** most boring – **4.** most difficult – **5.** biggest – **6.** best

15 **1.** Sheila, Philip and Andy are going to have breakfast. – **2.** Paula and Philip are going to meet at the ticket office. – **3.** Philip is going to buy a ticket. – **4.** They are going to sit on the open deck. – **5.** They are going to get off at St. Paul's Cathedral. – **6.** They are going to look at the Globe Theatre.

Anhang

16 **Hörtext**

Paula	What did you do yesterday evening?
Sheila	I was out with Mahmoud yesterday evening. We went for a walk in the park.
Paula	And what did you do after that?
Sheila	After that we went to a café and had some coffee and talked a lot. It was a very pleasant evening.
Paula	And what about you, Andy?
Andy	I went to the halfpipe with Lisa for about an hour. Then I went to her house and we did some homework together.
Paula	Did you really do your homework?
Andy	Well, Lisa's parents were out, so we listened to some heavy metal. We had it on really loud!
Paula	And what about you, Philip?
Philip	You know I had a lot of work, so I didn't have time to go to the sports centre.
Paula	And have you got time next week?
Philip	Yes, next week would be fine.

17 **1.** was – **2.** came, had – **3.** talked – **4.** went, met – **5.** said – **6.** bought, went

▪▪ Zwischentest 2

1 **1.** b) – **2.** a) – **3.** b) – **4.** a) – **5.** b) – **6.** b)
→ **L7**

2 **1.** you may not – **2.** I can – **3.** she can't – **4.** she can't – **5.** they must – **6.** we needn't
→ **L9**

3 **1.** What are they going to do? – **2.** Andy is going to do some homework. – **3.** Lisa is going to help him with it. – **4.** Paula and Philip are going to play badminton next week. – **5.** Philip is going to cook the Sunday roast. – **6.** Sheila and Mahmoud aren't going to have coffee together today.
→ **L9**

4 **1.** b) – **2.** c) – **3.** a) – **4.** b) – **5.** c) – **6.** a)
→ **L12**

5 **1.** b) – **2.** a) – **3.** c) – **4.** a) – **5.** c) – **6.** b)
→ **L11, L12**

6 **1.** badminton – Wednesday, 8 o'clock **2.** walk in the park – Sunday, 3 o'clock – **3.** boat trip on the Thames – Tuesday, 2 o'clock
Hörtext
1. ● How about badminton at the sports centre?
   ▼ When and what time?
   ● On Wednesday, at eight o'clock.
   ▼ Good idea.
2. ● How about a walk in the park?
   ▼ Lovely. When do you want to go?
   ● Sunday? At three o'clock?
   ▼ Fine.

3. ● How about a boat trip on the Thames.
   ▼ Lovely idea. When have you got time?
   ● Tuesday, at two o'clock.
   ▼ Lovely idea.

→ **L9, L10**

7 **1.** Tower of London – Crown Jewels – **2.** St. Paul's Cathedral – fantastic view – **3**. Globe Theatre – Shakespeare performances

→ **L9**

8 **1.** This is going to be fun. – **2.** I can help you with your homework. – **3.** What are you doing this weekend? – **4.** Can't you turn the music down, please? – **5.** I haven't got (any) time. – **6.** Who is going to do the boring chores? – **7.** When were you born? – **8.** What is the food like in Germany?

→ **L13**

Bewertung

Von 50 Punkten haben Sie _____ erreicht.

45–50:	**Very good** *sehr gut*. Weiter so!
35–44:	**Good** *gut*. Sie sind auf dem richtigen Weg.
25–34:	**OK** *zufriedenstellend*. Üben Sie noch die Themen, die Ihnen Probleme bereitet haben. Sie haben aber schon viele Fortschritte gemacht.
weniger als 24**:**	**You can do better** *Sie können es noch besser*. In den Lösungen finden Sie Verweise zu den Lektionen, in denen Sie den Stoff wiederholen können.

▪▪ Lektion 15

Fragen zum Dialog

1. b) to the USA – **2.** a) two days – **3.** b) for both of them

1 **1.** won't, will – **2.** won't, will – **3.** won't, will

2 **1.** cities – **2.** USA – **3.** trip – **4.** would – **5.** Building – **6.** Fifth – **7.** world – **8.** Central – **9.** website

3 **1.** wrong – **2.** wrong – **3.** right – **4.** right

Hörtext

Hazel	A trip to Paris. This is a great idea.
Kevin	Well, Mr Butler wants us to plan it.
Hazel	He says the trip will be in July. The conference is in Versailles and will last one day. And then we have a day to go and see the sights of Paris.
Kevin	Let's look at Versailles on the Internet first. …
Hazel	You've got it now. That's it.
Kevin	Well, here are the hotels. The conference centre is here. It's all close together.
Hazel	Then we have to look at the flights from London to Paris. But let's do that later. Let's look at the sights in Paris.
Kevin	What would you like to see there? The Eiffel Tower?
Hazel	Yes, of course. And the Louvre and the Arc de Triomphe and Notre Dame Cathedral. Let's find a good website.

Anhang

| Kevin | But, Hazel, shouldn't we get the information together today for Mr Butler so he can decide about the trip? Couldn't we do that now? |
| Hazel | Yes, of course. We could have it all ready in an hour. |

4   Lösungsvorschläge
1. Shall – Yes, that's a good idea. – **2.** Would – Yes, there's a (nice) café over there. – **3.** Could/Would – Yes, of course I can. – **4.** Let's – No, let's do it later. – **5.** Shall/Shouldn't – Yes, that's a great idea.

Lektion 16

Fragen zum Dialog
1. the Underground – **2.** an alarm – **3.** a taxi

1   **1.** have to buy/get – **2.** has to carry – **3.** have to leave – **4.** have to run/hurry – **5.** have to hurry/run

2   **1.** c) – **2.** e) – **3.** b) – **4.** d) – **5.** a)

3   **1.** 4 tickets – Underground – Heathrow – £20 (£5 each)- **2.** 1 tickets – train – Cambridge – £27 – **3.** 3 tickets – plane – New York – £897 (£299 each) – **4.** 2 tickets – boat – Greenwich – £18 (£9 each)

Hörtext

1.
Clerk	Where to, please?
Passenger	Heathrow Airport by Underground, please.
Clerk	How many tickets do you need?
Passenger	Four, please.
Clerk	That's £20. Here you are, madam.
Passenger	Thank you very much.

2.
Clerk	Where are you going?
Passenger	Cambridge, please.
Clerk	Just yourself?
Passenger	Yes, just one ticket for me, please.
Clerk	One ticket to Cambridge. £27. There you are, sir.
Passenger	Thank you.

3.
Clerk	What can I do for you, madam?
Passenger	Three tickets to John F. Kennedy Airport for Thursday, please.
Clerk	There's a flight at two o'clock in the afternoon.
Passenger	That's fine.
Clerk	It's £299 for each ticket. Can I have your credit card, please?
Passenger	Here you are.
Clerk	That's £897 altogether.
Passenger	Thank you very much.

4.
Clerk	How can I help you?
Passenger	How much is the boat trip to Greenwich, please?
Clerk	£9 for each ticket.
Passenger	I'd like two tickets, please.
Clerk	Two tickets to Greenwich. That's £18. Here you are, sir.
Passenger	Thank you.

4   Hörtext
1. What's the time, please? – It's eight o'clock/8 am/pm. – **2.** What time is it? – It's half past six/six thirty. – **3.** Can you tell me the time, please? – It's (a) quarter to three/fifteen (minutes) to three. – **4.** Could you tell me the time? – It's (a) quarter past seven/fifteen (minutes) past seven. – **5.** Do you know what the time is? – It's twenty-five (minutes) to four/three thirty-five. – **6.** Have you got the time? – It's twenty (minutes) past four/four twenty. – **7.** What's the time, please? – It's half past twelve/twelve thirty. – **8.** Can you tell me the time, please? –It's ten (minutes) past one/one ten.

Lektion 17

Fragen zum Dialog
1. in New York – **2.** a red uniform – **3.** AirTrain Station C – **4.** at the rental office

1   **1.** which/that – **2.** which/that – **3.** who – **4.** which/that – **5.** which/that – **6.** which/that

2   **1.** They picked up their car at JFK Airport. – **2.** The conference centre is in the USA. – **3.** After the conference they will drive back to Manhattan. – **4.** They have one day for the sights in Manhattan. – **5.** Paula is going to write an e-mail to Mr Butler.

3   **Hörtext**
1. Where's the Van Wyck Expressway, please? – Turn left at the first traffic lights. – **2.** Where is the entrance to the airport? – Turn right at the next crossroads. – **3.** How do I get to the car rental office? – Take the first turning on the left. Then it's only one minute's walk. – **4.** Can you tell me how to get to the station? – Go straight on. The station is on your left. – **5.** I want to get to the Sports Centre. – You are going the right way if you can see the restaurant on your right. – **6.** Which exit do I take for the Conference Centre? – Take the second exit and drive straight on to the Conference Centre on the left.

Lektion 18

Fragen zum Dialog
1. right – **2.** wrong – **3.** wrong

1   **1.** have arrived – **2.** have been – **3.** have unpacked – **4.** has called – **5.** has looked

2   **1.** Philip is phoning after the first morning of the conference. – **2.** He had a real American breakfast. – **3.** Paula understands the Americans better than Philip. – **4.** She is working hard at the conference. – **5.** There are shops in the hotel with skateboards.

Hörtext
Philip	Hi, Andy? How are things?
Andy	OK. Bit boring here at home. What are you doing?
Philip	We've just had the first morning of the conference. And the lunch was very good. We start again in five minutes.
Andy	And what is the USA like? What about your "real American breakfast"?
Philip	The people here are very nice. And I had the real American breakfast: eggs "sunny side up" and bagels. I think I'll buy some when I get back to London.

Anhang

Andy	And what about Paula?
Philip	Paula's working very hard. She's very good with people. And sometimes she understands American English better than I do. – What about your maths homework, Andy?
Andy	Dad, you go to America and think about my maths homework. You're just like Gran.
Philip	There are some shops in the hotel and they have skateboards. They're cheaper than in England.
Andy	Oh, Dad. Can you look and see if they have an Olympos 240? They're great.
Philip	If I have time. I have to go now. Take care, Andy, and give my love to Gran. I'll phone from Manhattan. Bye.

3 **Individuelle Antworten**

Lektion 19

Fragen zum Dialog
1. b) A young man – **2.** b) an ambulance – **3.** c) very carefully

1 **1.** Suddenly – **2.** Luckily – **3.** carefully – **4.** honestly – **5.** quickly – **6.** slowly

2 **2.** She was planning her trip to America in the afternoon. – **3.** They were playing badminton at the sports centre in the evening. – **4.** He was tidying his room at home this morning. – **5.** I was doing some shopping in/at Chapel Market this afternoon.

3 **1.** wrist hurts / not broken – don't use it for the next week / cream – **2.** toe hurts / not broken – take it easy / don't go for any walks – **3.** tooth painful – injection / not eat or drink anything for the next hours

Hörtext
1. Doctor	Good morning. How are you feeling today?
Man	I hurt my wrist last week. I went to the hospital but nothing is broken. But it's still painful.
Doctor	Let me see. … Well, don't use your wrist for the next week. And put this cream on it every morning and evening. Come and see me if it still hurts next week.
Man	Thanks very much. Goodbye.
2. Doctor	Hello, come in. How are you?
Woman	I hurt my toe last week. I went to the hospital but nothing is broken. But it's still painful.
Doctor	Well, take it easy for the next week. And don't go for any walks. Come and see me if it's still painful next week.
Woman	Thanks very much. Goodbye.
3. Dentist	Hello, Mr West. What's the problem?
Patient	Good afternoon, Doctor. This tooth here has been painful for over a week.
Dentist	It's all red. I'll give you an injection. Don't eat or drink anything for the next hour.
Patient	Thanks, Doctor.

▪▪ Lektion 20

Fragen zum Dialog
1. b) – **2.** a)

1 **Lösungsvorschlag**
Sheila bedankt sich dafür, dass Colin West ihre Brieftasche abgegeben hat. Sie hat den gemeinsamen Kaffee genossen und würde sich freuen, mal wieder zusammen einen Kaffee zu trinken. Sie berichtet, dass ihr Sohn und ihr Enkel viel unterwegs sind. Und da ihr Mann bereits gestorben ist, fühlt sie sich oft einsam.

2 **1.** Someone has stolen Mrs Cook's bag. – **2.** It has never happened to her before. – **3.** Her bag is brown leather with a credit card and about £7. – **4.** Mrs Cook was sitting on a park bench. – **5.** The money has gone. – **6.** The police officer has to write a report first.

Hörtext

Mrs Cook	Good afternoon, officer. Someone has stolen my bag. It's terrible. It has never happened to me before!
Officer	Could I have your name, address and telephone number? And describe your bag, please.
Mrs Cook	Brown leather, with a credit card, about £7 and some photos of my family.
Officer	Now, Mrs Cook, when did you last have your bag?
Mrs Cook	I had it when I left home this morning. I did some shopping. Then I went to the park. It's a lovely day, very hot. I was sitting on one of the park benches. And suddenly my bag was gone.
Officer	And where was your bag?
Mrs Cook	It was next to me, on the park bench.
Young man	Officer, perhaps I can help you. I've just found a brown leather bag in the park. Perhaps it belongs to this lady.
Mrs Cook	Oh, that's wonderful. That's my bag. I've been looking for it.
Officer	Yes, Mrs Cook. But just wait a minute. … The money has gone. But I think everything else is there. Please check everything. I have to write a report first. You can have your bag back later.
Mrs Cook	Thank you very much, young man.

3 **Hörtext**

Man	Good morning, Officer. Someone has stolen my car.
Officer	Yes, sir. Can I have your name, please?
Man	Donald Price.
Officer	And the car make, colour and number?
Man	It's a red Honda – CS23 ZHR.
Officer	And when did you last see your car, sir?
Man	About an hour ago. I parked it outside the cinema in Islington Road.
Officer	And what was the name of the cinema?
Man	The Odeon Cinema. But you must know that, officer.
Officer	Of course I know that, sir. But the Odeon Cinema is in Islington Street. There is another cinema in Islington Road.
Man	Oh, I see. Oh, this is my wife here. Hello, Jenny!

Anhang

Jenny	What are you doing here, Donald? I've been waiting by the car for over an hour now!
Officer	Well, I think that everything is clear now, Mr Price. It's Islington Street you want.
Man	Yes, thank you very much, officer. Goodbye.

▪▪ Lektion 21

Fragen zum Dialog

1. at Manchester University – **2.** in the 13th century – **3.** doesn't like

1 **1.** isn't it? – **2.** is it? – **3.** do you? – **4.** did you? – **5.** isn't there? – **6.** aren't there?

2 **1.** to see/visit/explore – **2.** to go – **3.** to see – **4.** to walk – **5.** learn – **6.** seeing/ visiting/exploring – **7.** going – **8.** punting – **9.** seeing – **10.** visiting

3 **Where?** Oxford, Paddington Station, Market, bookshops, river – **When?** this Saturday, morning, leave nine o'clock, arrive eleven o'clock – **What?** by train, walk round centre of town, go shopping, Colleges, on a punt

Hörtext

Hazel	I'd very much like to go to Oxford. Will you come with me?
Kevin	That's a great idea. I haven't been there for years.
Hazel	When do you suggest going?
Kevin	How about this Saturday? It's better to go by train, then you don't have any parking problems. And it takes just an hour from Paddington Station.
Hazel	The best way to see everything is just to walk round the centre of town. And then we could go shopping at the Market.
Kevin	And there are all those fantastic bookshops. Can we spend an hour or so there?
Hazel	Yes, of course.
Kevin	Are you interested in seeing the colleges – and the river?
Hazel	That's fine with me, Kevin. And I'd love to go out on a punt.
Kevin	What time do you want to leave on Saturday morning?
Hazel	Well, I think we should leave Islington no later than nine o'clock. Then we'll be in the centre of Oxford at about 11.
Kevin	I'll look up the times of the trains. I can do that on the Internet.
Hazel	I love visiting places like Oxford. I'm really looking forward to going there.

▪▪ Lektion 22

1 **1.** Parking problems. – **2.** A guided tour. – **3.** A long pole. – **4.** For security reasons. – **5.** A driver's license. – **6.** A police officer. – **7.** I'm terribly sorry. – **8.** A leather wallet.

2 **Hörtext**

1. It's eleven o'clock. – **2.** It's half past three. – **3.** It's a quarter to seven. – **4.** It's a quarter past four. – **5.** It's twenty past six. – **6.** It's ten to two. – **7.** It's twenty-five to ten. – **8.** It's eighteen minutes to eight. – **9.** It's two minutes past nine. – **10.** It's fourteen minutes to five.

Lösungen und Hörtexte

3 **Lösungsvorschläge**
1. We've been to France and Spain, so I think we'd like to go to Italy. – **2.** At the seaside, but with some interesting cities not too far away. – **3.** That sounds fine. How do I get there? – **4.** And how much do they cost? – **5.** It sounds very good. I'll talk about it with the family and come back tomorrow. Thank you.

4 **2.** Paula and Philip have unpacked their suitcases. – **3.** Philip has called reception. – **4.** They have not found the breakfast room yet. – **5.** They have not met the people from the conference yet. – **6.** Paula has not taken any photos yet. – **7.** They have not had American breakfast yet. – **8.** They have not been to Manhattan yet.

5 **1.** You haven't got much time. – **2.** Where are the car rental offices? – **3.** Have you checked all the materials? – **4.** I'm really terribly sorry. – **5.** Shall I call a doctor?

6 **Aussprracheübung**

7 **Hörtext**

Woman	I'd like to book a room for two nights.
Receptionist	Which nights will that be, please?
Woman	This Friday and Saturday night.
Receptionist	Single or double?
Woman	Double, please.
Receptionist	Do you want a view of the sea?
Woman	No, that's not so important.
Receptionist	That's £70 in all, including breakfast.
Woman	Just one more thing. We will arrive very late on Friday night.
Receptionist	That's no problem. Reception is open all night.
Woman	Well, that's fine then. I'd like to book.
Receptionist	What's your name, please?
Woman	Westry … W – E – S – T – R – Y.
Receptionist	Good. I've booked that for you.
Woman	Thank you very much.

8 **1.** Exploring – **2.** walking – **3.** playing – **4.** skateboarding – **5.** tidying – **6.** seeing – **7.** visiting – **8.** visiting – **9.** cooking – **10.** doing – **11.** meeting

9 **Hörtext**

1.	Woman	How do I get to Brighton Pier?
	Officer	Straight on along Queen's Road and West Street to the seafront, then turn left along King's Road. You can see the Pier in front of you.
	Woman	Thank you very much, officer.
2.	Man	Excuse me, do you know the way to the conference centre?
	Woman	Go down Queen's Road here, straight on to the sea. Then turn right. It's about five minutes' walk from there.
	Man	Thanks a lot.
3.	Woman	Is it far to the Marlborough Hotel?
	Officer	About six or seven minutes.
	Woman	And how do I get there?

Anhang

| Officer | Turn left here along Trafalgar Street, then take the fifth turning on your right into Sydney Street. Then turn left into North Road. You can see the hotel there on your left. |
| Woman | Thank you very much. |

10 **1.** She was shopping in Islington with a friend. – **2.** She was knocked down from behind by a young skateboarder. – **3.** Yes, it was (broken). – **4.** No, luckily there was a doctor there. – **5.** Her wrist was very painful. – **6.** He called an ambulance. – **7.** The police have talked to the young man. – **8.** Skateboarding on the pavement is a real problem.

11 **1.** went – **2.** has stolen – **3.** has never happened – **4.** went – **5.** took – **6.** left – **7.** I've just found

12 **1.** on a business trip to Germany – **2.** next week – **3.** four days – **4.** cheap enough – **5.** only a little about Berlin – **6.** They have to get information for Mr Fraser.

Hörtext

Jenny and Chris are planning a business trip to Germany.

Jenny	This is a great idea. I really hope the trip to Germany comes off.
Chris	Well, Mr Fraser wants us to plan it and he will give us the go-ahead next week.
Jenny	OK. He says the trip will be in November. The conference is in Berlin and will last three days. And then we have a day free to go and see all the sights in Berlin. But what are the sights?
Chris	Well, let's have a look at Berlin on the Internet. …
Jenny	Hey, Chris, that's Berlin in the United States. We want Berlin in Germany.
Chris	I've got it. Well, here are the hotels. Let's have a look at the prices – some of them are cheap enough. The conference centre is here. It all looks close together.
Jenny	Then we have to look at the flights from London to Berlin. But let's do that later. Let's look at the sights.
Chris	What would you like to see there? The Wall?
Jenny	Yes, of course. But is it still there? I don't really know what else. Let's find a good website.
Chris	But, Jenny, we should get the information together that Mr Fraser wants so he can decide about the trip. And then they have to confirm the trip. Shouldn't we do that now?
Jenny	Yes, of course. I think we could have it all ready in an hour.

13 **Lösungsvorschläge**

1. just walk round – **2.** look up at the skyscrapers – **3.** visit the Empire State Building – **4.** go for a walk in Central Park – **5.** go on a guided tour – **6.** take a boat across to the Statue of Liberty – (**7.** visit the museum on Ellis Island – **8.** go to Little Italy or Chinatown – **9.** go shopping)

14 **1.** were doing – **2.** were walking – **3.** was skating – **4.** were sitting, were drinking – **5.** was talking – **6.** were waiting

15 **1.** The shower is awful with very little hot water. – **2.** Everything is very old. – **3.** The lights in Greg's room are not working. – **4.** They will repair the lights this evening. – **5.** The breakfast room is on the first floor. – **6.** They go for a walk near the hotel/in London.

Hörtext

Kate and Greg have arrived at their hotel in London. They have checked in and been to their rooms. Now they are in the foyer.

Greg	I've unpacked and I've just had a shower. The shower is awful. Very little hot water, not like hotels at home.
Kate	Yes, I've had a shower, too. I've never stayed at a hotel like this before. Everything is very old.
Greg	And the lights in my room do not work.
Kate	Have you called reception?
Greg	Yes, they say someone will repair them this evening.
Kate	Have you met any of the people from the conference yet?
Greg	No, I haven't. We'll probably meet some of them at breakfast tomorrow morning.
Kate	Have you found out where the breakfast room is?
Greg	Yes, I have. It's on the first floor. I'm looking forward to a real English breakfast.
Kate	Oh, yes, breakfast is from seven o'clock and the conference begins at nine.
Greg	And have you looked through all the materials once again?
Kate	Yes, I've checked everything. And we've got the list of questions. I'll make sure we get all the answers.
Greg	Shall we go for a walk and get a first impression of London?
Kate	Yes, let's do that.

16 **1.** airport – **2.** along – **3.** bench – **4.** chores – **5.** countries – **6.** money – **7.** unpack – **8.** breakfast – **9.** immediately – **10.** foreign – **11.** ambulance – **12.** station
Losüngswort: announcement.

Zwischentest 3

1 **1.** Will the trip be in September? – **2.** Will/Won't the hotel be very expensive? – **3.** Will the conference last two days? – **4.** Will/Won't they have time for everything? – **5.** Will the information be ready in an hour? – **6.** Will you have coffee after that?
→ **L15**

2 **1.** c) – **2.** a) – **3.** b) – **4.** c) – **5.** a) – **6.** c)
→ **L15**

3 **1.** isn't it? – **2.** isn't there? – **3.** is it? – **4.** can she? – **5.** wouldn't it? – **6.** wasn't it?
→ **L21**

4 **1.** c) – **2.** b) – **3.** a) – **4.** b) – **5.** c) – **6.** b)
→ **L21**

5 **1.** New York City; the Empire State Building or Central Park – **2.** London; St. Paul's Cathedral or the Globe Theatre – **3.** Cambridge; King's College Chapel or the Market

Anhang

Hörtext

1. ▼ What would you like to see there?
   ● The Empire State Building and Central Park.
2. ▼ Shall we find a good website?
   ● What will you see when you are there?
   ▼ St. Paul's Cathedral and the Globe Theatre.
   ● Sounds very interesting to me.
3. ▼ What are you going to do when you are there?
   ● Go to King's College Chapel and visit the Market.
   ▼ I'd like to take a punt out on the river.

→ **L15, L21**

6   **1.** b) – **2.** c) – **3.** a) – **4.** c) – **5.** b) – **6.** c)

→ **L19**

7   **1.** Pick up your rental car. – **2.** Your voucher and you driver's license. – **3.** The shuttle runs from AirTrain Station C. – **4.** On the Van Wyck Expressway. – **5.** Your car keys (and your car). – **6.** All the cars have a navigation system.

→ **L17**

8   **1.** Couldn't we do that now? – **2.** We only have to change once. – **3.** We have to check in over there. – **4.** Where do we go? – **5.** We'd like to pick up a rental car. – **6.** I've never stayed at a hotel like this before. – **7.** I'm looking forward to a real American breakfast. – **8.** I'll/I'm going to make a cup of tea with lots of sugar.

→ **L15, L17, L19**

Bewertung

Von 50 Punkten haben Sie _____ erreicht.

45–50:	**Very good** *sehr gut*. Weiter so!
35–44:	**Good** *gut*. Sie sind auf dem richtigen Weg.
25–34:	**OK** *zufriedenstellend*. Üben Sie noch die Themen, die Ihnen Probleme bereitet haben. Sie haben aber schon viele Fortschritte gemacht.
weniger als 24:	**You can do better** *Sie können es noch besser*. In den Lösungen finden Sie Verweise zu den Lektionen, in denen Sie den Stoff wiederholen können.

▪▪ Lektion 23

Fragen zum Dialog

1. most urgently. – **2.** car has broken down.

1   **1.** [juː ˈkeɪ] United Kingdom – **2.** [dʒiː ˈbiː] Great Britain – **3.** [es em ˈes] Short Message Service – **4.** [iː ˈjuː] European Union – **5.** [aɪ ˈtiː] Information Technology – **6.** [en waɪ ˈsiː] New York City – **7.** [tiː ˈviː] television – **8.** [juː es ˈeɪ] United States of America – **9.** [viː aɪ ˈpiː] Very Important Person – **10.** [dʒiː piː ˈes] Global Positioning System

2   **1.** Jenny says (that) she has broken her wrist. – **2.** Mr Reece says (that) he can't come to the conference. – **3.** She says (that) she'll write me an e-mail. – **4.** Mr Fisher says (that) he needs to order some components. – **5.** He tells me (that) it's very urgent. –

6. Philip says (that) he's had a breakdown on the M1. – **7.** He has told me (that) he hopes to have another car soon. – **8.** He thinks (that) he won't be back in the office today.

3   **1.** Katie has had an accident and can't come to the conference. – **2.** Alison wants to order some software most urgently. – **3.** Joyce's car has broken down on the M40 near Oxford.

Hörtext

1. Paula   *(rings)* Paula Schneider. Hello, Katie. I saw your name on the display. What's new?

     Katie   Hi, Paula. I'm very sorry, but I can't come to your conference. I've had an accident with my car and I have to stay at home for a while.

     Paula   I'm very sorry about that, Katie. How did it happen? …

2. Paula   *(rings)* InterChip UK. Paula Schneider speaking.

     Alison   This is Alison Thomas of ETH. I'd like to order some software. We need it most urgently. Am I speaking to the right person?

     Paula   You need to talk to Bob Keighley in Sales.

     Alison   Could you say that name more clearly?

     Paula   That's K–E–I–G–H–L–E–Y. I'll put you through. Hold on a moment.

     Alison   Thank you very much. …

3. Paula   *(rings)* Hey, Joyce. What are you doing on the phone?

     Joyce   My car has broken down. I'm stuck on the M40 near Oxford. I've called the breakdown service. Can you tell Mr Butler I won't be back in the office this morning?

     Paula   OK, I'll do that. But you'll be back this afternoon, won't you? …

4   **1.** hard, hard – **2.** clear, more clearly – **3.** early, early – **4.** fast, fastest – **5.** good, well – **6.** carefully, careful

▪▪ Lektion 24

Fragen zum Dialog

1. b) – **2.** a) – **3.** b)

1   **1.** [piː] dot [es siː eɪtʃ en iː aɪ diː iː ɑː] at [aɪ es əʊ ef tiː] dot [diː iː]; oh seven double one / four seven eight nine two three – **2.** [diː] underscore [ɑː] double [iː siː iː] at [aɪ] minus [si eɪtʃ aɪ piː] dot [siː əʊ em]; double oh one seven double three eight seven four one eight double two – **3.** [piː iː tiː iː ɑː] underscore [ef aɪ es eɪtʃ iː ɑː] at [eɪtʃ aɪ tiː] dot [juː keɪ]; oh two oh six eight double nine seven six four six

2   **1.** for – **2.** since – **3.** for – **4.** for

3   **1.** Sylvia Tan makes the phone call. – **2.** Sylvia Tan is from InterChip London. – **3.** John has a lot of offers from a number of companies. – **4.** He discusses the software and services with his colleagues. – **5.** Someone can come to the college in two weeks.

Hörtext

John   John Lodge speaking.

Sylvia   Good afternoon, John. This is Sylvia Tan here. InterChip London. You asked me to call.

John	Yes, thanks very much for calling so quickly.
Sylvia	How can I help you?
John	Well, we have lots of offers from a number of companies. And I have to find out which are the best software programs and services. Then I discuss them with my colleagues and we decide which we like best.
Sylvia	Someone can come to your college and show you the programs and how they work.
John	That would be a great idea. When could that be?
Sylvia	Business is very good at the moment, but we could come in two weeks if that is OK with you.
John	Yes, Friday is the best day for us and then we can all be there. Will you come, or will it be a colleague?
Sylvia	It'll be Mr Powell from our Manchester office. He's very nice.
John	OK, let me know when you have the exact date. Thanks a lot.
Sylvia	It was a pleasure. I'll phone you next week.

4   **2.** Why did you begin to learn English? – **3.** How long have you been living in … ? – **4.** When did you have breakfast this morning?

Lektion 25

Fragen zum Dialog
1. in Brighton. – **2.** will be in Australia.

1   **1.** Roger Holland can't give his talk on sales trends. – **2.** Liz Bailey can't come this week. – **3.** Only two of the people from Manchester are able to come. – **4.** They haven't got a keynote speaker yet.

2   **1.** drove, had picked up – **2.** made, had arrived – **3.** had had, drove – **4.** had gone, got

3   **1.** b) – **2.** c) – **3.** a)

Lektion 26

Fragen zum Dialog
1. wrong – **2.** wrong – **3.** right – **4.** wrong

1   **1.** one – **2.** one – **3.** ones – **4.** one – **5.** ones, ones

2   **1.** Klaus likes to drink red wine. – **2.** Tom flew from Dublin to Heathrow. – **3.** It's about the economic trends. – **4.** Anand has been living in the USA for two years. – **5.** Anita Baumgartner's special interest is new technologies. – **6.** Anand suggests going for a walk along the Thames.

Hörtext

Tom	Good to see you, Klaus. Just over from Germany, are you?
Klaus	Yes, I arrived at Heathrow this afternoon and then took the Underground.
Tom	Would you like a drink? I'll get you one.
Klaus	That would be lovely. A red wine, please.
Anand	Sorry, but I can't remember your name.
Tom	Tom Walker. I'm over from Ireland.
Anand	Did you fly?

Tom	I flew from Dublin to Heathrow.
Anand	Looks like a very interesting keynote speech about the economic trends.
Tom	Yes, I'm looking forward to it. I'm going to talk to the speaker afterwards.
Anand	Yes, I want to talk to her about sales.
Anita	My name's Anita Baumgartner. I'm with InterChip USA.
Anand	Oh, yes, I know about you. I want to talk to you about the new software.
Anita	You're from India, aren't you?
Anand	Yes, my name's Anand. I'm Indian, but I've been living in the USA for two years now. What's your special interest?
Anita	Well, I'm in New Technologies.
Anand	I'm going for a walk along the Thames afterwards. Would you like to come too?
Anita	Great idea. I want to see some of the sights. And there's no time tomorrow.

3   Lösungsvorschlag
Seit 10 Jahren findet die Konferenz zu Gesundheit und Umwelt statt und bringt Firmen und ihre Vertreter zusammen. Experten treffen sich und tauschen Informationen aus. Es gibt eine Eröffnungsrede und Workshops zu den Entwicklungen in der Vergangenheit und der Zukunft. Es werden 25 Firmen aus der EU und anderen Ländern der Welt vertreten sein. Man kann sich für die Konferenz per E-Mail anmelden.

■■ Lektion 27

Fragen zum Dialog
1. Germany – **2.** everywhere – **3.** information – **4.** compare notes with Hazel

1   **1.** Where – **2.** What – **3.** When – **4.** Which – **5.** Who – **6.** How – **7.** Why – **8.** Whose

2   **1.** Paula asked me if/whether I spoke French. – **2.** Hazel asked Kevin if/whether Mr Aziz drank wine. – **3.** Mr Butler asked Paula if/whether she had checked all her e-mails. – **4.** Sheila asked Andy what he had done this (that) morning. – **5.** Paula asked Philip where he had bought his car? – **6.** Sheila asked Philip why he was looking at those pictures. – **7.** Sheila told Andy to (go and) tidy up his room. – **8.** The teacher told them to close all the windows.

3   **1.** They held the conference in Bristol. – **2.** They made new contacts on the continent – in France, Spain, Germany, Italy, Poland, the Czech Republic and Bulgaria. – **3.** His German is OK but his Russian is not very good. – **4.** Jill, Dave and Mr Young are going to have a meeting later in the week. – **5.** Mr Romano wants Lucy to call him and to give him some more information. – **6.** The keynote speech was about the future of products for the environmental sector. – **7.** Dr Gerard wants another meeting with Lucy the following day.

Hörtext
The conference in Bristol went very well. Now Mr Young is holding a meeting to discuss the conference.

| Mr Young | Good morning, everyone. Well, that was a very good conference and there is a lot to do to now. Jill, perhaps you could start. |

Anhang

Jill	We've made new contacts with a lot of people on the continent – in France, Spain, Germany, Italy, Poland, the Czech Republic and Bulgaria. This means that we will need sales reps who can travel to these countries. Dave, perhaps you could help me a bit on the German side and in eastern Europe. You speak Russian, don't you?
Dave	My German's OK, but my Russian is not very good. Just two years at school.
Mr Young	But it will make the right impression. Get some ideas down on paper about what we should do and what this means for the company. Then we should have a meeting later in the week. Just the three of us Jill, Dave and me. Lucy, what about you?
Lucy	Our Italian guest Mr Romano asked me to call him at his hotel and give him some more information. The keynote speech was very good. I'm sure that she is right that the future lies in products for the environmental sector. I will have a talk with Dave today. Then we'll report back to you with our proposals.
Mr Young	Fine.
Lucy	Dr Gerard asked whether we could have another meeting tomorrow. He's flying back to Toulouse tomorrow evening.
Mr Young	Yes, of course. I suggest you take him out to lunch. – Well, I think the conference has been a great success. I'd like to thank all of you. Have a good week and drop into my office any time you need to discuss a problem.

▪▪ Lektion 28

Fragen zum Dialog

1. a) – **2.** a)

1 **1.** is sold – **2.** are eaten – **3.** are cooked – **4.** were checked – **5.** was answered – **6.** was planned

2 **1.** at the Brighton Centre, in Islington – **2.** in two days, in two weeks – **3.** accepts the offer immediately, will think about the offer – **4.** three, two – **5.** in Islington, at the office

Hörtext

Mr Butler	Come in, Paula, and sit down. I want to have a talk to you.
Paula	Of course, Mr Butler. How can I help?
Mr Butler	I'd like to thank you once again for your work on the conference. The preparations were perfect. And, well, I'd like to offer you a job here in Islington.
Paula	That's a great surprise, Mr Butler. You know I'm going back to Stuttgart in two weeks. It's great, but I don't know what to say.
Mr Butler	Yes, well, we need somebody like you here. A very good organizer. You speak German and Spanish and we need that for the new customers. And after six months here your English is excellent. What do you think? You know that everyone at the office likes you very much.

| Paula | I really don't know. I like London very much, and all the people here. I'll think about it. |
| Mr Butler | Well, consider it carefully and give me an answer by the end of the month. |

3 **1.** After – **2.** so that – **3.** while – **4.** because – **5.** until/till – **6.** When, and

Lektion 29

Fragen zum Dialog
1. next week – **2.** Paula doesn't mind flying.

1 **1.** went c) – **2.** didn't have f) – **3.** accepted a) – **4.** wanted b) – **5.** came d) –
6. worked e)

2 **Lösungsvorschläge**
2. … , she wouldn't have met the Elton family. – **3.** … , she wouldn't have met
Philip. – **4.** … , she wouldn't have gone on the boat trip with him. – **5.** … , she
wouldn't have played badminton with him. – **6.** … , she wouldn't have flown to
the United States.

3 **Individuelle Antworten**

4 **Individuelle Antworten**

Lektion 30

1. j) – **2.** e) – **3.** i) – **4.** b) – **5.** d) – **6.** g) – **7.** c) – **8.** f) – **9.** a) – **10.** h)

2 **1.** baked beans – **2.** gin and tonic – **3.** fruit and vegetables – **4.** pint of beer –
5. potatoes – **6.** breakfast – **7.** biscuits – **8.** beef – **9.** hash browns

3 **1.** Great to see you. – **2.** I've been living in London for three years now. – **3.** Would
you like another drink? – **4.** Sorry, I can't remember your name. – **5.** I want to talk
to you about the new technologies. – **6.** I'm looking forward to the keynote speech. –
7. What's your special interest? – **8.** Did you drive or fly?

4 **2.** Paula and Philip have been walking (a)round Islington for two hours. – **3.** Philip
has been working at home since six o'clock. – **4.** They have been sitting in the
garden all afternoon. – **5.** They have been discussing the future for three hours. –
6. They have been looking at the Globe Theatre for two hours. – **7.** Paula has been
taking photos of Philip all day. – **8.** They have been looking at the sights of London
since nine o'clock.

5 **Ausspracheübung**

6 **Lösungsvorschlag**
Hello Sylvia, Many thanks for your mail. Yes, your services and software interest
me very much. We have six Science teachers here and we are very interested in
any courses at schools and colleges. It would be great if you could phone later this
week, perhaps Thursday or Friday after three in the afternoon. The number I gave is
the number of my Bradford College. I would like to talk to you about products and
prices.
Best wishes, John Lodge

7 **Lösungsvorschlag**
1. If Paula took the job in London, she could live with the Eltons. – **2.** If she moved

Anhang

to the attic room at the Eltons' house, it would be much nicer. – **3.** If she had the job at the London office, she could help out with German and Spanish. – **4.** If the company expanded a lot, they could go on journeys all around the world. – **5.** If Philip's wife hadn't died five years ago, everything would have been completely different. – **6.** If Sheila hadn't been fond of Paula, she wouldn't have had the idea with the attic room. – **7.** If Philip hadn't taken her to Cambridge, she wouldn't have seen a typical old English university. – **8.** If Paula hadn't liked London so much, she wouldn't have considered staying there.

8 **1.** h) – **2.** e) – **3.** g) – **4.** b) – **5.** f) – **6.** c) – **7.** a) – **8.** d)

9 **1.** Brighton is on the south coast of England. – **2.** More than eight million tourists from Britain and other countries go there every year. – **3.** They like to see the attractions and to relax on the lovely beaches. – **4.** It is warmer than most other parts of Britain. – **5.** The most famous attraction is Brighton Royal Pavilion. – **6.** They go for walks to Beachy Head. – **7.** You can see across the Channel towards France. – **8.** Brighton is also famous as a conference centre.

10 **1.** He went there over the weekend. – **2.** He stayed at a B&B near the centre. – **3.** He studied at Gonville and Caius College, Cambridge. – **4.** The best way to see everything is just to walk round the centre of town. – **5.** He went (in)to King's College Chapel. – **6.** He took a punt and fell in the river.

Hörtext

Keith	Hi, Alison. I thought I'd tell you about my trip to Cambridge.
Alison	When did you go there?
Keith	I was there over the weekend. I stayed at a B&B. It was very nice, only five minutes' walk from the centre.
Alison	You didn't study at Cambridge, did you?
Keith	Well, in fact I did. Good place. I like going back there.
Alison	Did you drive there?
Keith	No, it's better to go by train. Then you don't have any parking problems. And it takes less than an hour from King's Cross.
Alison	Tell me a bit about the University.
Keith	Yes, the first college, Peterhouse, was founded in the thirteenth century. Gonville and Caius, my college, is right in the centre, just next to King's College. The best way to see everything is just to walk round the centre of town. But a lot of tourists go on a guided tour.
Alison	I don't like going on guided tours myself, do you?
Keith	Well, you can learn a lot of interesting things. I went into King's College Chapel – and I took a punt and punted along the river and saw a lot of the colleges.
Alison	And did you fall in, Keith?
Keith	Yes, I did. The first time ever. All the tourists thought it was very funny.
Alison	Sounds like you had a great time. But why did you go on your own? Why don't you take me next time?
Keith	Well, I hadn't seen you for a long time. But that's great idea. Let's do that.

11 **1.** Paula speaks English and Spanish, and German of course. – **2.** Paula's family lives in Stuttgart. – **3.** She likes coffee with milk and without sugar. – **4.** She has not found a cheap flat in Islington. They are all expensive. – **5.** Paula likes Italian red wine. – **6.** Paula likes taking photos. – **7.** She plays badminton for a club in Stuttgart. – **8.** Paula can only cook specialities from the south of Germany.

12 **1.** eating – **2.** accepted – **3.** takes – **4.** flying – **5.** commute – **6.** expand – **7.** been – **8.** loves – **9.** went – **10.** will see

13 **1.** job – **2.** company – **3.** special interest(s) – **4.** research – **5.** where from? – **6.** travelling to conference – **7.** favourite sport – **8.** family

14 **1.** Tim said that he couldn't come to the meeting. – **2.** He said that he wasn't feeling well. – **3.** He also said that he had to stay at home for two or three days. – **4.** Jane said that she wanted to order some components urgently. – **5.** She asked if she was speaking to the right person. – **6.** Kevin said that his car had broken down just outside Bristol. – **7.** He said that he had called the breakdown service. – **8.** He also said that he wouldn't be back by one o'clock.

Hörtext

This morning the telephone just rings again and again.

Hazel	Hazel Richards speaking. Hello, Tim. I saw your name on the display. What's new?
Tim	Hi, Hazel. I'm very sorry, but I can't come to the meeting. I'm not feeling well and I have to stay at home for two or three days.
Hazel	I'm very sorry about that, Tim …
Hazel	InterChip UK. This is Hazel Richards.
Jane	This is Jane Wang of IDW. I want to order some components urgently. Am I speaking to the right person?
Hazel	You should talk to Alison Pishtalova in Sales.
Jane	Could you say that again?
Hazel	That's P–I–S–H–T–A–L–O–V–A. Hold on a moment. I'll put you through.
Jane	Thanks a lot. …
Hazel	Hey, Kevin. What are you doing on the phone?
Kevin	My car has broken down just outside Bristol. I've called the breakdown service and I hope they will be here soon. Can you tell Mr Butler I won't be back in the office by one o'clock?
Hazel	OK, I'll do that. But you'll be back home in the afternoon, won't you? …

15 **1.** research – **2.** technological – **3.** provide – **4.** invitation – **5.** proposal – **6.** worldwide – **7.** friendly – **8.** economic – **9.** ecology – **10.** acquaintance – **11.** weather – **12.** past – **13.** socialising – **14.** environmental

▪▪ Abschlusstest

1 **1.** at – **2.** by – **3.** through – **4.** along – **5.** about – **6.** on – **7.** around – **8.** from

2 **1.** c) – **2.** b) – **3.** c) – **4.** b) – **5.** c) – **6.** a)

3 **1.** break, broke, broken – **2.** make, made, made – **3.** drink, drank, drunk – **4.** see, saw, seen – **5.** buy, bought, bought – **6.** pay, paid, paid – **7.** begin, began, begun

Anhang

Lösungen und Hörtexte

4 **1.** careful, more carefully – **2.** crazy, more crazily – **3.** well, good – **4.** early, earlier, earliest – **5.** urgently, immediately – **6.** environmental, environmentally – **7.** perfectly – **8.** faster, fastest

5 **1.** a) – **2.** b) – **3.** a) – **4.** b) – **5.** a) – **6.** b)

6 **1.** E-Mail – **2.** Small Talk – **3.** Telefon – **4.** Small Talk – **5.** E-Mail – **6.** Telefon

7 **1.** preparing – **2.** to hear – **3.** to decide – **4.** to give – **5.** to sleep – **6.** flying – **7.** Commuting – **8.** to see

8 **Lösungsvorschlag**
 1. Nice to meet you. – **2.** I just feel very depressed. – **3.** Have you got time to go out this evening? – **4.** The pub closes at twelve (o'clock) – **5.** Enjoy your stay in London. – **6.** I'd like to take some photos. – **7.** What are the typical English sports? – **8.** The meat is tough and the potatoes are too soft!

9 **1.** are flying – **2.** was founded – **3.** broke down – **4.** 've been dealing – **5.** are looking forward – **6.** has been living – **7.** haven't enjoyed – **8.** has not accepted

10 **1.** global language – **2.** lingua franca – **3.** for songs – **4.** for video games – **5.** for the Internet – **6.** for business and international conferences

11 **1.** French, Central London – **2.** good Spanish, Cambridge – **3.** German, North London
Hörtext
1. We need a good conference organiser. He or she must know French. The firm is in Central London. We provide good pay for good results.
2. Technical know-how is what we need. You must be good with software and hardware, and also speak good Spanish. Our offices are in Cambridge.
3. We are looking for an assistant to the Director. You must be a good organiser, and must speak German well. You will travel abroad regularly. Our offices are in North London.

12 **Lösungsvorschlag**
1. Perhaps over there by the window, sir. – **2.** Here's the menu. – **3.** Yes, madam, sir? – **4.** The salad and a bottle of Montepulciano. Anything else? – **5.** Yes, madam. Thank you. – **6.** Here you are, madam, sir. And some bread and a bottle of water.

13 **1.** Cambridge – two (day returns) – £32 – **2.** Brighton – four (two adults and two children) – £30 – **3.** Bristol – one (return) – £36 – **4.** Manchester – two (singles) – £84
Hörtext
1. ▼ I'd like two day returns to Cambridge, please.
  ● That's £32, sir.
  ▼ Here's £40.
  ● Your tickets and £8 change, sir.
  ▼ Thank you.
2. ▼ Brighton, please. Two adults and two children.
  ● Day return, is it, madam?
  ▼ Yes.
  ● There's a family ticket for £30.
  ▼ That's just right. Here's £30. Thank you very much.

3. ▼ I'm going to Bristol today and coming back on Monday.
- ● That's £36, sir.
- ▼ Can I pay by credit card?
- ● Yes, of course you can. Sign here, please.
- ▼ Thank you very much.

4. ▼ Two singles to Manchester on the next train, please.
- ● That's £84, madam.
- ▼ Here's £100. I haven't got anything smaller.
- ● No problem at all. Here are your tickets, and £16 change.
- ▼ Thank you very much.

14 Lösungsvorschlag

1. Go along Upper Street and take the second road on your left. Then take the first left turning again. – **2.** Oh, that's quite easy. Go along Upper Street here. After about five minutes the road divides. Essex Road is to the right.

Bewertung

Von 104 Punkten haben Sie _____ erreicht.

90–104:	**Very good** *sehr gut*. Prima! Ihre Mühe hat sich wirklich gelohnt. Sie sind schon ein Meister!
70–89:	**Good** *gut*. Toll! Die Grundzüge beherrschen Sie schon einwandfrei. Sie sind ein geübter Lerner!
50–60:	**OK** *zufriedenstellend*. Einige Themen klappen schon ganz gut. Üben Sie weiter mithilfe der Verweise die Themen, bei denen Sie noch Schwierigkeiten haben.
weniger als 50:	**You can do better** *Sie können es noch besser*. Aller Anfang ist schwer. Wiederholen Sie noch einmal die Lektionen, die Sie noch nicht so gut können.

Anhang

Alphabetisches Wörterverzeichnis

A

a bit [ə'bɪt] ein bisschen **7**
a lot of [ə'lɔt əv] viel **8**
a(n) [ə(n)] ein(e) **2**
able to ['eɪbl tu] in der Lage (sein) **25**
about [ə'baʊt] über, von; ungefähr **3**
abroad [ə'brɔːd] im Ausland **AT**
accent ['æksənt] Akzent **17**
accept [ək'sept] annehmen **25**
accident ['æksɪdənt] Unfall **10**
acquaintance [ə'kweɪntəns]
  Bekannte(r) **26**
across [ə'krɔs] über **22**
address [ə'dres] Adresse **20**
advertisement [əd'vəːtɪsmənt]
  Anzeige **29**
after ['ɑːftə(r)] nach **3**
afternoon [ˌɑːftə'nuːn] Nachmittag **5**
afterwards ['ɑːftəwədz] danach **26**
again [ə'gen; ə'geɪn] noch einmal,
  wieder **9**
age [eɪdʒ] Alter **12**
ago [ə'gəʊ] vor (einer Woche) **20**
agree [ə'griː] übereinstimmen **22**
agree on [ə'griː ɔn] vereinbaren **25**
ah [ɑː] ach!, ah! **3**
air [eə] Luft **26**
airbag ['eəbæg] Airbag **5**
airport ['eəpɔːt] Flughafen **16**
alarm [ə'lɑːm] Alarm **16**
all [ɔːl] alle; alles **4**
almost ['ɔːlməʊst] fast, beinahe **30**
along [ə'lɔŋ] entlang **19**
already [ˌɔːl'redɪ] schon **14**
alright [ˌɔːl'raɪt] in Ordnung **8**

also ['ɔːlsəʊ] auch **11**
although [ɔːl'ðəʊ] obwohl **10**
altogether [ˌɔːltə'geðə(r)] (alles)
  zusammen **7**
always ['ɔːlweɪz; 'ɔːlwɪz] immer **3**
am [æm; əm] bin **2**
ambulance ['æmbjʊləns]
  Krankenwagen **19**
America [ə'merɪkə] Amerika **17**
American [ə'merɪkən] amerikanisch;
  Amerikaner(in) **17**
among [ə'mʌŋ] zwischen, unter,
  inmitten **24**
an [ən; æn] ein(e) **2**
and [ænd; ənd; ən] und **2**
announcement [ə'naʊnsmənt]
  Durchsage, Ankündigung **16**
announcer [ə'naʊnsə(r)]
  Ansager(in) **16**
annual ['ænjʊəl] jährlich **26**
another [ə'nʌðə(r)] ein(e)
  andere(r,s) **9**
answer ['ɑːnsə] Antwort **3**
any ['enɪ] etwas, irgendwelche(n) **7**
anyone ['enɪwʌn] (irgend)jemand **4**
anything ['enɪθɪŋ] (irgend)etwas **8**
anyway ['enɪweɪ] ohnehin, wie auch
  immer **10**
anywhere ['enɪweə(r)] irgendwo(hin),
  wo … auch (immer) **15**
appetite ['æpɪtaɪt] Appetit **8**
apple ['æpl] Apfel **7**
appointment [ə'pɔɪntmənt]
  Termin **25**
April ['eɪprəl] April **7**

Alphabetisches Wörterverzeichnis

are [ɑː(r)] bist, seid, sind **2**

area ['eərɪə] Gegend, Region **27**

arm [ɑːm] Arm **19**

around [ə'raʊnd] um … herum **15**

arrival [ə'raɪvəl] Ankunft **17**

arrive [ə'raɪv] ankommen **18**

as … as [əz … əz] so … wie **16**

as well [əz wel] auch **10**

ask [ɑːsk] fragen 3

at [æt] auf, zu, in **3**

at least [ət'liːst] wenigstens,
zumindest **12**

attic room ['ætɪk ruːm]
Mansardenzimmer **12**

attraction [ə'trækʃn] Attraktion **30**

attractive [ə'træktɪv] attraktiv **12**

August ['ɔːgəst] August **7**

aunt [ɑːnt] Tante **29**

Australia [ɔ'streɪlɪə] Australien **25**

Australian [ɔ'streɪljən] australisch;
Australier(in) **26**

autumn ['ɔːtəm] Herbst **28**

avenue ['ævənjuː] Allee **15**

away [ə'weɪ] weg, fort **22**

awful ['ɔːfəl] schrecklich **4**

B

back [bæk] zurück **10**

back [bæk] Rücken; Rückseite **21**

bacon ['beɪkən] Speck **4**

bad [bæd] schlecht **11**

badminton ['bædmɪntən]
Badminton **10**

bag [bæg] Tasche **20**

bagel ['beɪgl] (rundes) Gebäck **18**

baked beans [ˌbeɪkt 'biːnz]
gebackene Bohnen
(in Tomatensauce) **4**

bankcard [ˌbæŋ'kɑːd]
Scheckkarte **20**

bar [bɑː(r)] Theke **5**

basically ['beɪsɪklɪ] im Grunde **27**

basketball ['bɑːskɪtbɔːl] Basketball **5**

be [bi] sein **2**

beach [biːtʃ] Strand **30**

bean [biːn] Bohne **4**

bear with [beə wɪð] Geduld
haben mit **27**

beautiful ['bjuːtəfʊl; 'bjuːtɪfʊl]
schön **14**

because [bɪ'kɔz] weil **9**

bed [bed] Bett **4**

beef [biːf] Rindfleisch **13**

beep [biːp] Signalton **23**

beer [bɪə(r)] Bier **5**

before [bɪ'fɔː(r)] vor (*zeitlich*) **3**

begin [bɪ'gɪn] beginnen **18**

beginning [bɪ'gɪnɪŋ] Anfang **29**

behind [bɪ'haɪnd] hinter **9**

believe [bɪ'liːv] glauben **28**

bench [bentʃ] (Park-)Bank **20**

'Best Before' date [best bɪ'fɔː(r) deɪt]
Haltbarkeitsdatum **7**

better ['betə(r)] besser **9**

big [bɪg] groß **9**

bill [bɪl] Rechnung **8**

birthday ['bɜːθdeɪ] Geburtstag **7**

biscuit ['bɪskɪt] Keks **20**

bit [bɪt] (ein) bisschen **7**

black [blæk] schwarz **20**

Anhang

blouse [blaʊz] Bluse **26**
blow [bləʊ] wehen; blasen **28**
blue [bluː] blau **20**
board [bɔːd] Tafel **26**
boat [bəʊt] Schiff, Boot **9**
body [ˈbɒdɪ] Körper **19**
bomb alarm [bɒm əˈlɑːm] Bombenalarm **16**
book [bʊk] Buch **22**
boring [ˈbɔːrɪŋ] langweilig **3**
born [bɔːn] geboren **13**
boss [bɒs] Chef **2**
both [bəʊθ] beide **15**
bottle [ˈbɒtl] Flasche **8**
bread [bred] Brot **8**
break [breɪk] brechen **19**
breakdown service [ˈbreɪkdaʊn ˈsɜːvɪs] Pannendienst **23**
breakfast [ˈbrekfəst] Frühstück **4**
bridge [brɪdʒ] Brücke **9**
bring [brɪŋ] bringen **26**
Britain [ˈbrɪtn] Großbritannien **13**
broken [ˈbrəʊkən] gebrochen; kaputt **22**
brother [ˈbrʌðə(r)] Bruder **20**
brown [braʊn] braun **20**
building [ˈbɪldɪŋ] Gebäude **15**
bulb [bʌlb] Glühbirne **18**
bus [bʌs] Bus **16**
business [ˈbɪznɪs] Geschäft; Geschäfts- **15**
but [bʌt] aber **2**
buy [baɪ] kaufen **7**
by [baɪ] an, bei; bis **7**
bye [baɪ] auf Wiedersehen **14**

C

café [ˈkæfeɪ] Café, Kaffeehaus **12**
call [kɔːl] (an)rufen; nennen **2**
call off [kɔːl ˈɒf] absagen **25**
can [kæn] können **2**
Canada [ˈkænədə] Kanada **15**
candlelit [ˈkændəlt] Kerzenlicht- **11**
canteen [kænˈtiːn] Kantine, Cafeteria **3**
car [kɑː] Auto **17**
card [kɑːd] Karte **20**
cardigan [ˈkɑːdɪgən] Strickjacke **26**
careful [ˈkeəfəl] vorsichtig **19**
carry [ˈkærɪ] tragen **16**
catch [kætʃ] fangen; erreichen **16**
cathedral [kəˈθiːdrəl] Dom, Kathedrale **9**
centre [ˈsentə(r)] Zentrum **10**
century [ˈsentʃərɪ] Jahrhundert **21**
chair [tʃeə(r)] Stuhl **18**
change [tʃeɪndʒ] wechseln; umsteigen, ändern **16**
chapel [ˈtʃæpəl] Kapelle **7**
chat [ˈtʃæt] chatten; sich unterhalten **4**
cheap [tʃiːp] billig, preiswert **13**
check [tʃek] überprüfen, kontrollieren **3**
check in [tʃek ˈɪn] einchecken **18**
cheers [tʃɪəz] Prost!, Zum Wohl! **5**
chef [ʃef] (Chef) Koch **5**
child (Pl children) [tʃaɪld; ˈtʃɪldrən] Kind (Kinder) **26**
China [ˈtʃaɪnə] China **27**
chips [tʃɪps] Pommes frites **5**

Alphabetisches Wörterverzeichnis

chore [tʃɔː(r)] Hausarbeit **12**
cigarette [sɪgəˈret] Zigarette **20**
cinema [ˈsɪnəmə] Kino **11**
city [ˈsɪtɪ] Stadt **7**
clear [klɪə(r)] klar, verständlich **17**
clerk [klɑːk] Angestellte(r) **16**
close [kləʊz] schließen **5**
close [kləʊs] nah, nahe
  beieinander **25**
cloud [klaʊd] Wolke **28**
club [klʌb] Klub, Verein **10**
coast [kəʊst] Küste **30**
coat [kəʊt] (Regen-)Mantel **26**
coffee [ˈkɒfɪ] Kaffee **6**
cold [kəʊld] kalt **28**
colleague [ˈkɒliːg] Kollege, Kollegin **3**
college [ˈkɒlɪdʒ] College,
  Akademie **21**
come [kʌm] kommen **2**
commute [kəˈmjuːt] pendeln **30**
company [ˈkʌmpənɪ] Firma **17**
compare [kəmˈpeə(r)] vergleichen **27**
completely [kəmˈpliːtlɪ]
  vollständig **28**
component [kəmˈpəʊnənt]
  Bestandteil, Komponente **23**
computer [kəmˈpjuːtə] Rechner **2**
concert [ˈkɒnsət] Konzert **12**
conference [ˈkɒnfərəns] Konferenz **15**
confirm [kənˈfəːm] bestätigen **22**
connect [kəˈnekt] verbinden **23**
connected with [kəˈnektɪd wɪð]
  verbunden mit **24**
consider [kənˈsɪdə(r)]
  überdenken **28**

contact [ˈkɒntækt] Kontakt **17**
continent [ˈkɒntɪnənt] Kontinent **22**
cook [kʊk] kochen **13**
cook [kʊk] Koch, Köchin **5**
cooking [ˈkʊkɪŋ] Essen; Kochen **4**
corner [ˈkɔːnə(r)] Ecke **7**
cost [kɒst] kosten **22**
could [kʊd; kəd] könnte(n) **7**
counter [ˈkaʊntə] Schalter **17**
country [ˈkʌntrɪ] Land **13**
course [kɔːs] Kurs **30**
cousin [ˈkʌzn] Cousin(e) **29**
crazy [ˈkreɪzɪ] verrückt **11**
credit card [ˈkredɪt cɑːd]
  Kreditkarte **20**
cricket [ˈkrɪkɪt] Kricket **10**
crisps [ˈkrɪsps] Kartoffelchips **5**
crossroads [ˈkrɒsrəʊdz]
  Straßenkreuzung **17**
Crown Jewels [kraʊn dʒuːəlz]
  Kronjuwelen **9**
cup [kʌp] Tasse **19**
customer [ˈkʌstəmə(r)] Kunde/
  Kundin **28**

D

Dad [dæd] Papa **4**
dance [dɑːns] tanzen **5**
dangerous [ˈdeɪndʒərəs]
  gefährlich **10**
data [ˈdeɪtə] Daten, Angaben **25**
date [deɪt] Datum **7**
daughter [ˈdɔːtə(r)] Tochter **20**
day [deɪ] Tag **3**
dead [ded] tot **4**

Anhang

Alphabetisches Wörterverzeichnis

deal with [diːl wɪð] (be)handeln **24**
dear [dɪə] liebe(r) **20**
December [dɪˈsembə(r)] Dezember **7**
decide [dɪˈsaɪd] entscheiden **9**
decision [dɪˈsɪʒn] Entscheidung **28**
deck [dek] (Schiffs)Deck **9**
deliver [dɪˈlɪvə(r)] liefern **24**
department [dɪˈpɑːtmənt]
 Abteilung **23**
depressed [dɪˈprest] deprimiert **4**
describe [dɪˈskraɪb] beschreiben **20**
desk [desk] Schreibtisch; Schalter **16**
development [dɪˈveləpmənt]
 Entwicklung **24**
diagram [ˈdaɪəgræm] Schaubild **26**
die [daɪ] sterben **14**
different [ˈdɪfərənt] anders **5**
difficult [ˈdɪfɪkəlt] schwierig,
 schwer **6**
dinner [ˈdɪnə(r)] Abendessen **10**
direct [dɪˈrekt; daɪˈrekt] direkt **22**
disaster [dɪˈzɑːstə(r)]
 Katastrophe **25**
discount [ˈdɪskaʊnt] Rabatt **24**
discuss [dɪˈskʌs] besprechen,
 diskutieren **24**
dislike [dɪsˈlaɪk] nicht mögen **21**
display [dɪˈspleɪ] Display **23**
divorced [dɪˈvɔːst] geschieden **29**
do [duː] tun, machen **3**
doctor [ˈdɒktə] Doktor, Arzt, Ärztin **19**
dot [dɒt] Punkt **24**
double [ˈdʌbl] Doppel-, doppelt **22**
down [daʊn] hinunter, nach
 unten **11**

downstairs [daʊnˈsteəz] unten
 (im Haus) **11**
dress [dres] Kleid **26**
drink [drɪŋk] trinken **3**
drinker [ˈdrɪŋkə(r)] Trinker(in),
 Säufer(in) **22**
drive [draɪv] fahren **15**
driver [ˈdraɪvə(r)] Fahrer(in) **15**
driver's licence [ˈdraɪvə(r)z ˈlaɪsəns]
 Führerschein **17**
drop in [drɒp ˈɪn] hereinkommen;
 besuchen **30**

E

each [iːtʃ] jede(r,s) einzelne **5**
ear [ɪə] Ohr **19**
early [ˈɜːlɪ] früh **23**
east [iːst] Ost(en) **28**
easy [ˈiːzɪ] leicht, locker **11**
eat [iːt] essen **11**
ecology [ɪˈkɒlədʒɪ] Ökologie **24**
economic [iːkəˈnɒmɪk; ekənɒmɪk]
 wirtschaftlich, ökonomisch **26**
egg [eg] Ei **18**
eight [eɪt] acht **3**
eighteen [eɪˈtiːn] achtzehn **4**
eighth [eɪtθ] achte(r) **5**
eighty [ˈeɪtɪ] achtzig **4**
either ... or [ˈaɪðə(r) ɔː(r)] entweder
 ... oder **25**
elderly [ˈeldəlɪ] älter **20**
electronics [ɪlekˈtrɒnɪks] Elektronik **5**
eleven [ɪˈlevn] elf **3**
eleventh [ɪˈlevnθ] elfte(r) **7**
else [els] sonst **8**

Alphabetisches Wörterverzeichnis

employ [ɪmˈplɔɪ] einstellen **27**

end [end] Ende **11**

end [end] enden **20**

England [ˈɪŋɡlənd] England **2**

English [ˈɪŋɡlɪʃ] englisch **3**

enjoy [ɪnˈdʒɔɪ] genießen **7**

enough [ɪˈnʌf] genug **11**

environment [ɪnˈvaɪrənment] Umwelt **26**

environmental [ɪnvaɪrənˈmentl] Umwelt- **24**

especially [ɪˈspeʃəlɪ] besonders, vor allem **27**

etc. [etˈsetrə] usw. **30**

Europe [ˈjʊərəp] Europa **17**

European [jʊərəˈpiːən] europäisch **26**

even [ˈiːvən] sogar **10**

evening [ˈiːvnɪŋ] Abend **4**

ever [ˈevə(r)] (je)mals **4**

every [ˈevrɪ] jede(r,s) **3**

everyone [ˈevrɪwʌn] jede(r,s), alle **27**

everything [ˈevrɪθɪŋ] alles **2**

everywhere [ˈevrɪweə(r)] überall **27**

example [ɪɡˈzɑːmpl] Beispiel **22**

excellent [ˈeksələnt] hervorragend **9**

exchange [ɪksˈtʃeɪndʒ] austauschen **26**

excursion [ɪkˈskɜːʃn] Ausflug **30**

excuse me [ɪkˈskjuːz mi] entschuldigen Sie mich **17**

exit [egzɪt] Ausfahrt **17**

expand [ɪkˈspænd] ausdehnen, expandieren **27**

expensive [ɪkˈspensɪv] teuer **4**

expert [ˈekspɜːt] Expert(in) **2**

explore [ɪkˈsplɔː(r)] erkunden, auskundschaften **21**

expressway [ɪkˈspreswei] Schnellstraße, Autobahn **17**

F

face [feɪs] Gesicht **19**

fairy tale [ˈfeərɪ ˈteɪl] Märchen **29**

fall [fɔːl] fallen **19**

family [ˈfæməlɪ] Familie **20**

famous [ˈfeɪməs] berühmt **9**

fantastic [fænˈtæstɪk] fantastisch **9**

far [fɑː(r)] weit **10**

fascinating [ˈfæsɪneɪtɪŋ] faszinierend **21**

fast [fɑːst] schnell **8**

father [ˈfɑːðə(r)] Vater **20**

favourite [ˈfeɪvərɪt] Lieblings- **26**

February [ˈfebrʊərɪ] Februar **7**

feel [fiːl] (sich) fühlen **4**

few [fjuː] einige, wenig(e) **24**

fifteenth [fɪfˈtiːnθ] fünfzehnhte(r) **7**

find [faɪnd] finden **14**

find out [faɪndˈ aʊt] herausfinden, entdecken **30**

fine [faɪn] fein, prima **2**

first [fɜːst] erste(r) **6**

fish [fɪʃ] Fisch **5**

five [faɪv] fünf **30**

flat [flæt] Wohnung **6**

flight [flaɪt] Flug **30**

floor [flɔː(r)] Etage; Fußboden **22**

Florence [ˈflɒrəns] Florenz **22**

flower [ˈflaʊə] Blume **11**

fly [flaɪ] fliegen **30**

Anhang

Alphabetisches Wörterverzeichnis

foggy [ˈfɒgɪ] nebelig **28**
follow up [ˈfɒləʊ ʌp] folgen;
bearbeiten, weiterverfolgen **27**
following [ˈfɒləʊɪŋ] folgend,
weiter **25**
fond of [fɒnd əv] gern haben,
mögen **21**
food [fuːd] Essen **8**
foot (*Pl* **feet**) [fʊt; fiːt] Fuß
(Füße) **19**
football [ˈfʊtbɔːl] Fußball **5**
for [fɔː(r); fə(r)] für **3**
foreign [ˈfɒrən; ˈfɒrɪn] ausländisch **4**
forget [fəˈget] vergessen **11**
forty [ˈfɔːtɪ] vierzig **4**
forward [ˈfɔːwəd] nach vorn,
vorwärts **18**
forward [ˈfɔːwəd] weiterleiten **24**
found [faʊnd] gründen **21**
four [fɔː(r)] vier **3**
fourteen [fɔːˈtiːn] vierzehn **4**
fourth [fɔːθ] vierte(r) **5**
foyer [ˈfɔɪeɪ] Eingangshalle; Foyer **18**
France [frɑːns] Frankreich **13**
free [friː] frei **5**
freezing [ˈfriːzɪŋ] eisig, eiskalt **28**
French [frentʃ] französisch **13**
fresh [freʃ] frisch **7**
Friday [ˈfraɪdɪ] Freitag **11**
fridge [frɪdʒ] Kühlschrank **18**
friend [frend] Freund(in) **4**
friendly [ˈfrendlɪ] freundlich **24**
from [frɒm; frəm] aus, von **2**
fruit [fruːt] Obst **7**
fun [fʌn] Spaß **9**

further [ˈfɜːðə] weitere(r,s) **23**
future [ˈfjuːtʃə(r)] Zukunft **19**

G

gap [gæp] Lücke, Abstand **16**
garden [ˈgɑːdn] Garten **5**
general [ˈdʒenərəl] allgemein **24**
gentleman (*Pl* **gentlemen**) [ˈdʒentə
lmən] Herr (Herren) **27**
German [ˈdʒɜːmən] deutsch **5**
Germany [ˈdʒɜːmənɪ] Deutschland **2**
gerund [ˈdʒerənd] Gerundium **21**
get home [get ˈheʊm] nach Hause
kommen **3**
get [get] werden; holen **10**
get off [get ˈɒf] aussteigen **9**
gin [dʒɪn] Gin **5**
girlfriend [ˈgɜˑlfrend] Freundin **11**
give [gɪv] geben **7**
glass [glɑːs] Glas **14**
global [ˈgləʊbl] global **29**
globe [gləʊb] Weltkugel, Erdball **9**
go [geʊ] gehen **2**
go-ahead [geʊ əˈhed] grünes
Licht **15**
good [gʊd] gut **2**
goodbye [gʊdˈbaɪ]
auf Wiedersehen **7**
Gran [græn] Oma **12**
granddaughter [ˈgrændɔːtə(r)]
Enkelin **20**
grandfather [ˈgrænfɑːðə(r)]
Großvater **20**
grandmother [ˈgrænmʌðə(r)]
Großmutter **20**

Alphabetisches Wörterverzeichnis

grandson ['grænsʌn] Enkel **20**
great [greɪt] großartig **4**
green [griːn] grün **14**
grey [greɪ] grau **20**
grocer ['grəʊsə(r)]
  Lebensmittelhändler(in) **7**
guest [gest] Gast **27**
guided tour ['gaɪdɪd 'tʊə(r)]
  Führung **21**
guitar [gɪ'tɑː(r)] Gitarre **5**

H

hairdryer ['heədraɪə] Föhn **18**
half (a/an) [hɑːf ə/ən] halb **7**
halfpipe ['hɑːfpaɪp] Halfpipe **10**
hamburger ['hæmbɜːgə]
  Hamburger **28**
hand [hænd] Hand **19**
handout ['hændaʊt] Handzettel **26**
happen ['hæpən] geschehen,
  passieren **20**
happy ['hæpɪ] glücklich **4**
hard [hɑːd] hart, schwer **11**
hardly ['hɑːdlɪ] kaum, fast nie **4**
hash browns ['hæʃ 'braʊnz]
  Bratkartoffeln **18**
hat [hæt] Hut **7**
hate [heɪt] hassen, überhaupt nicht
  mögen **21**
have [hæv, həv, əv] haben **2**
have got [hæv gɒt] haben **2**
he [hiː] er **2**
head [hed] Kopf; Leiter(in) **2**
hear [hɪə(r)] hören **11**
heavy ['hevɪ] schwer **16**

hello [hə'leʊ] hallo **2**
help [help] helfen **2**
her [hɜː; hə; ə] ihr(e) **3**
here [hɪə(r)] hier **2**
hers [hɜːz] ihr(e) **20**
herself [hɜː'self] (sie) selbst **10**
hey [heɪ] he! hallo! **13**
hi [haɪ] hallo! **2**
high [haɪ] hoch **30**
him [hɪm; ɪm] ihn/ihm **2**
himself [hɪm'self] (er) selbst **10**
his [hɪz; ɪz] sein(e) **2**
hit [hɪt] treffen, schlagen **19**
hold on [həʊld 'ɒn] halten; am
  Apparat bleiben **23**
hold [həʊld] (ab)halten **27**
holiday ['hɒlədɪ; 'hɒlədeɪ] Ferien,
  Urlaub **22**
home [həʊm] (das) Zuhause **3**
homework ['həʊmwɜːk]
  Hausaufgaben **10**
honest ['ɒnɪst] ehrlich **4**
hope [həʊp] hoffen **15**
hospital ['hɒspɪtl] Krankenhaus **22**
hot [hɒt] heiß **18**
hotel [həʊ'tel] Hotel **15**
hour ['aʊə(r)] Stunde **3**
house [haʊs] Haus **12**
household [haʊs] Haushalt **11**
how [haʊ] wie **2**
however [haʊ'evə(r)] jedoch **25**
hundred ['hʌndrəd] Hundert **4**
hurry (up) ['hʌrɪ (ʌp)] (sich) beeilen **9**
hurt [hɜːt] weh tun, verletzen **10**
husband ['hʌzbənd] Ehemann **20**

Anhang

Alphabetisches Wörterverzeichnis

I

I [aɪ] ich **2**

ice [aɪs] Eis **26**

idea [aɪ'dɪə] Idee **2**

if [ɪf] wenn, falls **7**

imagine [ɪ'mædʒɪn] sich
vorstellen **21**

immediately [ɪ'miːdɪətlɪ] sofort,
umgehend **16**

impression [ɪm'preʃn] Eindruck **18**

in [ɪn] in **2**

in particular [ɪn pə'tɪkjʊlə(r)]
besonders **24**

include [ɪn'kluːd] einschließen,
umfassen **30**

including [ɪn'kluːdɪŋ]
einschließlich **22**

India ['ɪndjə; 'ɪndɪə] Indien **13**

Indian ['ɪndjən; 'ɪndɪən] indisch;
Inder(in) **11**

information [ɪnfə'meɪʃn]
Information(en) **15**

innit? ['ɪnɪt] nicht wahr? **28**

inquiry [ɪn'kwaɪərɪ] Anfrage **24**

inside [ɪn'saɪd; 'ɪnsaɪd] hinein;
drinnen **9**

instead [ɪn'sted] (an)statt **21**

interest ['ɪntrɪst; 'ɪntərest]
Interesse **4**

interested (in) ['ɪntrɪstɪd (ɪn)]
interessiert (an) **21**

interesting ['ɪntrɪstɪŋ] interessant **22**

international [ɪntə'næʃənl]
international **8**

Internet ['ɪntənet] Internet **4**

into ['ɪntʊ; 'ɪntə] in … hinein **9**

invitation [ɪnvɪ'teɪʃn]
Einladung **25**

invite [ɪn'vaɪt] einladen **13**

Ireland ['aɪələnd] Irland **13**

Irish ['aɪərɪʃ] irisch; Ire/Irin **13**

is [ɪz] ist **2**

island ['aɪlənd] Insel **15**

it [ɪt] es **2**

Italian [ɪ'tæljən] italienisch;
Italiener(in) **7**

Italy ['ɪtəlɪ] Italien **13**

its [ɪts] sein(e), ihr(e) **3**

itself [ɪt'self] (es) selbst **10**

J

jacket ['dʒækɪt] Jackett, Blazer **26**

January ['dʒænjʊərɪ] Januar **7**

jewel ['dʒuːəl] Juwel **9**

job [dʒɒb] Arbeit, Job, Beruf **6**

journey ['dʒɜːnɪ] Reise **15**

juice [dʒuːs] Saft **11**

July [dʒʊ'laɪ] Juli **7**

jumper ['dʒʌmpə(r)] Pullover **26**

June [dʒuːn] Juni **7**

just [dʒʌst] gerade, eben, einfach **2**

K

keen (on) [kiːn (ɒn)] sehr mögen **21**

keep [kiːp] aufbewahren, halten **9**

key [kiː] Schlüssel **17**

keynote speech ['kiːnəʊt spiːtʃ]
Eröffnungsvortrag **25**

kilo ['kiːləʊ] Kilo **7**

kitchen ['kɪtʃɪn] Küche **28**

Alphabetisches Wörterverzeichnis

knock (down) [nɒk (daʊn)] umstoßen **19**

know [nəʊ] kennen, wissen **2**

L

lady [ˈleɪdɪ] Dame **7**

lamb [læm] Lamm(fleisch) **13**

landlady [ˈlændleɪdɪ] Vermieterin **4**

language [ˈlæŋgwɪdʒ] Sprache **28**

last [lɑːst] letzte(r,s) **5**

last [lɑːst] dauern **15**

late [leɪt] spät **8**

laughter [ˈlɑːftə] Gelächter **29**

learn [lɜːn] lernen **9**

least [liːst] kleinste(r,s); am wenigsten **12**

leather [ˈleðə(r)] Leder **20**

leave [liːv] verlassen **5**

left [left] (nach) links **17**

leg [leg] Bein **19**

less [les] weniger **21**

let [let] lassen **8**

let's [lets] lass(t) uns **8**

lie [laɪ] liegen **27**

life [laɪf] Leben **3**

light [laɪt] Licht **18**

like (what … like?) [laɪk] wie **3**

like [laɪk] mögen, gern haben **4**

lip [lɪp] Lippe **19**

listen to [ˈlɪsn tu] zuhören **12**

listener [ˈlɪsnə(r)] Zuhörer(in) **15**

little [ˈlɪtl] klein **3**

live [lɪv] leben; wohnen **4**

lonely [ˈləʊnlɪ] einsam **4**

long [lɒŋ] lang **14**

look (at) [lʊk (æt)] anschauen, besichtigen **2**

look [lʊk] aussehen **4**

look forward to [lʊk ˈfɔːwəd tu] sich freuen auf **18**

lose [luːz] verlieren **20**

lot (a lot of) [lɒt] viele, eine Menge **8**

lots (of) [lɒts] viele **10**

loud [laʊd] laut **11**

love [lʌv] lieben, gern haben **5**

lovely [ˈlʌvlɪ] hübsch, (wunder)schön **7**

lucky (to be) [ˈlʌkɪ] Glück haben **19**

luggage [ˈlʌgɪdʒ] Gepäck **16**

lunch [lʌntʃ] Mittagessen **3**

M

madam [ˈmædəm] Frau **8**

mail [meɪl] Post **3**

main [meɪn] Haupt- **18**

make [meɪk] machen **17**

man (Pl men) [mæn; men] Mann (Männer) **12**

manage [ˈmænɪdʒ] zurechtkommen, gut gelingen **25**

many [ˈmenɪ] viele **9**

March [mɑːtʃ] März **7**

market [ˈmɑːkɪt] Markt **7**

marketing [ˈmɑːkətɪŋ] Marketing **2**

married [ˈmærɪd] verheiratet **29**

mate [meɪt] Mann, Kumpel **16**

material [məˈtɪərɪəl] Material(ien) **18**

maths [mæθs] Mathe(matik) **10**

matter (it doesn't) [ˈmætə(r)] das spielt keine Rolle, das macht nichts **25**

Anhang

May [meɪ] Mai **7**

maybe [ˈmeɪbi] vielleicht **12**

me [miː] mich/mir **2**

meal [miːl] Mahlzeit **4**

mean [miːn] bedeuten **5**

meat [miːt] Fleisch **13**

meet [miːt] (sich) treffen, kennen
lernen **2**

meeting [ˈmiːtɪŋ] Sitzung **3**

men [men] Männer **12**

menu [ˈmenjuː] Speisekarte **8**

mess [mes] Unordnung, Chaos **12**

message [ˈmesɪdʒ] Nachricht **23**

microwave [ˈmaɪkrəʊweɪv]
Mikrowelle **18**

milk [mɪlk] Milch **3**

million [ˈmɪljən] Million **30**

mine [maɪn] mein(e) **20**

minus [ˈmaɪnəs] Minus **24**

minute [ˈmɪnɪt] Minute **5**

miss [mɪs] verpassen **16**

mobile (phone) [ˈməʊbaɪl (fəʊn)]
Handy, Mobiltelefon **5**

moment [ˈməʊmənt] Moment **10**

Monday [ˈmʌndɪ] Montag **11**

money [ˈmʌni] Geld **20**

month [mʌnθ] Monat **14**

mood [muːd] Stimmung **7**

more [mɔː(r)] mehr **11**

morning [ˈmɔːnɪŋ] Morgen **2**

most [məʊst] am meisten **11**

mother [ˈmʌðə(r)] Mutter **4**

motorway [ˈməʊtəweɪ] Autobahn **17**

mouth [maʊθ] Mund **19**

move [muːv] umziehen; bewegen **13**

Mr [ˈmɪstə(r)] Herr **2**

Mrs [ˈmɪsɪz] Frau **2**

Ms [mɪz] Frau **16**

much [mʌtʃ] viel **2**

Mum [mʌm] Mama **4**

Munich [ˈmjuːnɪk] München **2**

museum [mjuːˈzɪəm] Museum **17**

music [ˈmjuːzɪk] Musik **11**

must [mʌst] müssen **9**

mustn't [ˈmʌsnt] nicht dürfen **9**

my [maɪ] mein(e) **3**

myself [maɪˈself] (ich) selbst **10**

N

name [neɪm] Name **10**

navigate [ˈnævɪgeɪt] navigieren,
führen **17**

navigation system [nævɪˈgeɪʃn
ˈsɪstəm] Navigationssystem **17**

near [nɪə(r)] nahe (bei), in der Nähe
(von) **14**

nearly [ˈnɪəlɪ] fast, beinahe **5**

necessary [ˈnesəsəri] notwendig **19**

need [niːd] brauchen **9**

nephew [ˈnefjuː] Neffe **29**

never [ˈnevə(r)] nie **3**

new [njuː] neu **2**

news [njuːz] Nachricht(en),
Neuigkeit(en) **25**

next [nekst] nächste(r) **12**

nice [naɪs] hübsch, schön **2**

niece [niːs] Nichte **29**

night [naɪt] Nacht **22**

nine [naɪn] neun **3**

nineteen [naɪnˈtiːn] neunzehn **4**

Alphabetisches Wörterverzeichnis

ninety [ˈnaɪntɪ] neunzig **4**

ninth [naɪnθ] neunte(r) **5**

nippy [ˈnɪpɪ] schneidend (kalt) **28**

no [neʊ] nein; kein(e) **3**

normally [ˈnɔːməlɪ]
  normalerweise **24**

north [nɔːθ] Nord(en) **28**

northeast [nɔːˈθiːst] Nordost(en) **28**

Northern Ireland [ˈnɔːðən ˈaɪeələnd]
  Nordirland **27**

nose [neʊz] Nase **11**

not [nɒt] nicht **2**

note [neʊt] Notiz **27**

nothing [ˈnʌθɪŋ] nichts **15**

November [neʊˈvembə(r)]
  November **7**

now [naʊ] nun, jetzt **2**

nowhere [ˈneʊweə(r)] nirgendwo **15**

number [ˈnʌmbə(r)] Nummer **20**

O

o'clock [əˈklɒk] (12) Uhr **5**

October [ɒkˈteʊbə(r)] Oktober **7**

of [ɒv; əv] von **2**

of course [ɒv ˈkɔːs] natürlich **7**

offer [ˈɒfə(r)] anbieten **26**

office [ˈɒfɪs] Büro **14**

often [ˈɒfn; ˈɒftən] oft **3**

OK [əʊˈkeɪ] in Ordnung **2**

old [əʊld] alt **4**

on [ɒn] auf; in/im **4**

once [wʌns] einmal **16**

one [wʌn] ein(e) **3**

oneself [wʌnˈself] (sich) selbst **10**

online [ˈɒnlaɪn] Online **30**

only [ˈəʊnlɪ] nur, allein **4**

open [ˈəʊpən] offen **9**

opinion [əˈpɪnjən] Meinung **26**

opportunity [ɒpəˈtjuːnətɪ]
  Gelegenheit, Möglichkeit **26**

or [ɔː(r)] oder **3**

orange [ˈɒrɪndʒ] Apfelsine,
  Orange **20**

order [ˈɔːdə(r)] bestellen **23**

ordinary [ˈɔːdnrɪ] gewöhnlich **23**

other [ˈʌðə(r)] ander(e) **12**

our [ˈaʊə(r)] unser(e) **2**

ours [ˈaʊəz] unser(e) **20**

ourselves [aʊə(r)ˈselvz] (uns)
  selbst **10**

out [aʊt] hinaus, draußen **4**

outside [aʊtˈsaɪd] hinaus, draußen **16**

over there [eʊvəˈðeə] (dort)
  drüben **8**

overhead projector [ˈeʊvəhed
  prəˈdʒektə] Tageslichtprojektor **26**

P

packet [ˈpækɪt, ˈpækət] Packung,
  Paket **7**

painful [ˈpeɪnfʊl] schmerzhaft **19**

palace [ˈpælɪs, ˈpæləs] Palast **30**

paper [ˈpeɪpə(r)] Papier **26**

parents [ˈpeərənts] Eltern **14**

park [pɑː(r)k] Park **10**

parking [ˈpɑː(r)kɪŋ] Park- **21**

participant [pɑːˈtɪsɪpənt]
  Teilnehmer(in) **30**

part [pɑːt] Teil **30**

partly [ˈpɑːtlɪ] teilweise **25**

Anhang

pass [pɑːs] Pass **9**

passenger [ˈpæsɪndʒə(r)]
Passagier **16**

pass on to [pɑːs ˈɒntʊ]
weiterleiten **23**

past [pɑːst] nach; vergangen **16**

pavement [ˈpeɪvmənt]
Bürgersteig **19**

pay [peɪ] bezahlen **5**

peace [piːs] Frieden **11**

pence [pens] brit. Währung
(100p = 1£) **7**

people [ˈpiːpl] Leute, Menschen **3**

perfect [ˈpɜːfɪkt] perfekt **18**

performance [pəˈfɔːməns]
Aufführung **9**

perhaps [pəˈhæps; præps] vielleicht **8**

person [ˈpɜːsn] Person **23**

personally [ˈpɜːsnlɪ] persönlich **18**

phone [fəʊn] Telefon **3**

photo [ˈfəʊtəʊ] Foto **9**

pick up [pik ˈʌp] abholen **17**

picture [ˈpiktʃə] Bild **27**

pier [ˈpɪə] Landungssteg **9**

piercing [ˈpɪəsɪŋ] Piercing **11**

pint [paɪnt] Pint (ca. ½ l) **5**

pity [ˈpɪtɪ] schade **25**

place [pleɪs] Ort **9**

plan [plæn] planen **3**

plane [pleɪn] Flugzeug **16**

play [pleɪ] spielen **5**

player [ˈpleɪə(r)] Spieler(in) **15**

please [pliːz] bitte **2**

plenty of [ˈplentɪ] eine Menge,
reichlich **28**

plug [plʌg] Stecker, Stöpsel **18**

point [pɔɪnt] Punkt **27**

pole [pəʊl] (der) Staken **21**

police [pəˈliːs] Polizei **19**

politics [ˈpɒlɪtɪks] Politik **30**

popular [ˈpɒpjʊlə(r)] beliebt **30**

pork [pɔː(r)k] Schweinefleisch **13**

possible [ˈpɒsəbl, ˈpɒsəbəl]
möglich **16**

post [pəʊst] Post **30**

potato (Pl potatoes) [pəˈteɪtəʊ(z)]
Kartoffel(n) **13**

pound [paʊnd] Pfund;
brit. Währung **7**

pour [pɔː(r)] (ein)gießen **11**

pour (down) [ˈpɔːr (daʊn)] gießen, in
Strömen fallen **28**

practise [ˈpræktɪs] üben **21**

prefer [prɪˈfɜː] vorziehen **10**

preferably [ˈprefərəblɪ]
vorzugsweise **25**

preparation [prepəˈreɪʃn]
Vorbereitung **25**

prepare [prɪˈpeə(r)] vorbereiten **28**

present [ˈprezənt] Gegenwart **18**

price [praɪs] Preis **7**

probably [ˈprɒbəblɪ]
wahrscheinlich **18**

problem [ˈprɒbləm] Problem **2**

product [ˈprɒdʌkt] Produkt **30**

program [ˈprəʊgræm] Programm **24**

programme [ˈprəʊgræm]
Programm **30**

project [ˈprɒdʒekt] Projekt **3**

promise [ˈprɒmɪs] versprechen **26**

proposal [prə'pəʊzl] Vorschlag **27**
provide [prə'vaɪd] beschaffen, ausstatten **24**
pub [pʌb] Kneipe **5**
pudding ['pʊdɪŋ] Süßspeise **13**
punt [pʌnt] Stakkahn **21**
purple ['pɜːpl] purpurfarben **20**
push [pʊʃ] schieben, fortbewegen **21**
put [pʊt] setzen, stellen, legen **11**

Q

quarter ['kwɔːtə(r)] Viertel **16**
question ['kwestʃən] Frage **6**
queue [kjuː] Reihe, Schlange **9**
quick [kwɪk] schnell **16**
quiet ['kwaɪət] leise, ruhig, ungestört **11**
quite [kwaɪt] ziemlich **14**

R

rain [reɪn] regnen **9**
rainy ['reɪnɪ] regnerisch **28**
read [riːd] lesen **15**
reader ['riːdə(r)] Leser(in) **15**
ready ['redɪ] fertig **15**
real [rɪəl; riːəl] echt **5**
realize ['rɪəlaɪz] verstehen, erkennen **12**
really ['rɪəlɪ; 'riːlɪ] wirklich **4**
reason ['riːzn] Grund **16**
receive [rɪ'siːv] erhalten **24**
recent ['riːsnt] kürzlich, neulich **24**
reception [rɪ'sepʃn] Empfang, Rezeption **18**
red [red] rot **7**

refrigerator [rɪ'frɪdʒəreɪtə(r)] Kühlschrank **18**
register ['redʒɪstə(r)] sich anmelden **26**
regular ['regjʊlə(r)] regelmäßig; Stamm- **30**
relax [rɪ'læks] (sich) entspannen **30**
religion [rɪ'lɪdʒən] Religion **30**
remember [rɪ'membə(r)] sich erinnern (an) **26**
remote control [rɪ'məʊt kən'trəʊl] Fernbedienung **18**
rental ['rentl] Miet- **17**
repaint ['riː'peɪnt] neu streichen **28**
repair [rɪ'peə(r)] reparieren **18**
report [rɪ'pɔːt] berichten **27**
rep (resentative) [reprɪ'zentətɪv] Vertreter(in) **26**
require [rɪ'kwaɪə(r)] benötigen **24**
research [rɪ'sɜːtʃ] Forschung **26**
reserve [rɪ'zɜːv] reservieren **17**
responsible [rɪ'spɒnsəbl, rɪ'spɒnsɪbl] verantworlich **25**
restaurant ['restərɒnt] Restaurant **8**
right [raɪt] richtig; rechts **4**
ring [rɪŋ] klingeln **3**
river ['rɪvə(r)] Fluss **21**
road [rəʊd] Straße **17**
roast [rəʊst] Braten **13**
room [ruːm; rʊm] Zimmer **4**
round [raʊnd] herum **2**
roundabout ['raʊndəbaʊt] Kreisverkehr **17**
rugby ['rʌgbɪ] Rugby **10**

Anhang

Alphabetisches Wörterverzeichnis

run [rʌn] rennen, laufen, fahren **16**
Russian [ˈrʌʃn] Russisch;
Russe/Russin **27**

S

safe [seɪf] sicher **17**
safety [ˈseɪftɪ] Sicherheit **24**
salad [ˈsæləd] Salat **8**
sales [seɪlz] Verkauf(sabteilung) **23**
same [seɪm] der-/die-/dasselbe **3**
Saturday [ˈsætədɪ] Samstag **7**
say [seɪ] sagen **3**
scarf [skɑːf] Schal, Halstuch **26**
school [skuːl] Schule **4**
science [ˈsaɪəns] Wissenschaft **24**
Scotland [ˈskɒtlənd] Schottland **4**
Scottish [ˈskɒtɪʃ] schottisch **13**
sea [siː] Meer, (die) See **22**
seafront [ˈsiːfrʌnt]
Strandpromenade **26**
seaside [ˈsiːsaɪd] Küste, See- **22**
seat [siːt] Sitz(platz) **9**
second [ˈsekənd] zweite(r) **5**
secretary [ˈsekrətrɪ] Sekretär(in) **3**
sector [ˈsektə(r)] Bereich, Sektor **26**
security [sɪˈkjʊərətɪ] Sicherheit **16**
see [siː] sehen **7**
seem [siːm] scheinen **11**
'Sell By' date [ˈsel baɪ ˈdeɪt]
Verfallsdatum **7**
send [send] schicken **24**
separated [ˈsepəreɪtɪd] getrennt **29**
September [sepˈtembə(r)]
September **7**
service [ˈsɜːvɪs] Dienstleistung **24**

seven [ˈsevn] sieben **3**
seventeen [sevənˈtiːn] siebzehn **4**
seventh [ˈsevənθ] siebte(r) **5**
seventy [ˈsevəntɪ] siebzig **4**
shall [ʃæl; ʃəl] sollen **15**
she [ʃiː; ʃɪ] sie **2**
shirt [ʃɜːt] Hemd **26**
shoe [ʃuː] Schuh **26**
shop [ʃɒp] Geschäft, Laden **11**
shopping [ˈʃɒpɪŋ] Einkauf(en) **5**
short [ʃɔːt] kurz **22**
should [ʃud; ʃəd; ʃd; ʃt] sollte(n) **13**
shoulder [ˈʃəʊldə(r)] Schulter **19**
show [ʃəʊ] zeigen **2**
shower [ˈʃaʊə(r)] Dusche **18**
shuttle [ˈʃʌtl] Pendelzug,
Pendelverkehr **17**
shy [ʃaɪ] schüchtern **30**
side [saɪd] Seite **18**
sight [saɪt] Sehenswürdigkeit **9**
sightseeing tour [ˈsaɪtsiːɪŋ ˈtʊə(r)]
Stadtrundfahrt **10**
sign [saɪn] unterschreiben **17**
since [sɪns] seit **24**
single [ˈsɪŋgəl] Einzel-, einzeln **22**
sink [sɪŋk] Waschbecken **18**
sir [sɜː; sə] Herr **8**
sister [ˈsɪstə(r)] Schwester **20**
sit [sɪt] sitzen **8**
six [sɪks] sechs **3**
sixteen [sɪksˈtiːn; ˈsɪkstiːn]
sechzehn **4**
sixth [sɪksθ] sechste(r) **5**
sixty [ˈsɪkstɪ] sechzig **4**
skate [skeɪt] Skateboard fahren **19**

Alphabetisches Wörterverzeichnis

skateboard [ˈskeɪtbɔːd]
Skateboard **18**

skateboarder [ˈskeɪtbɔːdə(r)]
Skateboarder(in) **19**

skirt [skɜːt] Rock **26**

sky [skaɪ] Himmel **28**

skyscraper [ˈskaɪskreɪpə(r)]
Wolkenkratzer **22**

sleep [sliːp] schlafen **28**

slow [sləʊ] langsam **19**

small [smɔːl] klein **26**

snow [snəʊ] Schnee **28**

so [səʊ] so; damit, so dass **5**

socializing [ˈsəʊʃəlaɪzɪŋ]
Kontaktpflege **26**

soft [sɒft] weich **13**

software [ˈsɒftweə] Software **24**

some [sʌm; səm, sm] etwas; einige **5**

someone [ˈsʌmwʌn] irgendjemand **11**

something [ˈsʌmθɪŋ] irgendetwas **13**

sometimes [ˈsʌmtaɪmz] manchmal **3**

somewhere [ˈsʌmweə(r)]
irgendwo **15**

son [sʌn] Sohn **4**

soon [suːn] bald **23**

sorry [ˈsɒrɪ] Entschuldigung **2**

sound [saʊnd] klingen **4**

soup [suːp] Suppe **8**

south [saʊθ] Süden **2**

southwest [saʊθˈwest]
Südwest(en) **28**

Spain [speɪn] Spanien **13**

Spanish [ˈspænɪʃ] spanisch,
Spanisch **8**

speak [spiːk] sprechen **8**

speaker [ˈspiːkə(r)] Sprecher(in) **15**

special interest [ˈspeʃl ˈɪntrəst]
Fachgebiet **26**

speciality [speʃɪˈælətɪ] Spezialität **13**

specialize in [ˈspeʃəlaɪz ɪn] sich
spezialisieren in/auf **30**

speech [spiːtʃ] Vortrag, Rede **26**

spend [spend] verbringen;
ausgeben **12**

sport [spɔːt] Sport(art) **26**

spring [sprɪŋ] Frühling **28**

stand [stænd] stehen **9**

standard [ˈstændəd] Standard(-) **24**

start [stɑːt] beginnen, anfangen **8**

starter [ˈstɑːtə(r)] Vorspeise **8**

state [steɪt] (Bundes)Staat **15**

station [ˈsteɪʃn] Bahnhof **16**

Statue of Liberty [ˈstætjuː əv
ˈlɪbə(r)tɪ] Freiheitsstatue **15**

stay [steɪ] bleiben **7**

steal [stiːl] stehlen **20**

stick (get stuck) [stɪk (get stʌk)]
feststecken **23**

still [stɪl] noch **7**

stimulate [ˈstɪmjʊleɪt] anregen,
stimulieren **27**

stimulating [ˈstɪmjʊleɪtɪŋ]
anregend **27**

stop [stɒp] aufhören; einstellen **21**

straight on [streɪt ˈɒn] geradeaus **17**

street [striːt] Straße **7**

strong [strɒŋ] stark **17**

study [ˈstʌdɪ] studieren **21**

success [səkˈses] Erfolg **27**

successful [səkˈsesfʊl] erfolgreich **25**

Anhang

Alphabetisches Wörterverzeichnis

sudden ['sʌdn] plötzlich **19**
sugar ['ʃʊgə(r)] Zucker **3**
suggest [sə'dʒest] vorschlagen **21**
suggestion [sə'dʒestʃən] Vorschlag **30**
suit [suːt] passen, angenehm sein **25**
suitcase ['suːtkeɪs] Koffer **16**
summarize ['sʌməraɪz]
  zusammenfassen **27**
summer ['sʌmə(r)] Sommer **28**
sun [sʌn] Sonne **28**
Sunday ['sʌndɪ] Sonntag **9**
sunny ['sʌnɪ] sonnig, Sonnen- **18**
sunshine ['sʌnʃaɪn] Sonnenschein **28**
supply [sə'plaɪ] liefern, beliefern **30**
suppose [sə'pəʊz] vermuten,
  annehmen **10**
sure [ʃʊə(r); ʃɔː] sicher **21**
surf [sɜːf] surfen **4**
surprise [sə'praɪz] Überraschung **28**
surprised [sə'praɪzd] überrascht **4**
swim [swɪm] schwimmen **5**
system ['sɪstəm] System **17**

T

table ['teɪbl] Tisch **8**
take [teɪk] nehmen, bringen; dauern,
  (Zeit) brauchen **3**
takeaway ['teɪkəweɪ] Essen zum
  Mitnehmen **11**
tale [teɪl] Märchen **29**
talk [tɔːk] sprechen **2**
taxi ['tæksɪ] Taxi **16**
tea [tiː] Tee **3**
teach [tiːtʃ] lehren, unterrichten **15**
teacher ['tiːtʃə(r)] Lehrer(in) **3**

team [tiːm] Team, Mannschaft **3**
technical ['teknɪkl] technisch **16**
technological ['teknəlɒdʒɪkl]
  technologisch **26**
technology [tek'nɒlədʒɪ]
  Technologie **26**
teeth [tiːθ] Zähne **19**
telephone ['telɪfəʊn; 'teləfəʊn]
  Telefon **20**
television ['telɪvɪʒn] Fernsehen,
  Fernseher **18**
tell [tel] sagen, erzählen **17**
temperature ['tempərətʃə]
  Temperatur **30**
ten [ten] zehn **3**
tennis ['tenɪs] Tennis **5**
tenth [tenθ] zehnte(r) **5**
terminal ['tɜːmɪnəl] Terminal **16**
terrible ['terəbl; 'terɪbl] fürchterlich **4**
Thames [temz] (die) Themse **9**
than [ðən; ðæn] als **11**
thank you ['θæŋkjuː] Danke **2**
thanks [θæŋks] Danke **2**
that [ðæt] dies, das **2**
the [ðɪ; ðə] der/die/das **2**
theatre ['θɪətə(r)] Theater **9**
their [ðeə(r)] ihr(e) **3**
theirs [ðeə(r)z] ihr(e) **20**
them *Pl* [ðəm; ðem] sie **3**
themselves [ðəm'selvz] (sie) selbst **10**
then [ðen] dann **2**
there is/are [ðeə(r) ɪz; ðeə(r) ɑː(r)]
  es gibt **5**
these [ðiːz] diese **8**
they [ðeɪ] sie **2**

thing [θɪŋ] Ding, Sache **3**

think [θɪŋk] denken **8**

third [θɜːd] dritte(r) **5**

thirteen [θɜːˈtiːn] dreizehn **4**

thirteenth [θɜːˈtiːnθ] dreizehnte(r) **21**

thirty [ˈθɜːtɪ] dreißig **4**

this [ðɪs] dies **2**

those [ðəʊz] diese, jene **3**

though [ðəʊ] obwohl **29**

thousand [ˈθaʊznd] Tausend **13**

three [θriː] drei **3**

through [θruː] durch **18**

thunderstorm [ˈθʌndəstɔːm] Gewitter, Unwetter **28**

Thursday [ˈθɜːzdɪ] Donnerstag **11**

ticket [ˈtɪkɪt] Fahrkarte, Fahrschein **9**

tidy [ˈtaɪdɪ] ordentlich, aufgeräumt **22**

tidy (up) [ˈtaɪdɪ (ʌp)] aufräumen **12**

tie [taɪ] Krawatte **26**

tights [taɪts] Strumpfhose **26**

till (=until) [tɪl] bis **16**

time [taɪm] Zeit, Abfahrtszeit **3**

to [tuː; tu; tə] in, nach **2**

today [təˈdeɪ] heute **2**

toe [təʊ] Zeh **19**

together [təˈgeðə(r)] zusammen **10**

tomorrow [təˈmɒrəʊ] morgen **8**

tone [təʊn] Signalton **23**

tonic [ˈtɒnɪk] Tonic **5**

too [tuː] auch **2**

too [tuː] zu (sehr) **19**

tooth (Pl teeth) [tuːθ; tiːθ;] Zahn (Zähne) **19**

touch (in ... with) [tʌtʃ] in Verbindung mit **29**

tough [tʌf] zäh **13**

tour [tʊə(r)] Rundfahrt **10**

tourist [ˈtʊərɪst] Tourist(in) **17**

towards [təˈwɔːdz] nach, in Richtung auf **9**

tower [ˈtaʊə] Turm **9**

town [taʊn] Stadt **21**

traffic [ˈtræfɪk] Verkehr **16**

traffic lights [ˈtræfɪk laɪts] Ampel **17**

train [treɪn] Zug **16**

transparency [trænsˈpærənsɪ] Folie **26**

transport [ˈtrænspɔːt] Nahverkehr **16**

trend [trend] Trend, Tendenz **25**

trip [trɪp] Fahrt, (kurze) Reise **9**

trousers [ˈtraʊzəz] Hose **26**

true [truː] wahr **10**

try [traɪ] versuchen **12**

Tuesday [ˈtjuːzdɪ] Dienstag **11**

turn down [ˌtɜːn ˈdaʊn] leiser stellen **11**

turning [ˈtɜːnɪŋ] Abbiegung **17**

TV [tiːˈviː] Fernsehen, Fernseher **18**

twelve [twelv] zwölf **3**

twenty [ˈtwentɪ] zwanzig **4**

two [tuː] zwei **3**

typical [ˈtɪpɪkl] typisch **3**

U

ugh [ʊx] äh! pfui! **12**

UK [juːˈkeɪ] das Vereinigte Königreich **23**

uncle [ˈʌŋkl] Onkel **29**

uncomfortable [ʌnˈkʌmftəbl] unbequem **4**

Anhang

Alphabetisches Wörterverzeichnis

Underground [ˈʌndəgraʊnd] U-Bahn **16**

understand [ʌndəˈstænd] verstehen **4**

unhappy [ʌnˈhæpɪ] unglücklich **12**

uniform [ˈjuːnɪfɔːm] Uniform **17**

unit [ˈjuːnɪt] Lektion, Einheit **2**

university [juːnɪˈvɜːsɪtɪ] Universität **21**

unmarried [ʌnˈmærɪd] ledig **29**

unpack [ʌnˈpæk] auspacken **18**

until [ənˈtɪl; ʌntɪl] bis **16**

up [ʌp] hinauf, nach oben **9**

upper [ˈʌpə(r)] höher, Ober- **19**

upstairs [ʌpˈsteə(r)z] oben (im Haus) **4**

urgent [ˈɜːdʒənt] dringend **23**

us [ʌs; əs] uns **2**

USA [juːesˈeɪ] USA **15**

use [juːz] benutzen, gebrauchen **21**

used to [ˈjuːst tə] gewöhnt sein an **17**

usual [ˈjuːʒʊəl] üblich, gewöhnlich **3**

V

various [ˈveərɪəs] verschieden **13**

vegetable [ˈvedʒtəbl] Gemüse **13**

very [ˈverɪ] sehr **2**

view [vjuː] Aussicht **9**

village [ˈvɪlɪdʒ] Dorf **13**

VIP [viːaɪˈpiː] VIP **23**

visit [ˈvɪzɪt] besuchen **21**

W

wait [weɪt] warten **17**

waiter [ˈweɪtə] Kellner **5**

walk [wɔːk] (spazieren) gehen **9**

walk [wɔːk] Spaziergang **10**

wallet [ˈwɒlɪt] Brieftasche **20**

want [wɒnt] wollen **4**

wardrobe [ˈwɔːdrəʊb] Kleiderschrank **18**

warm [wɔːm] warm **30**

watch [wɒtʃ] anschauen, zusehen **12**

water [ˈwɔːtə(r)] Wasser **8**

way [weɪ] Weg **8**

we [wiː; wɪ] wir **2**

wear [weə] (Kleidung) tragen **17**

weather [ˈweðə(r)] Wetter **28**

Wednesday [ˈwenzdɪ] Mittwoch **11**

week [wiːk] Woche **3**

weekend [wiːkˈend] Wochenende **11**

welcome [ˈwelkəm] willkommen **2**

well [wel] nun, also **3**

Welsh [welʃ] walisisch **13**

what [wɒt] was **3**

when [wen] wann; wenn, als **5**

where [weə] wo **2**

whether [ˈweðə(r)] ob **25**

which [wɪtʃ] welche(r,s); der/die/ das **17**

while [waɪl] (eine) Weile **23**

who [huː] wer; der/die/das **6**

whole [həʊl] ganze(r,s) **17**

whose [huːz] wessen; dessen, deren **27**

why [waɪ] warum **3**

widow [ˈwɪdəʊ] Witwe **29**

widowed [ˈwɪdəʊd] verwitwet **29**

widower [ˈwɪdəʊə(r)] Witwer **29**

wife [waɪf] Ehefrau **4**

will [wɪl] werde(n) **11**

Alphabetisches Wörterverzeichnis

wind [wɪnd] Wind **28**
window ['wɪndəʊ] Fenster **8**
wine [waɪn] Wein **8**
winter ['wɪntə(r)] Winter **28**
wish [wɪʃ] Wunsch **17**
with [wɪð; wɪθ] mit, bei **2**
within [wɪð'ɪn] innerhalb **30**
without [wɪð'aʊt] ohne **21**
woman (*Pl* **women)** ['wʊmən /
  'wɪmɪn] Frau(en) **12**
wonderful ['wʌndəfəl] wunderbar **13**
word [wɜːd] Wort **5**
work [wɜːk] arbeiten **3**
worker ['wɜːkə(r)] Arbeiter(in) **15**
workshop ['wɜːkʃɒp] Werkstatt,
  Arbeitsgruppe **25**
world [wɜːld] Welt **14**
worldwide [wɜːld'waɪd] weltweit **29**
worse [wɜːs] schlechter **11**
would [wʊd] würde(n) **5**
wrist [rɪst] Handgelenk **19**

write [raɪt] schreiben **15**
writer ['raɪtə(r)] Schriftsteller(in) **15**
wrong [rɒŋ] falsch **4**

Y

year [jɪə; jɜː(r)] Jahr **4**
yellow ['jeləʊ] gelb **20**
yes [jes] ja **2**
yesterday ['jestədɪ] gestern **12**
yet [jet] schon **18**
you [juː; jʊ] du/dir, ihr/euch, Sie/
  Ihnen **2**
young [jʌŋ] jung **12**
your [jɔː(r)] deine(r,s), euere(r,s),
  Ihre(r,s) **3**
yours [jɔː(r)z] dein(e), euer, eure,
  Ihr(e) **20**
yourself [jɔː(r)'self] (dich) selbst **10**
yourselves [jɔː(r)'selvz] (euch)
  selbst **10**
zero ['zɪərəʊ] Null **3**

Sprachen **verbinden**

Langenscheidt Taschenwörterbücher

Die millionenfach bewährten Standard-wörterbücher für Schule, Alltag und Beruf:

- bis zu 130.000 Stichwörter und Wendungen
- aktueller Wortschatz mit zahlreichen Anwendungsbeispielen
- Info-Fenster zu Wortschatz, Grammatik und Landeskunde für Englisch, Französisch, Italienisch und Spanisch
- kompakt und übersichtlich

Langenscheidt Taschenwörterbücher gibt es für fast 20 Sprachen.